Steve Heitzer

Hellwach am Leben

Steve Heitzer

# HELLWACH AM LEBEN

## Auf dem Weg zu einer tragfähigen Spiritualität

Tyrolia-Verlag • Innsbruck-Wien

Und wir haben im Grunde nur dazusein
aber schlicht,
aber inständig,

wie die Erde da ist,

den Jahreszeiten zustimmend,
hell und dunkel
und ganz im Raum,
nicht verlangend, in anderem aufzuruhen
als in dem Netz von Einflüssen und Kräften,
in dem die Sterne sich sicher fühlen.

*R. M. Rilke*

# Inhalt

# Zum Geleit

„Steve liegt mit Herzinfarkt auf der Intensivstation" – am 7. Februar 2023 erhielt ich diese schockierende Botschaft. Und jetzt, kaum ein halbes Jahr später, halte ich das Manuskript seines neuen Buches in Händen. Fast nicht zu glauben! Doch ausgerechnet diese existenzielle Erfahrung, nämlich buchstäblich im letzten Augenblick dem Tod entrissen worden zu sein, wurde zum Anstoß für Steves erfrischend lebenszugewandtes Buch.

Unsere Zeit, unsere Welt ist voller Verunsicherung, voller Probleme. Speziell junge Menschen sehen kaum eine Perspektive für eine gute, sinnvolle Zukunft. Noch so viel Ablenkung, Vergnügen, Wohlstand, auch Leistung können diese innere Not nicht verhindern. Auch Menschen mittleren und höheren Alters reagieren auf die Verunsicherung mit Negativität, Frustration und bisweilen aggressiv gegen alles und jeden. Hier braucht es ein Gegengewicht, kein oberflächlich positives Denken, aber neue Kraft aus alten Quellen.

Steve Heitzer ist Achtsamkeitslehrer und Theologe, er schöpft bei seinen Recherchen aus bewährten Quellen: Überlieferung erprobter Weisheit, moderne Achtsamkeitspraxis, Spiritualität im umfassenden Sinn des Wortes, Jesus von Nazareth, dessen Leben und Lehre – und nicht zuletzt aus seinem ehrlichen Bemühen, das Erkannte selbst zu leben. Steve versteht es, sich auf Jesu Botschaft inhaltlich und sprachlich verständlich einzulassen und darin Inspiration für unser Leben heute zu finden.

Immer wird dabei Vertrauen auf den tragenden Grund spürbar – wie immer man ihn benennen mag. Es ist ein Grund, der über das irdische Leben hinausführt: Es zeigt sich eine Spur, die nicht nur für diese Welt taugt, sondern Hoffnung auf ein vollendetes Leben, ein Leben in Fülle weckt. Und all dies schaut er nun zusammen mit den Lebensbedingungen des modernen Menschen.

Ich kenne Steve seit fünfzehn Jahren und habe ihn durch ein Jahr Auszeit und spirituelle Vertiefung geistlich begleitet und ihn im Rahmen einer Ausbildung zur Einführung und Begleitung kontemplativ meditierender Gruppen im Alltag befähigt. Seit einigen Jahren leiten wir darüber hinaus gemeinsam im „Haus der Achtsamkeit Grünau“ Seminare und Retreats zum Thema Achtsamkeit und christliche Kontemplation. Ziel dieses Hauses ist ein weltoffenes Christentum, das aus den eigenen Wurzeln lebt und gleichzeitig in großer Wertschätzung bereit ist für den Dialog mit anderen Religionen und vielfältigen Formen der Spiritualität. Und wie gerade das Zusammen von christlicher Kontemplation und moderner Achtsamkeitspraxis gehen kann, stellt Steve in seinem Werk meisterhaft dar.

Dieses Buch kann helfen, Sinn und Freude für das eigene Leben zu schöpfen – auch und gerade für unsere chaotische Welt heute. Eines der größten Probleme des Menschen ist sein Ausgeliefertsein an sein Gedankenkreisen um Vergangenes, Zukünftiges, um Probleme aller Art, darin sind sich Mystiker und Achtsamkeitslehrer aller Zeiten und aller Weltanschauungen einig. Hellwach den gegenwärtigen Augenblick zu leben, ist dagegen das, was uns dem Leben näher bringt, was Resilienz unterstützt und Freude erweckt, was sinnvolles, erfülltes Leben und einen guten Umgang mit Mitmensch, Schöpfung und sich selbst hervorbringen kann.

Zurück zum Anfang: Die persönliche Erfahrung, wie plötzlich Leben zu Ende sein kann, zieht sich wie ein roter Faden durch das Werk und macht es lebensnah, konkret, auf eine Weise dringlich und zutiefst inspirierend. Lassen Sie sich überraschen!

*Sr. Huberta Rohrmoser,*
Marienschwester vom Karmel, Meditations- und Exerzitienleiterin, Diplompädagogin, Supervisorin.

„Haus der Achtsamkeit Grünau" im Almtal, im September 2023

# EIN

We’re all just walking each other home.

Wir begleiten uns nur alle gegenseitig nach Hause.

*Ram Dass*

# Vom Glück, heimzukommen

Ich sitze im Zug über den Arlberg auf dem Heimweg von einer Fortbildung. Oben auf den Bergen leuchtet noch die Abendsonne. Ein wunderbarer Herbsttag verneigt sich vor mir und ich mich vor ihm. Eine stille Gegenwart.

Auch in unserem Seminar war diese wunderbare Stille immer wieder spürbar, wenn wir innehielten und nachspürten. Nichts tun, nichts erreichen, nichts sagen müssen – einfach *sein*. Bei einer Übung dann die Einladung, sich mit einem Moment der Freude und des Glücks zu verbinden. Eine Situation, in der wir uns geborgen fühlten, eine kleine Erfahrung irgendwo draußen oder mit einem Menschen oder auch mit einem Tier. Bei mir tauchte recht schnell ein kleiner Fußmarsch auf, gerade zwei Tage vorher; und eine weitere Erinnerung an eine Reise, die schon länger zurücklag. Erstaunlicherweise war ich in beiden Situationen eigentlich allein unterwegs. Zufrieden. Geborgen in mir selbst. Vor ein paar Jahren hatte ich zum ersten Mal die Erfahrung gemacht, mich eins mit mir allein zu fühlen und darin auch Halt zu finden. Das ist für jemanden, der wie ich schon im Mutterleib mit einem Zwillingsbruder aufgewachsen und grundsätzlich gerne mit Menschen zusammen ist, doch eine wichtige Erfahrung; mit fünfzig Jahren – spät, aber immerhin.

Der Fußmarsch: Das letzte Stück Weg zum Bildungshaus St. Arbogast, ein guter Ort für eine solche innere Arbeit. Ich hatte Andreas Bouranis Lied „Wieder am Leben“ in meinen Ohren und sang mit einem Male aus vollem Hals und tiefster Seele mit ihm diese Zeilen. Jetzt wusste ich, warum ich nicht den Bus vom Bahnhof nehmen wollte. Ich wollte mit mir allein sein; und ich wollte gehen; und ich wollte dieses Lied hören und *singen*: „Es vibriert in allen Sinnen, ich saug das ganze Universum in mich auf, [...] Zeit neue Wege zu gehen.“

## AM LEBEN

In diesem Song vibriert eine Lebensenergie, wie wir sie von Aufbrüchen kennen, bei großen Verschiebungen im Leben, wo wir vielleicht schwierige Entscheidungen getroffen haben. Und nun eine Art Durchbruch erleben. Oder von damals, „als wir noch jung waren“. Das Gefühl, wir könnten Bäume ausreißen. Oder überhaupt die Energie von den Kindern, die tatkräftig an die Umsetzung einer Idee gehen. Eine Höhle, ein Baumhaus bauen, einen Staudamm. Oder von Menschen, die Kind geblieben sind. Kennst du das auch noch? Dieses Gefühl, die Welt gehöre gerade dir? Mir ging es so auf diesem Fußmarsch, gerade für diese paar Minuten, ohne dass ich eigentlich hätte sagen können, warum. Hier schmeckte das Leben nach Fülle. Aufwachen aus dem Dunst von ewig gleichen Problemchen und Gedanken. Aufstehen. Aufbrechen. Mit einer „Kraft für zehn“, wie Bourani singt. Eine Energie, die gerade quer steht zu der Erschöpfung im Alltag. Früher sagte ich manchmal zu meiner Frau, wenn wir müde vom Tagwerk unseres Kindergartens noch zu einer späten Tasse Kaffee fanden und unsere Jüngste (damals 7 oder 8 Jahre alt) schier unerschöpfliche Kraft hatte für Geräusche und Spiele, die uns eigentlich um diese Zeit zu viel waren: „Wenn sie uns ein bisschen von ihrer unbändigen Energie abgeben könnte ... Wir ein bisschen mehr, sie ein bisschen weniger ...“

Heute, schon bald 10 Jahre später, spüre ich körperliche Wehwehchen und Einschränkungen, die Zeit blieb nicht stehen; und zugleich zum Glück auch immer wieder diese unbändige Lust auf Leben. Zumal es mir nach recht dramatischen Stunden vor ein paar Monaten wie neu geschenkt wurde. „Ich bin wieder am Leben", trifft für mich heute noch viel konkreter zu als damals bei meinem Fußmarsch.

## ALLEIN

Bei einem zehntägigen Retreat (kontemplative Exerzitien) hatte ich zum ersten Mal das Alleinsein als intensives Glück erlebt. Natürlich gab es die Gruppe, die mich mittrug, und die Retreatleiterin, die uns begleitete. Und doch war ich im durchgängigen Schweigen für mich allein, im Zimmer, bei den Spaziergängen. Keine Ablenkungen, keine Bücher, keine Musik, keine Infos, keine Unterhaltung durch digitale Begleiter. Allein mit mir. Und gleichzeitig eins. So sehr ich meine Familie liebe und mich freue an Gemeinschaft und Freundschaft – ich kann auch glücklich mit mir alleine sein – eine überraschende und wichtige Erfahrung für mich.

Die Reise: Ein anderes Mal war ich alleine auf einer weiten Zugreise von Warschau nach Innsbruck. Am Vortag hatte ich eine berührende Begegnung mit einem polnischen Waisenkind und die ganze Nacht über arbeitete diese Geschichte in einem intensiven Traum in mir: Eine Katze war mit mir im Zug und ich sollte mich um sie kümmern. Sie hatte Durst. Ich versuchte zu helfen … An diesem Tag hätte ich dringend eine Schulter gebraucht, an der ich hätte weinen können. Und ich fürchtete mich schon vor der Migräne, die manchmal der Tränenstau auslöst, wenn ich eigentlich weinen möchte und nicht kann.

Da erinnerte ich mich an die Einladung zum Selbstmitgefühl: sich innerlich selbst in die Arme zu schließen. Es war tatsächlich möglich, ich legte meine Arme gekreuzt an meine Schultern und spürte, wie gut es tat, mich selbst zu berühren. Die Migräne blieb aus, auch wenn ich nicht wirklich weinen konnte. Ich konnte für einen Moment für mich selbst sorgen. Manchmal ist das Leben so, dass wir andere bräuchten, aber niemand da ist, und wir uns wie gelähmt fühlen, weil wir nichts tun können. Und dann ist da doch eine kleine Berührung möglich oder wir können einfach da sein – einmal nicht für andere, sondern für uns selbst. Vielleicht ist das genauso wichtig, wie etwas für andere zu tun und für andere da zu sein. Achtsamkeit braucht Güte, auch und *beginnend* mit der Güte zu uns selbst. Immer ist da dieses kostbare Leben: Es umgibt uns, wir atmen es ein, es liegt in der Luft, um uns herum, in uns selbst – kostbares Leben, an dem wir Teil haben, von dem wir Teil sind.

Gleichzeitig staunte ich über die Erfahrung, dass sogar schwierige Momente, Traurigkeit und Schwere, Hilflosigkeit und Bedürftigkeit dazu führen können, zu sich selbst heimzukommen und gleichzeitig verbunden zu sein. *Nicht* verbunden zu sein mit dem ganzen großen Netz des Lebens, ist ohnehin eine Illusion, der wir im Alltag aufsitzen, wenn wir uns getrennt und einsam vorkommen. Darauf wies schon Albert Einstein hin, der das Gefühl der Trennung als eine „optische Täuschung unseres Bewusstseins" bezeichnete. In den vergangenen Jahren musste ich mich immer wieder auch mit körperlichen Schmerzen auseinandersetzen – und *zusammen*setzen. So schmerzhaft und dramatisch die Dinge manchmal auch werden, ich konnte darin auch erleben, dass das Leben nicht entweder schön oder schmerzhaft ist, kostbar oder herausfordernd, sondern beides zugleich sein kann. Solange wir am Leben sind, nah am Leben dran, vibriert Leben auch immer um uns herum. Sobald wir unser Herz ein kleines Stück weit öffnen können, lassen wir Energie herein, „Schwingung", könnten wir sagen. Und dann ist es nicht mehr weit, um Resonanz zu spüren, Mit-Schwingen.

Dieses Buch handelt von Erfahrungen eines Mitschwingens, einer Resonanz, von einem Ankommen für Momente – bei mir selbst, mitten im Leben, in der Welt, im Kampf und im Spiel mit dem, was ist; im Aufbruch und im Einbruch, im Einlassen und im Loslassen, im inneren Lärm und in der Stille des Großen Ganzen. Wir klammern die Schwierigkeiten und Herausforderungen bewusst nicht aus. Leben ist alles, was uns widerfährt. Nicht nur das, was wir uns wünschen oder worüber wir uns freuen. Entscheidend ist es, *gleichzeitig* zu werden mit dem Leben, wo wir doch so oft gedanklich vorauseilen oder grübelnd hinterherhinken. Resonanz, Verbundenheit und dieses Gleichzeitig-Werden mit dem Leben, Gegenwärtigkeit, Präsenz – ist diese Art von Heimkommen auch „spirituell"?

## SPIRITUELL

Spiritualität ist ein äußerst schillernder Begriff, wie wir gleich noch sehen werden. Ich möchte in diesem Buch nicht den Versuch unternehmen, den Begriff zu (er)klären, sondern seine Fährte für unsere Lebenskunst immer wieder aufzunehmen. Das Spirituelle ist eine wesentliche Kraft in uns – egal, wie wir es nennen und in welcher Form wir es in unser Leben integrieren.

Mein eigener spiritueller Weg ist verschlungen, aber keineswegs spektakulär; er führte von einer traditionellen Erfahrung von Religion und Kirche in den 1970er Jahren im katholischen

Bayern zu einer völlig neuen Erfahrung christlicher Spiritualität in den USA und schließlich – wieder anders – in Argentinien Ende der 1980er Jahre. Nach Theologiestudium und intensiven Jahren in der Gemeindepastoral folgte eine nachhaltige kirchliche Entfremdung, doch es war eher so, dass mir der stille Auszug aus einer kirchlichen Heimat vor Ort passierte. Als ich Vater wurde und im Jahr 2000 auch noch anfing, mit Kindern zu arbeiten, hatte jedenfalls mein ganzes Lebensumfeld plötzlich nichts mehr mit Kirche und Religion zu tun. Erst „dort draußen", wo die kirchliche Sprache weder gesprochen noch verstanden wurde, war es auch mir möglich, andere „Sprachen" zu hören und mich auch für andere spirituelle Wege zu öffnen. Dabei bin ich nicht wie viele Sinnsucher seit den 1970er Jahren nach Indien, Thailand oder in andere Länder Asiens gegangen, sondern mitten hinein in mein kleines konkretes Leben, voller Kinder und Eltern, die unseren privaten Kindergarten wählten. Anstatt in den buddhistischen Klöstern fand ich zu Meditation und Achtsamkeitspraxis über wunderbare Lehrer und Wegbereiter für achtsame Elternschaft und Pädagogik. Dabei halfen mir die Kontemplation und Mystik, die ich während meines Studiums schon bei einem Kapuzinerpater entdeckt hatte. Überhaupt hatte ich nie das Gefühl, mich dadurch von Gott, von Jesus, seiner Botschaft und Person entfernt zu haben oder entfernen zu müssen, um wichtige andere Botschaften zu hören. Die Beschäftigung mit der Achtsamkeitspraxis und westlich-buddhistischer Literatur sowie mit modernen Weisheitslehrern wie Eckhart Tolle half mir enorm, das Reden von Gott hinter mir zu lassen und mich auf mein konkretes Leben jenseits religiöser Kategorien ganz einzulassen; die kleinen Momente des Glücks im unscheinbaren Alltag zu finden, die Kraft des Augenblicks zu entdecken und die Schönheit eines Sonnenunterganges in den Bergen sowie in meinen Körper zurückzufinden – als Ausgangspunkt und Brennpunkt dieses meines Lebens. Ich fand in Atem- und Körperwahrnehmung eine ganz konkret erfahrbare Brücke zum Spirituellen – jenseits religiöser Rituale und gesprochener Gebete.

Rückblickend musste ich meine religiöse Heimat wieder verlieren, um spirituell langsam, aber sicher ganz zu mir heimzukommen. Gleichzeitig hatte ich nie das Gefühl, dieser „Heimat" samt ihren Quellen und Schriften den Rücken zuzukehren (auch der Kirche nicht). Im Gegenteil: Immer wieder fand ich Parallelen zwischen der Meditation und dem kontemplativen, stillen Gebet, das ich schon kannte. Je länger ich mich mit beidem befasse, desto klarer wird mir, dass die „Stille" quasi interspirituell ist und dass es um eine gemeinsame Erfahrung der Resonanz und Verbundenheit mit dem Großen Ganzen geht – mit welchem Namen oder in welcher Sprache wir sie auch beschreiben.

Wenn ich in diesem Buch auf biografische Fäden meiner Spiritualität zu sprechen komme, dann ohne diese herauszuheben oder für andere als wichtig zu erachten. Es geht nur darum, transparent zu machen, woher ich komme. Dabei folgte dieser Weg keinem Plan; eher ist es mit dem „Spirit" wie mit dem geheimnisvollen Weg des Atems durch den Körper oder wie mit einem Bach, der sich seinen Weg bahnt, manchmal über die Ufer geht, manchmal wie vertrocknet unterirdisch dennoch weiter fließt und auch mal Steine ins Rollen bringt und schließlich münden wird. Ich bin dankbar, dass ich aufbrechen konnte, heraus aus einer Spiritualität, die oft vorformuliert war; die immer wieder schon Antworten parat hatte, wofür ich noch gar keine Fragen in mir fand. Ich bin dankbar für die Tiefe, die ich auch in einer sehr religiösen Frömmigkeit spüren durfte; zugleich bin ich froh, eine Weite kennengelernt zu haben, Lehrer:innen und

Persönlichkeiten, die ganz ohne den Begriff „Gott“ auskommen und doch zutiefst spirituell sind. Sie alle lassen mich erst mehr und mehr heimkommen zu mir und zu dem, den ich erst langsam wieder zaghaft „Gott“ nenne.

# Achtsamkeit und Spiritualität – wovon reden wir?

Spiritualität ist wieder in Mode – auch wenn sie sich manchmal hinter anderen Begriffen versteckt; im persönlichen Gespräch ist Spiritualität allerdings auch vielerorts ein Tabuthema. Spiritualität kann alles meinen – auf oberflächliche Weise genauso wie mit Tiefgang. Wenn ich ein Buch über Spiritualität lese, möchte ich zuerst wissen, wer der Autor ist, was er mit Spiritualität meint, woher seine Erfahrungen kommen. Ich möchte den Hintergrund des Autors unter die Lupe nehmen. Ist ihm über den Weg zu trauen? Prüfe selbst.

## WELCHE SPIRITUALITÄT?

Was ist eigentlich Achtsamkeit? Was meine ich, wenn ich von Spiritualität, bisweilen auch von Mystik spreche? Unsere Sprache wird immer dann schon wackelig, sobald wir die Begriffe des Alltags verlassen. Vollends zum Seiltanz wird sie, wenn es um so bedeutungsschwere Begriffe wie Mystik, Gott oder Spiritualität geht. Gerade mit so großen Worten müssen wir vorsichtig umgehen und wir brauchen ihrer Ambivalenz gar nicht auszuweichen. Der bekannte Religionspädagoge Fulbert Steffensky schrieb einmal einen Aufsatz mit dem Titel „Warum ich das Wort Spiritualität nicht mehr hören kann“[1] und bezeichnete es als „Irrlicht“[2]. Auch das mit der „Achtsamkeit“ ist so eine Sache, zumal sie in den letzten Jahren förmlich boomt. Viele verstehen den Begriff zu schnell, weil er wie eine gute Idee klingt und wir irgendwie doch eh alle achtsam sind oder sein wollen … Mittlerweile finden sich so vorwurfsvolle Beschreibungen wie „McMindfulness" oder gleich „McDonalds-Spiritualität"[3]. Das macht die Sache natürlich nicht leichter. Wer den Begriff und sein spirituelles Potenzial recht verstehen möchte, dem kann ich nur die Bücher des vietnamesischen Mönches und Dichters Thich Nhat Hanh empfehlen sowie die von Jon Kabat-Zinn, der das Herzstück buddhistischer Meditation zunächst für schwer bzw. chronisch kranke Patienten und Patientinnen seiner Stress Reduction Clinic in den USA fruchtbar gemacht hat. Für sie hat er schon vor über 40 Jahren ein 8-Wochen-Programm mit Yoga, Sitzmeditation und Körperwahrnehmung („Body-Scan") entwickelt, das sich mittlerweile weltweit verbreitet und in viele therapeutische Richtungen verzweigt hat. Bei aller Vorsicht und Unterscheidung der Geister lohnt es sich, auch neugierig zu sein und wohlwollend interessiert. Es gibt auch hier sehr integre und authentische Menschen mit einer großen spirituellen Kraft; und natürlich gibt es auch geschäftstüchtige Vertreter:innen und Menschen, die noch mehr an ihrem Ego arbeiten dürfen. Die moderne Achtsamkeitspraxis hütet sich jedenfalls, „spirituell" daherzukommen – wohl in der Sorge um die Ambivalenz des Spirituellen und im Versuch, inmitten des unübersichtlichen spirituellen oder esoterischen Marktes nicht unterzugehen. Dennoch braucht es die Zugänge des Herzens, und es ist nicht überraschend, dass gerade in so genannten „MBSR-Kursen" zur Stressbewältigung auf der Basis der Achtsamkeitspraxis gern auch auf tief spirituelle Texte zurückgegriffen wird, etwa auf persische Dichter, auf Sufi-Mystiker wie Rumi oder Hafis.

## SPIRITUALITÄT UND ERFAHRUNG

Ich persönlich mag den Begriff Spiritualität trotz seiner Ambivalenz. Spiritualität ist aus meiner Sicht ein sehr dynamischer Begriff und Prozess. Das Spirituelle kann uns in die unterschiedlichsten Richtungen führen und damit auch auf Abwege, Irrwege und in Sackgassen. Im besten Fall aber führt sie uns nach außen und nach innen, in die Weite und in die Tiefe, in eine Erfahrung der Verbundenheit – mit dem Äußersten und dem Innersten –, ohne uns einzuengen oder gar zu vereinnahmen. Spiritualität und Mystik führen in die Tiefe unseres Herzens, wo es auch emotional sein darf, aber nicht sein muss. Spiritualität und Mystik öffnen den Raum für Erfahrungen, aber sie können nachhaltige Erfahrungen nicht „machen", herbeibeten oder zaubern, auch wenn sowohl religiös fromme als auch „sehr spirituelle" Menschen manchmal den Eindruck erwecken, sie wollten das. Wenn wir in erster Linie auf außerordentliche religiöse oder spirituelle Erfahrungen aus sind, bleiben diese oft oberflächlich, sie tragen letztlich nicht und tragen auch nicht bei zum Wachsen und Reifen unserer Lebenskunst. Aus christlich mystischer Sicht schreibt Steffensky nüchtern: „Wo der Glaube erwachsen wird, da hält er es ohne Erfahrungen aus. […] Wer Gott sucht, der sucht eben Gott und nicht die Erfahrung. Er liebt Gott und nicht seine Erfahrung. Es ist wie in der Liebe: Liebe ich jemanden oder liebe ich die Erfahrung der Liebe?"[4] Der Jesuit Franz Jalics, der eine zeitgemäße Form christlicher Meditation – ein stilles, kontemplatives Gebet, inspiriert von der mittelalterlichen Mystik – entwickelt hat, warnte in ähnlicher Weise vor einer Ichbezogenheit in der Meditation, wodurch viele Menschen „die Gaben Gottes" suchen würden anstatt Gott selbst.[5] Christliche Mystiker:innen sprechen – wie auch die islamischen Sufi-Mystiker – gern und unbefangen von Gott. Doch selbst wenn wir der Rede von Gott schon längst überdrüssig sind, wenn schmerzliche oder verstörende Erfahrungen mit Kirche und Christentum dazu geführt haben, dass sogar „die Rollladen heruntergehen", sobald von Gott, Jesus oder Spiritualität die Rede ist, schließt das eine tiefere spirituelle Offenheit, Suche, ja *Sehnsucht* nicht aus.

## LEIB UND SEELE

Auf unserer Suche nach authentischer und persönlicher spiritueller Erfahrung, die sozusagen näher an unserem Leben dran ist, stoßen wir auf Yoga, Meditation, eine „Praxis" oder eine bestimmte Technik. Wir *brauchen* Erfahrungen und wieso nicht auch Wege nützen, die auf eine lange Tradition zurückblicken oder auf neue Weise alte Traditionen wiederbeleben!? Mit dem Körper eine neue spirituelle Suche zu beginnen, ist eine wunderbare Möglichkeit. Der Körper ist unser Ausgangspunkt, alles, was wir wahrnehmen, nehmen wir mit unserem Körper wahr. Ohne Körper keine Wahrnehmung. Ohne Wahrnehmung keine Erfahrung, keine Gegenwart, keine Möglichkeit, hellwach am Leben zu sein. Und der Leib geht in die Tiefe, mittels des Atems, und ins Zentrum, zum Herzen. Körper, Geist und Seele – dem Denken wird wieder sein Platz neben Körper und Seele eingeräumt. Dem Wort wird nicht mehr Bedeutung gegeben als der körperlichen Wahrnehmung, dem körperlichen Ausdruck und der Erfahrung von Resonanz, Verbundenheit und – nicht zu vergessen – von Stille! Gerade wenn wir Religion in ihrer Äußerlichkeit lang genug erlebt haben, ohne von Herzen berührt zu werden, braucht es den Zugang des eigenen Herzens und die Erfahrung von Stille, um nicht ständig schon von Sprache, Sätzen und Antworten umgeben zu sein, für die wir noch gar keine Fragen haben, keine ur-eigenen Worte und schon gar nicht ein Erkennen und Gewahrsein jenseits von Worten. Im Laufe unserer Übung, unserer Praxis werden wir es dabei auch mit Erfahrungs*armut* zu tun haben. Auch diese ist heilsam. Mystik und Achtsamkeit erinnern uns beständig daran, überhaupt keinen speziellen Zustand erreichen zu wollen. Am Ende und am Anfang tieferer Übung in Stille, Meditation und kontemplativem Gebet steht die Erfahrung, dass wir immer „schon dort" sind, schon angekommen. Wir *finden,* statt zu suchen. Und was wir vorfinden, betrachten wir hellwach und „mit lebendigem Interesse" – wie Franz Jalics es nennt.

## HEIMAT IN UNS SELBST

Wenn wir also weder durch religiöse Formen und Formeln noch durch die Suche nach dem Besonderen und Spektakulären von uns weggezerrt werden, können wir (endlich!) damit anfangen, alles Äußerliche auch loslassen zu lernen, *einfach* zu werden (auch in der Spiritualität) und uns auf ganz praktische Weise auf uns selbst zu besinnen, bei uns selbst anzufangen; etwa, indem wir unterstützt durch eine Meditationspraxis üben, im gegenwärtigen Moment zuhause zu sein. Das hat auf längere Sicht enorme Auswirkungen auf unseren Alltag, auf unser Leben, denn wir lernen, Heimat in uns selbst zu finden. Nicht schnell, meist nicht spektakulär, eher unscheinbar, stetig und nachhaltig. Der westlich-buddhistische Lehrer Ezra Bayda schreibt: „Eine der stärksten positiven Wirkungen der Meditationspraxis erfahren wir, wenn wir lernen, in uns zuhause zu sein."[6] Dabei führt uns der Weg zu uns selbst, in unsere Mitte durchaus nicht weg von der Suche nach dem Großen Ganzen, nach Gott. Religiös gesprochen erfahren wir hier eine Geborgenheit in Gott. Aber ob wir uns – selbst unter widrigsten Lebensumständen – in den Armen *Gottes* oder in den „Armen des *Lebens*“[7] gehalten und geborgen fühlen, wie es die Jüdin Etty Hillesum inmitten des Holocaust beschreibt, ist vielleicht viel mehr eine Frage der Worte, als dass es sich um völlig unterschiedliche spirituelle Erfahrungen handeln würde.

## DER FROMME VON HEUTE

Wenn ich hier von Mystik spreche, greife ich nicht direkt auf die großen christlichen Heiligen und Mystiker:innen des Mittelalters zurück, sondern auf Menschen und Lehrer:innen unserer Zeit, auch außerhalb des Christentums. Ich fasse den Begriff also sehr weit. Der berühmte Theologe Karl Rahner prophezeit schon vor über fünfzig Jahren: „Der Christ der Zukunft wird ein Mystiker sein, einer, der etwas erfahren hat, oder er wird nicht mehr sein.“[8] An anderer Stelle spricht Rahner vom „Frommen von morgen“, und er schreibt zu dieser Frömmigkeit, dass „die bisher übliche religiöse Erziehung also nur noch eine sehr sekundäre Dressur für das religiöse Institutionelle sein kann“[9]. Der schwindende Einfluss religiöser Erziehung und der religiösen Institutionen ist heute spürbar, und viele erleben es vielleicht als Befreiung. Andere als herben Verlust oder gar als Bedrohung. Tatsache ist, dass die Menschen heute in ihrer spirituellen Suche – ähnlich wie in der Erziehung ihrer Kinder – glücklicherweise nicht mehr einem starken gesellschaftlichen Konsens folgen müssen; und auch nicht mehr *können*, weil es diesen in der Form nicht mehr gibt. So sind sie frei, aber auch herausgefordert, eigene Werte, Haltungen, Vorbilder und Inspiration aufzuspüren.

## ESOTERIK

Religiöse Bekenntnisse, Formen und Formeln verlieren damit zusehends an Bedeutung, und was die einen als „Patchwork-Spiritualität" ablehnen, ist für andere ein befreiender Aufbruch. Sie öffnen sich für Meditation, Yoga, Achtsamkeitspraxis oder wenden sich esoterischen Praktiken zu. Der Begriff „Esoterik" ist dabei noch schwerer zu greifen als der Begriff „Spiritualität". Oft wird der Begriff abwertend verwendet und alles darunter zusammengefasst, was nicht etablierten Formen religiöser Praxis entspricht. Tatsache ist, dass es ein riesiger Markt ist, bei dem Menschen auf der Suche nach Sinn auch viel Geld ausgeben und bisweilen auch ausgenutzt werden; bei dem manchmal schnelle Versprechungen gemacht werden, v. a. wenn Menschen in Not sind oder krank, ohne diese wirklich einlösen zu können. Gleichzeitig zeigt die große Nachfrage nach esoterischen Praktiken auch, dass sie auf neue Weise und auch auf oft sehr alten Pfaden Beziehung aufnehmen wollen zum Göttlichen, zur „spirituellen Welt", dass sie hungern und dürsten nach Erfahrung und Einsicht jenseits etablierter Religion und auch jenseits eines engen Verständnisses von Wissenschaft. Zugleich gibt es auch im wissenschaftlichen Feld immer wieder Brückenschläge zu dem, was wir Spiritualität nennen.

## WACHHEIT

Aus reiner Herkunft oder aus traditionellen Gründen einer bestimmten Religion anzugehören, ist jedenfalls nicht mehr der Normalfall und auch kaum noch über die Jahrzehnte des Lebens tragfähig. Wir brauchen eine tiefere Verbindung zu der Religion und Spiritualität, der wir uns zugehörig fühlen (möchten), und wir brauchen eine persönliche Verbindung zu der Botschaft und den Quellen, die unsere Spiritualität ausmachen. Kurz: Wir brauchen eine Erfahrung von Resonanz und Betroffenheit. Und das zeichnet „Mystik“ aus. Aber nicht nur sie. Auch moderne Weisheitslehrer:innen, Meditation und die moderne Achtsamkeitspraxis, die ihre Wurzeln in der buddhistischen Tradition hat, arbeiten sehr konkret an unseren Erfahrungen bzw. schaffen Übungsräume, um sich dem Leben innerlich neu zuzuwenden und es damit bewusster zu erfahren. Erstaunlicherweise geht es sowohl in der Mystik als auch in der modernen Achtsamkeitspraxis und westlich-buddhistischen Meditation nicht um außerordentliche oder spektakuläre Erfahrungen. Es werden tatsächlich Erfahrungen nicht bewusst gesucht. Was dagegen gesucht oder besser kultiviert wird, ist Wachheit: Fragt der Schüler: „Was muss ich tun, um erleuchtet zu werden?“– „Du kannst ebenso wenig dafür tun, erleuchtet zu werden, wie du dafür sorgen kannst, dass die Sonne aufgeht.“– „Wofür dann die ganzen Übungen, die du uns vorschreibst?“– „Um sicher zu gehen, dass ihr wach seid, wenn die Sonne aufgeht.“

## INTERSPIRITUELLER DIALOG

Es gibt schon lange einen interreligiösen Dialog, gerade zwischen Christentum und Buddhismus. Dieser hat dazu geführt, dass über die letzten Jahrzehnte die Zen-Meditation Einzug gefunden hat in die kirchlichen Bildungshäuser. Bekannte christliche bzw. interreligiöse Lehrer:innen wie Hugo Makibi Enomiya Lassalle SJ, Niklaus Brantschen SJ, Pia Gyger, Willigis Jäger oder Anna Gamma haben dem Dialog zwischen östlicher Spiritualität und christlicher Mystik den Weg bereitet. Darüber hinaus gibt es noch viele andere Wegbereiter für einen *interspirituellen* Dialog. Beispielhaft ist hier sicher der Benediktiner Bruder David Steindl-Rast, der auch bei Vertretern der Achtsamkeitspraxis sehr geschätzt wird. Es gibt mittlerweile viele große spirituelle Lehrer:innen, die bei aller Unterschiedlichkeit der Traditionen und Zugänge das Gemeinsame sehen und dieses pflegen, anstatt Unterschiede oder gar Konkurrenz und gegenseitige Diskreditierung.

Ich selbst greife gern auch auf moderne spirituelle Autoren und Autorinnen zurück, die aus anderen spirituellen Traditionen kommen oder sich gar nicht religiös oder mit einer bestimmten spirituellen Richtung identifizieren. Für mich persönlich war und ist v. a. die Lektüre buddhistischer Lehrer:innen eine große Inspiration und Unterstützung, auch wenn meine eigene spirituelle Heimat das christlich-kontemplative Gebet ist und damit eine bleibende Verbindung mit Jesus.

Gerade die Achtsamkeitspraxis, aber auch zeitgenössische und viel beachtete Weisheitslehrer wie Eckhart Tolle verwenden eine säkulare Sprache und lassen religiöse Formen und Institutionen hinter sich, auch wenn sich ihre Lehren und praktischen Impulse aus der Botschaft und der spirituellen Tradition großer Religionen speisen. Ist das aus der Sicht religiöser Frömmigkeit abzulehnen? Ist es adäquat oder auch nur hilfreich, solche Lehren in den kaum fassbaren und oft negativ behafteten Begriff „Esoterik“ wie in eine Schublade zu stecken? Meine eigene, immer wieder überraschende Erfahrung ist, gerade in dieser „Schublade“ Begriffe und Inhalte „meiner“ christlich-spirituellen Herkunft in einem völlig neuen Licht zu sehen. Wenn wir uns nicht mit Schubladen und schnellen Vorurteilen oder in religiöser Engstirnigkeit selbst im Weg stehen, können wir darin auch Perlen entdecken und sogar Schätze aus „unserer eigenen Tradition“ – die in einer anderen Sprache oder in einem anderen Kontext plötzlich wieder neue Bedeutung gewinnen. Vielleicht ist der Auszug so vieler Menschen heute aus den etablierten Kirchen auch ein Hinweis darauf, dass religiöse Formen und Sprache dort an Kraft verloren haben. Und vielleicht liegt darin die Chance, sich neu auf die Suche zu machen nach Erfahrungen und Formen, die uns wirklich betreffen, die uns in der Tiefe erreichen. Für mich war es dabei hilfreich, die althergebrachte Sprache zu verlassen, vor allem eine Sprache, die so klingt, als hätte sie ein Monopol auf Gott oder als könnte sie das Religiöse in gewisser Weise verwalten. Wenn ich heute beginne, wieder vorsichtig von Gott zu sprechen, dann mit dem ständigen Bedürfnis und Versuch, diese Rede für Menschen zu übersetzen, die nicht gern von Gott sprechen oder hören; und mit dem Anliegen, selbst nicht den Eindruck zu erwecken, ich wüsste, wovon ich spreche, wenn ich das Wort „Gott" in den Mund nehme oder in die Tasten tippe.

## JENSEITS EINES BESCHEID-WISSENS

Was mir nach wie vor besonders am Herzen liegt, ist „unsere" Heilige Schrift, insbesondere die Botschaft Jesu, wie sie in den Evangelien zu finden ist und in Geschichten erzählt wird. Mit ihr und mit Jesus fühle ich mich seit fünfunddreißig Jahren von Herzen verbunden. Dabei kenne ich natürlich unterschiedliche Phasen in dieser Beziehung. Als für mich als junger Erwachsener die Bibel zum ersten Mal echte Bedeutung für meinen Alltag bekam, gab es eine Phase, in der ich sehr religiös war und die Bibel wörtlich genommen habe. Heute bin ich dankbar, diese Enge verlassen zu haben. Göttliche Inspiration, Gottes Wort kann immer nur durch menschliche oder irdische Vermittlung zu uns kommen. Mir wurde klar, dass wir uns nicht anmaßen dürfen, religiös, spirituell oder auch nur hinsichtlich der Bedeutung heiliger Schriften „Bescheid zu wissen“! Abgesehen davon verbauen wir uns die Möglichkeit, den großen Reichtum anderer religiöser, spiritueller, heiliger und profaner Schriften als Quelle der Inspiration zu erfahren.

Während meines Studiums der Theologie konnte ich den Beitrag historisch-kritischer Forschung für ein Verständnis heiliger Schriften kennenlernen. Was für ein großartiges Feld, musste doch auch Jesus – wie alle anderen Propheten – in eine Zeit und in ein bestimmtes kulturelles Umfeld hineinsprechen. Doch wissenschaftliche Forschung allein kann die Botschaft Jesu – wie jede spirituelle Botschaft – für uns heute nicht erfahrbar machen. Sie spricht immer auch ganz individuell und persönlich zu uns. Dafür brauchen wir einen Zugang des Herzens und einen Zugang der Stille. Meine hier vorliegenden Interpretationen erheben keinerlei Anspruch auf „Gültigkeit“ – weder grundsätzlich noch für dich als Leserin oder Leser persönlich. Sie entstammen meiner sehr persönlichen Begegnung mit den Texten, nach vielen Jahren Abstand von einer täglichen Bibellektüre, dafür aber vor dem Hintergrund meiner heutigen spirituellen Praxis und der Lektüre unterschiedlicher zeitgenössischer Autoren und Autorinnen.

Theologen und Theologinnen mögen mir dabei verzeihen, wenn ich hier den aktuellen Forschungsstand nicht abbilden kann; Menschen, die gar nicht mit der Bibel vertraut sind, mögen mir nachsehen, wenn ich manchmal Begriffe verwende, die den Theologen in mir erkennen lassen. Kirchlich fromme Menschen muss ich um Nachsicht bitten, wenn manchmal die Konturen verwischen und die Frage auftaucht, ob ich mich eigentlich noch als Christ bezeichnen kann. Kirchlich entfremdete Menschen bitte ich, meine Verbundenheit mit Jesus und meine Begeisterung für seine Botschaft nicht als Versuch zu werten, sie für das Christentum zu missionieren.

## BRÜCKEN SCHLAGEN

Ich habe großen Respekt vor tiefgläubigen und frommen Menschen, wenn sie ihre Religion, ihre heiligen Schriften, ihre Traditionen lieben, ohne sie als allen anderen überlegene oder gar als einzige Wahrheit auszubreiten, die für alle gelten muss.

Mit unseren buddhistischen Geschwistern fühle ich mich sehr verbunden, die so viel Erfahrung mit der Stille haben und die, ohne von Gott zu sprechen, wie alle kontemplativen Traditionen zu einem Frieden beitragen, der wie der Frieden Christi höher ist als alle Vernunft, der unsere Herzen öffnet und den wir so dringend brauchen, um die Krisen dieser Zeit zu bewältigen. Zugleich bin ich mittlerweile überzeugt davon, dass wir von der Fülle spiritueller Traditionen, die uns heute begegnen, schöpfen können, ohne beliebig werden oder unsere Heimat aufgeben zu müssen. Und darüber hinaus ist es für mich immer wieder spannend zu sehen, wie es Menschen gibt, die unter oft schwierigsten Lebensumständen eine Lebenskunst entfalten, die sich keiner bestimmten spirituellen Form oder religiösen Tradition zuordnen lässt. So liegt es nahe, heute Bücher zu finden wie „Gottlos beten“ des Jesuiten Niklaus Brantschen oder „Säkulare Frömmigkeit“ des katholischen Theologen Hubertus Halbfas. Die kirchlich Beheimateten möchte ich ermutigen, sich nicht von Schubladen und Vorurteilen gegenüber modernen spirituellen Wegen einschränken zu lassen. Unterschätzen wir nicht die bleibende große Sehnsucht der Menschen dahinter und die Spuren tiefer Verbundenheit überall! Authentische Erfahrung und solide Orientierung finden sich immer wieder auch in neuen Formen, diese uralte Verbindung zum Großen Ganzen des Lebens zu pflegen, selbst wenn sie nicht oder anders von Gott sprechen. Den kirchlich Entfremdeten und Verletzten, den Heimatlosen, aber auch denen, die noch kaum Berührung mit der Botschaft Jesu hatten, möchte ich eine Brücke schlagen. Seine Worte und Geschichten sind geschichtlich bedingt und zugleich so zeitlos und modern wie vor 2000 Jahren. Jesu Botschaft dürfen wir immer wieder davor bewahren, vereinnahmt, verengt und verwaltet zu werden. Wir müssen nicht Christen und Christinnen sein, um die Botschaft Jesu zu hören, zu verstehen und ihre Kraft zu erfahren. Mit welch breiter Wirkung Jon Kabat-Zinn beispielsweise die Achtsamkeitspraxis aus einem religiös-buddhistischen Kontext gelöst hat und wie vielen Menschen das heute zugutegekommen ist, bestätigt, was auch prominente buddhistische Mönche wie Thich Nhat Hanh oder der Dalai Lama immer wieder betonen und heute fast schon selbstverständlich klingt: Wir müssen nicht Buddhisten und Buddhistinnen werden, um die Kraft der Meditation zu erfahren. Es zeigt sich heute immer mehr, dass wir nicht in eine andere Religion wechseln müssen, um uns Werkzeuge und Inspiration zu holen. Das spirituelle Erbe der Menschheit steht allen offen. Was nicht bedeuten muss, uns nur oberflächlich eine Patchwork-Spiritualität zusammenzubasteln. Gerade der erwähnte Jon Kabat-Zinn hat sich mit der buddhistischen Tradition tief auseinandergesetzt. Ähnlich tiefen Respekt, ja Liebe zu anderen Traditionen empfinde ich als Christ für die buddhistische Tradition und beginne ich langsam auch für die Poesie und das Wunder des Korans zu spüren.

## SPIRITUELLE ETIKETTEN UND HEIMAT

Es ist sicher gut zu wissen, wo wir uns religiös oder spirituell heimisch fühlen (irgendwann oder vielleicht immer wieder neu). Doch werden weder traditionelle religiöse Begriffe noch moderne Formen von Meditation oder Achtsamkeitspraxis diese Heimat je zum Ausdruck bringen können. Selbst wenn wir in einer Religion beheimatet sind, müssen wir uns aus meiner Sicht heute nicht (mehr) mit irgendwelchen religiösen Etiketten identifizieren, um richtig oder gar besser als andere zu sein. Das gilt auch für „moderne" spirituelle Labels! Es kann auch nicht hilfreich sein, spirituell *up-to-date* zu sein. Entscheidend ist, dass wir *hellwach* und *verbunden* bleiben. Dass wir für die großen Fragen und das Geheimnis des Lebens offen sind und Werkzeuge kennen, die uns helfen, wach und verbunden zu bleiben mit dem Großen Ganzen. Dafür bieten uns unterschiedliche spirituelle Traditionen wunderbare Impulse, die wir für uns prüfen und integrieren können. Achtsamkeit, Weisheit, Mystik und Spiritualität bieten uns Wege, diese Verbindung wieder bewusst aufzunehmen und zu pflegen und uns für all die Angebote zu öffnen, die uns das Leben macht: wunderbare, traurige, freudige, unverhoffte Momente, schwere und leichte.

## ERSTER TEIL

# EINLASSEN.
# VON DER KUNST, ANZUKOMMEN

Steig ein, die Fahrt beginnt,
das Karussell dreht sich geschwind,
die Jahre zieh'n vorbei
und trag'n dich fort, mein Kind.

Steig ein, mein Kind, steig ein,
in neue Schläuche neuer Wein.
Lass uns jetzt das Leben feiern,
viel zu schnell sind wir allein.

*Lied für meine Tochter Anna-Sumaya*

Wenn wir ein Buch lesen, wie gehen wir es an? Wo fangen wir an? Vorne, in der Mitte oder vom Ende her? Wollen wir es schon gelesen haben, bevor wir überhaupt angefangen haben? Wenn auch noch andere Bücher am Schreibtisch oder am Nachttisch liegen, geschenkt, selbst gekauft oder gerade als Paket gekommen, wenn wir die Zeit für die Bücher nicht dazukaufen können, kann sogar das Lesevergnügen noch zum Stress werden.

In diesem ersten Teil wollen wir ankommen in diesem Buch, dort, wo wir gerade sind, auch während wir lesen. Wir lesen und wir wollen nicht nur den Kopf füttern, wir wollen uns *spüren*.

Wir bekommen einen Eindruck davon, wie Achtsamkeit und Präsenz uns helfen, in der Gegenwart anzukommen, das Leben wieder aufzuspüren und das nirgends anders als dort, wo wir immer schon sind. Schritt für Schritt den Schätzen um uns und in uns näherkommen. Ankommen im Hier und Jetzt bedeutet aber auch, sich damit auseinanderzusetzen, was dieser Präsenz innerlich und äußerlich entgegensteht, sowie sich den Herausforderungen unserer Zeit zu stellen. Jesus erzählte ein Doppelgleichnis von einem Schatz im Acker und einer kostbaren Perle – faszinierende Bilder dafür, unserem Leben in die Tiefe zu folgen.

## Warum wir Achtsamkeit brauchen

Ein wesentliches Credo unserer Zeit heißt *vorankommen*. Schon von klein auf werden wir angetrieben, gerade langsame Kinder (Menschen!) haben es schwer: „Jetzt mach mal weiter!", ist ein Appell, den sie oft hören werden. Ihr Leben, ihr Tempo, ihr Verweilen stehen noch quer zur Geschäftigkeit und Geschwindigkeit der Erwachsenen. Gleichzeitig brauchen wir heute genau das wieder, was wir unseren Kindern langsam, aber sicher austreiben: Langsamkeit, Versenkung in das gegenwärtige Tun, Präsenz, Sorglosigkeit, Leichtigkeit. Da sein, eins sein mit dem gegenwärtigen Moment, eins sein mit sich selbst. Schon Jesus von Nazareth hat die Menschen aufgerufen, wieder so (*präsent*!?) wie Kinder zu werden, anstatt die Kinder uns gleich zu machen, sie unnötig anzutreiben, nur weil wir selbst so getrieben sind. Uns Erwachsenen geht es darum, (möglichst schnell) *weiter*zukommen. Im Alltag mit unseren To-do-Listen genauso wie für unsere äußerlich sichtbare Entwicklung im Leben (Karriere?). Gerade in jungen Jahren können wir gar nicht schnell genug weiterkommen, aber selbst in der Pension haben Menschen oft mehr Stress als in ihrem Berufsleben.

Wenn ich mit Erwachsenen arbeite und ihnen ein Bild davon geben möchte, was Achtsamkeit ist, arbeite ich gern mit einer Zeichnung, die in der Mitte einen Menschen von hinten zeigt, neben ihm ein Hund. Die Landschaft vor ihnen zeigt stilisiert Sonne und Bäume. Eine Gedankenblase über dem Kopf des

Menschen versammelt alle möglichen Dinge und Symbole, vom Auto über Notenzeichen, Socken, ein trauriges Gesicht usw. Die Blase über dem Kopf des Hundes zeigt allein Sonne und Bäume. Unter dem Bild steht ursprünglich das englische Wortspiel „Mind full or mindful?", deutsch „Geist voll oder achtsam (wörtlich: ‚geistvoll')?" – um es flapsig mit dem Bild der Blase über dem Kopf zu übersetzen: „Birne voll oder ganz da?" Wenn ich diese Zeichnung verwende, lege ich aber statt dieses Untertitels gern den monumentalen Satz von Eckhart Tolle darunter: „Menschsein bedeutet in Gedanken verloren sein." Im englischen Original steht „The human condition: lost in thought"[10]. Die Bedingungen menschlichen Lebens heute auf dieser Erde zwingen den Menschen beinahe ständig in Gedanken, woanders zu sein als dort, wo er sich körperlich gerade aufhält.

Der heutige Boom der Achtsamkeitspraxis ist sicher auch eine Reaktion auf die zunehmende Beschleunigung und Zerstreuung, die in den letzten Jahrzehnten gerade mit der Digitalisierung einhergegangen ist und weiter zunimmt. Wir kommen auf die Sehnsucht nach Entschleunigung noch zurück. An dieser Stelle möchte ich nur deutlich machen, dass es bei einer ernsthaften Übung von Achtsamkeit nicht um eine neue Lifestyle-Geschichte geht. Recht verstandene Achtsamkeit bringt uns nicht weniger als unser Leben zurück. Bewusstheit, Lebendigkeit, Sammlung. Wo unser Leben von einem Heer von Aufmerksamkeitsräubern belagert wird, verankern wir uns immer wieder neu mit unseren Sinnen dort, wo wir gerade sind. Anders gesagt: Wir kehren zurück, wir kommen an. Ankommen statt vorankommen, ist unsere Übung.

## MACHEN UND MESSEN

Wir machen und messen. Wir rennen und erledigen. Wir wissen und denken. Und doch wird das nicht genügen, das Leben zu bewahren: nicht in uns, nicht um uns herum, nicht für unsere Kinder.

Ich kann eine Runde joggen gehen, so wie viele das heute machen: Knöpfe in den Ohren, Smartphone irgendwo angeschlossen oder sonst ein Gerät, das alle möglichen Daten sammelt und mir am Ende zeigt, ob ich schnell genug war, wie weit ich gelaufen bin, besser oder schlechter als letztes Mal, Blutdruck, Puls … Was ich nicht messen kann, ist, ob ich auch nur einmal den Boden unter meinen Füßen gespürt und ob ich die frische würzige Luft hier in der Wiesen- und Moorlandschaft oder im nahen Wald wahrgenommen habe. Kein Gerät kann erfassen, ob ich die pulsierende Lebendigkeit meines sich bewegenden Körpers erfahren habe. Den Wind in meinen Haaren, die nahen Berge vor meinen Augen, den Klang meiner gefederten Schritte auf dem Moorboden. Wir geben dem Körper beim Laufen so viele Impulse zugleich und machen nicht nur „Leibesübung" oder „Sport". Wir haben eine ganze Welt um uns herum, sobald wir uns draußen in der Natur in Bewegung setzen – vom offenen Himmel über uns bis zur Erde unter unseren Fußsohlen. Und doch können wir unseren Schlaf fortsetzen, der uns auch im Büro, in der Küche, im Kinderzimmer oder im Seminarraum immer wieder ereilt: Manövrieren durch den Alltag im Erledigungsmodus. Absitzen oder Abhalten von Sitzungen oder Fortbildungen.

Und selbst wenn ich schon geübt bin in Achtsamkeit, ertappe ich mich beim Joggen immer wieder, wie mein Denken auf Autopilot schaltet und meine To-do-Listen durchgeht oder gar ganze Bücher weiterschreibt, während ich meine Aufmerksamkeit eigentlich bewusst dorthin lenken will, wo das wirkliche Leben stattfindet: hier und jetzt, draußen in der Natur, drinnen in einem lebendigen Körper, der sich bewusst bewegt und dem Geist eine Ruhepause gönnen möchte … To-do-Listen durchgehen oder Bücher schreiben ist ja ganz o. k., aber bitte doch nicht beim Joggen!

## AUFWACHEN STATT NACHDENKEN

Ich befürchte, dass wir ganze Pilgerwanderungen damit vergeuden können, rastlos über unser Leben nachzugrübeln, anstatt zum Leben aufzuwachen, indem wir die Erde unter den Füßen, die Weite der Landschaft und die Sinneslandschaften unserer lebendigen Wahrnehmung aktivieren – im hellwachen Kontakt zwischen Körper und Umgebung. Unbewusst läuft (!) der (Alb) Traum ständiger Gedanken weiter, vielleicht auch wie ein sportliches Kilometersammeln und kämpferisches Weiterkommen, und wir gehen an unserem wahren Bedürfnis vorbei – endlich zur Ruhe oder zur Besinnung zu kommen und dem Leben nahe zu sein: in der Natur, in unserem Körper, unserem Atem und den Bewegungen unseres Herzens. Suchen wir nicht eigentlich Be-Sinnung (also die Öffnung unserer Sinne) statt betäubender Gedankenspiralen? Verbundenheit und Einssein statt gedanklicher Differenzierungen? Aufwachen und Schritt für Schritt auf meiner Wanderung ankommen, anstatt gedankenverloren und getrieben möglichst schnell voranzukommen?

Runterkommen vom Kopf in die Füße, den offenen Himmel über uns gespannt und weiten Raum um uns, den festen Boden und die tragende Erde unter unseren Füßen, den Wind mal zart auf unseren Wangen, mal wild durch unsere Haare wirbelnd und den Geist lüftend, mal kraftvoll uns von hinten anschiebend und mal stürmisch uns bremsend und zum Stillstand zwingend.

Ich kann eine ganze Sachertorte in mich hineinstopfen, während ich im Gespräch vertieft bin mit einem Kollegen oder einer Kollegin. Und am Ende könnte ich nicht wirklich ehrlich sagen, wie sie geschmeckt hat. Ich kann mein Kind betreuen oder sogar einen ganzen Kindergarten, kann mit Plan und Zielstrebigkeit die Kinder durch ein Programm schleusen oder jede Minute nützen, um möglichst viel Arbeit im Haushalt oder in der Organisation meines Kindergartens zu erledigen, während mein Kind oder die Kinder sich gerade beschäftigen – das alles ohne auch nur einmal innegehalten zu haben, um (m)einem Kind zuzusehen, mich an ihm zu erfreuen oder gar in seine Augen geschaut zu haben, mit ihm innerlich oder direkt körperlich in Kontakt gewesen zu sein. Das ist nicht moralisch mit dem Finger auf andere zeigend gemeint, sondern ich spreche offen und ehrlich aus der eigenen Erfahrung.

Wir haben so viel zu tun. Und so viel zu denken. Ist so. Gerade deswegen brauchen wir manchmal Pausen. Damit das Tun nicht zum Hamsterrad entartet und unser Denken sich nicht verselbständigt; damit Sorgen, Probleme und Leidgeschichten, Pläne und Projekte nicht zur Endlosschleife werden. Gerade deswegen brauchen wir die Einladung der Achtsamkeit, aufzuwachen zu dem, was jenseits – oder besser gesagt *diesseits* – unserer Erledigungen und Gedanken liegt: dieser kostbare Moment meines Lebens. Wie sehr würden davon nicht nur wir selbst, sondern auch unsere Kinder profitieren!

## SEI GLÜCKLICH?

Das bedeutet nicht, dass wir jeden Augenblick genießen oder oberflächlich „happy“ sein sollten. Achtsamkeit bedeutet nicht, die Welt mit einer rosaroten Brille anzuschauen. Einer meiner Lieblingssätze von Eckhart Tolle lautet: „Sage ich etwa ‚Genieße diesen Augenblick! Sei glücklich!‘ Nein. Nimm diesen Augenblick in seinem Sosein an. Das genügt.“[11] Es ist nicht alles wunderbar und zum Genießen. Wir müssen uns die Wirklichkeit nicht rosa anstreichen oder zurechtbiegen. Aber wir müssen auch nicht immer machen, tun und erledigen, kämpfen oder dramatisieren. Wenn wir im Autopilotmodus unterwegs sind, passiert uns das. So vieles von unserer kostbaren Lebenszeit verbringen wir damit, Dinge zu „erledigen“. Weil wir glauben, danach würde dann das richtige Leben anfangen. Also nur möglichst schnell dies oder jenes abarbeiten, damit ich dann Zeit für – ja für was eigentlich? – habe. Meist gönnen wir uns ja nicht einmal eine Pause, wenn wir eines erledigt haben – nicht einmal, wenn wir zwei oder drei Dinge erledigt haben. Es hört einfach nie auf.

Deswegen ist es erstens klug, von Zeit zu Zeit innezuhalten, sich einfach hinzusetzen, nicht(s) zu tun. Und vielleicht uns mit Hilfe des Atems auch eine Pause zu verschaffen. Nicht, um eben wieder nachzudenken, sondern um gerade *nicht* denken zu müssen, was unweigerlich passieren wird, solange wir nicht z. B. mithilfe des Atems unseren Geist zur Ruhe einladen. Und zweitens ist es klug, sich langsam, aber sicher das „Erledigen“ abzugewöhnen. Wir können uns dazu entscheiden, jetzt die nasse Wäsche aufzuhängen oder sonst irgendetwas zu tun und uns dabei für diese kurze Zeit ganz darauf einzulassen – selbst wenn es so etwas Triviales zu sein scheint. Meist erledigen wir nämlich diese Dinge und durchtauchen diese Momente, „um später bessere zu haben", wie Jon Kabat-Zinn es einmal auf den Punkt brachte. Und auch wenn wir schon wissen, was wir danach tun wollen und das vielleicht aufregender ist als der Haushalt, brauchen wir das, was also hier dazwischen passiert, nicht abzuwerten, sondern können versuchen, uns im „Hier und Jetzt des Wäscheaufhängens" einzurichten. Das ist die große Kunst der Achtsamkeit im Alltag, wie v. a. Thich Nhat Hanh es immer wieder beschrieben hat. Aber wir dürfen uns auch Zeit lassen, diese Kunst zu erlernen. Jedes Instrument, jede Sprache braucht Übung und Zeit. Wir dürfen klein und immer wieder anfangen.

## VON DER KUNST, SICH EINZULASSEN

Was ist Achtsamkeit? Ist sie nicht die Kunst, sich einzulassen? Sich einlassen mit Haut und Haar, sag ich gerne, wenn ich mit Eltern, Pädagogen und Pädagoginnen arbeite. Wenn ich mich mit Kindern auf allen Vieren auf den Boden begebe, sind sie oft wie verzückt. Warum? Sie lieben es, wenn wir so genannten Erwachsenen uns ganz einlassen. Auf allen Vieren kann ich keine Nachrichten am Smartphone checken.

In Hamburg gab es im September 2018, also noch vor Greta Thunberg und Fridays for Future, eine Demo von viel jüngeren Kindern. Dort begann ein Slogan auf einem Transparent auch mit „Wir sind so laut", endete aber mit, „weil ihr nur aufs Handy schaut!" Was bei Fridays for Future gern ähnlich skandiert wird: „Wir sind laut", geht weiter mit, „weil ihr unsere Zukunft klaut." Bei den erwähnten Kindern ließe es sich ergänzen mit „weil ihr uns die *Gegenwart* klaut" – die gemeinsame Gegenwart. Was uns Greta auf so wundervolle Weise bewusst macht, ist: Wir wissen als Menschheit eigentlich sowohl wie dramatisch es um uns steht, als auch dass und wie wir aus dieser Krise technisch, wirtschaftlich und ethisch die Kurve kriegen könnten für uns und unseren Planeten. Die Krux ist, dass Wissen allein nicht reicht. Es braucht nicht nur ein Umdenken, es braucht ein Aufwachen. Erst dann beginnen Leute, z. B. ihr Auto zu verkaufen und es auch als Familie mit drei Kindern ohne es zu versuchen, wie mir erst kürzlich begeistert Freunde geschrieben haben.

## ERWACHEN STATT ENTSPANNUNG

Um auf das Joggen eingangs zurückzukommen: Wer den Boden unter den Füßen nicht spürt, tut sich auch schwer, sein Herz zu öffnen und seinem Leben und den drohenden Szenarien unserer Welt eine entscheidende Wendung zu geben – in Gemeinschaft und Verbundenheit mit allen Wesen dieser Erde.

Der Psychologe und Wildnis-Guide Bill Plotkin schrieb einmal: „Für die Seele von Kindern zu sorgen, ist einer der Grundpfeiler unserer Antwort auf die ökologische Krise.“[12] Er bezieht sich auf das große Netz des Lebens, das an allen Stellen unterstützt werden kann, indem alle Wesen ihre Aufgaben erfüllen. Im Kontakt zu sein mit dem Leben, das uns anvertraut ist, bedeutet hinsichtlich der Kinder, sie in ihrem je ureigenen Wesen zu unterstützen, damit sie ihr Inneres verwirklichen können. Je mehr junge Menschen wir in die Welt der Erwachsenen entlassen, die das tun, was sie „wirklich wirklich wollen“[13], desto besser für diese bedrohte Welt. „Hier ist Dunkelheit, für dein Licht bereit, an jedem neuen Wesen kann die Welt genesen“, so eine Zeile aus einem Lied zur Geburt meiner jüngsten Tochter. Aber natürlich wirken die Kinder, für die wir sorgen, auch auf uns ein. Es beginnt schon damit, dass Kinder uns nach Hause bringen, weil sie uns aus der Gedankenverlorenheit ins Hier und Jetzt stupsen, manchmal stoßen, manchmal *zwingen*. Aber Kinder können noch mehr: Wer sich auf Kinder einlässt, kommt dem eigenen Herzen wieder nahe. Greta erreichte unsere Herzen. Das ist der Unterschied zu den Wissenschaftlern und Wissenschaftlerinnen. Alle Kinder könnten das. So wie es auch der direkte Kontakt zur Natur und zu den Tieren kann. Nur fühlen wir uns bei Kindern meist gestört, wenn sie in Wahrheit einfach nur in Kontakt mit uns treten wollen. Was sie suchen und initiieren, nennt der Spielforscher Fred Donaldson *practice of belonging*, Praxis der Zugehörigkeit und Verbundenheit. Genau das suchen heute (wie zu allen Zeiten) viele Menschen auf verschiedensten spirituellen Wegen. Wenn Kinder uns „stören", könnte es eine Chance sein aufzuwachen. Aufgeweckte Kinder sind dazu da, uns aufzuwecken. Zum gegenwärtigen Augenblick, zur Wirklichkeit – auch zu den unbequemen Wahrheiten. Lassen wir uns *ein*, finden wir auch Wege *heraus* aus den Krisenszenarien.

Ohne Gegenwart keine Zukunft. Ohne hellwache Präsenz keine neuen Wege. Ohne „Inweltschutz" kein Umweltschutz. Ohne Binnen-Klima in uns und unseren Beziehungen kein funktionierendes Klima auf der Erde. Ohne Aufwachen kein Leben. Nicht für uns, nicht für unsere Kinder. Die Übung der Achtsamkeit ist keine hippe Modeerscheinung und keine Entspannungstechnik. Entspannung wird nicht reichen. Wir brauchen ein Erwachen. Kinder und die Natur draußen helfen uns dabei.

### Übung – Wo bist du?

Wie ist es denn bei dir gerade, während du diese Zeilen liest? Sitzt du gemütlich irgendwo, ganz dem Lesen zugewandt? Oder fliegst du gerade nur so ein bisschen drüber?

---------

Ich ertappe mich manchmal dabei, nur mal schnell irgendwo reinlesen zu wollen und dabei irgendwo herumzustehen, eben eigentlich auf dem Sprung, eigentlich gar keine Zeit, eigentlich schon was anderes planend … Und dann schmerzt auch noch der Rücken, aber so stehe ich eben zerrissen zwischen den Dingen, anstatt mich zu entscheiden für etwas, dem ich meine ganze Aufmerksamkeit zuwenden möchte.

------

Wo sitzt oder stehst du gerade? Welche Signale sendet denn dein Körper? Spürst du den Boden unter deinen Füßen oder auch das Sofa oder sonst den Kontakt zwischen deinem Gesäß und deiner Unterlage?
Und welche Gedanken gehen oder gingen dir durch den Kopf, während du diese Zeilen hier gelesen hast? Kannst du noch einen erinnern – so banal, genial oder abwegig er sein mag oder mochte?
Und wie ist deine Stimmung gerade? Nur wahrnehmen, ohne zu bewerten. Ehrlich? Wie fühlst du dich gerade? Entspannt oder irgendwie unter Druck? Getrieben oder gelöst? Zufrieden, im Einklang?
Registrieren, wissen wollen, ohne Urteil. Interessiert und wohlwollend dir selbst gegenüber.

Während du liest, lade ich ein, immer wieder innezuhalten. Worte, Sätze, Vorträge und Bücher können ihre Kraft am besten entfalten, wenn wir uns nicht einfach füttern lassen mit Information oder Inhalt, sondern wenn wir wach sind für das, was uns anspricht, innerlich berührt von der Resonanz in uns. Dazu brauchen wir unseren Leib. Ohne Körper keine Wahrnehmung. Ohne Wahrnehmung keine Präsenz. Ohne Präsenz keine Lebendigkeit.

# Einen Schritt näher

Kindern und der Natur draußen zu begegnen, ist ein heilsamer Weg für unsere Seele genauso wie für die Welt. Wir werden nur das retten, was wir lieben. Liebe lässt sich nicht verordnen, Liebe lässt sich nicht durch Predigten motivieren, Liebe kann nur wachsen, wo wir uns einlassen, in Verbindung treten, unsere gesammelte Aufmerksamkeit aufbringen und wo wir Resonanz spüren. Als Gegenbewegung zur Entfremdung von uns Menschen von der Natur braucht es zuerst die Wiederherstellung oder Heilung dieser Verbindung. Ohne sie ist jeder Versuch umweltpolitischer Bewusstseinsbildung wohl nur ein Appell an den guten Willen. Willensanstrengung allein aber wird unsere Lebensweise nicht verändern können. Eckhart Tolle schrieb einmal über die Pflanzen und Tiere so wunderbar: „Achte einmal darauf, wie gegenwärtig eine Blume ist, wie sie dem Leben hingegeben ist."[14] Ähnlich können wir Kinder beobachten, auch Menschenkinder sind ja Teil dessen, was wir Natur nennen. „Beobachte ein Tier, eine Pflanze oder einen Baum und sieh, wie sie im Sein ruhen. Sie sind sie selbst. Sie besitzen eine enorme Würde."[15] Auch das Kind zeichnet sich durch dieses Ruhen im Sein aus, wenn seine Bedürfnisse befriedigt sind und die Umgebung entspannt ist, schon und gerade bei Neugeborenen und Babys. Kurz gesagt: Das Kind ist angekommen. Sein ganzes Wesen ist ein Ankommen in dieser Welt und noch ganz selbstverständlich Teil dieser Welt. Es muss sich noch keine Gedanken über die Welt machen und sich damit auch schon in gewisser Weise aufspalten. Es sieht die Welt mit neuen Augen, spürt und nimmt die Welt wahr mit hellwachen Sinnen.

## KRISE UND SCHÖNHEIT

In Zeiten großer Krisen haben es Hoffnung und Zuversicht nicht leicht. Nach den Irrungen und Wirrungen in der Pandemie samt manchen bizarren Blüten bleiben uns weitere große Verwerfungen als Aufgaben erhalten: Klimakrise, Krieg und Kriegsgefahr, Flucht und der Hunger in der Welt. Ich versuche es dennoch mit dem Blick auf Ermutigendes in meinen Kreisen. Mich leiten darin seit vielen Jahren die Zeilen des 2022 verstorbenen *Thay* – vietnamesisch für „Lehrer" und ein Kosename für *den* Achtsamkeitslehrer des Westens – Thich Nhat Hanh, Mönch, Poet und Vertreter eines engagierten Buddhismus: „Tagtäglich verhungern Tausende Kinder. Jeden Tag sterben Pflanzen- und Tierarten aus. Doch der Sonnenschein ist schön und die Rose, die an der Wand entlang wächst und an diesem Morgen erblüht ist, ist ein Wunder. Das Leben ist schrecklich und wundervoll. Meditationspraxis beinhaltet, mit beiden Aspekten des Lebens in Berührung zu sein."[16] Wir brauchen gerade in der zunehmend digitalen Zeit diesen direkten Kontakt zum Leben, den Kindern, den Geschöpfen, zum Sonnenschein, den Blumen, den Vögeln, den Bergen, Bäumen, dem Regen und Schnee und dem festen Boden unter unseren Füßen, den gerade Thich Nhat Hanh so wunderbar im achtsamen Gehen und der Gehmeditation gelehrt und gelebt hat.[17] Im Kleinen finde ich solche Rosen, die erblühen – in allen und trotz aller traurigen Nachrichten. Ein paar Beispiele:

## EINEN SCHRITT

Ein Freund aus Hamburg machte mich vor ein paar Jahren auf ein Buch aufmerksam, ein Jugendbuch des deutsch-iranischen Schriftstellers Navid Kermani: „Jeder soll von da, wo er ist, einen Schritt näher kommen."[18] Allein die kleine wahre Geschichte des berühmten Scheichs und islamischen Mystikers Abu Said (11. Jh.), die Kermani bis in den Titel seines Buches hinein als Inspiration verwendet, ist ein Fingerzeig für unsere Zeit: Als der Scheich in der Stadt Tus erwartet wurde, füllte sich die Moschee, bis kein Platz mehr blieb. „Gott möge mir vergeben", rief der Platzanweiser: „Jeder soll von da, wo er ist, einen Schritt näher kommen." Daraufhin schloss der islamische Lehrer die Versammlung, noch bevor sie überhaupt begann und meinte: „Alles, was ich sagen wollte und sämtliche Propheten gesagt haben, hat der Platzanweiser bereits gesagt." Er wandte sich um und verließ die Stadt.

Dieser geheimnisvolle Satz ist offen für viele Interpretationen, was ihn auch so reizvoll macht. Ich mache einen Versuch: Ankommen bedeutet manchmal, einen Schritt näher zu kommen. Das Leben gewissermaßen nicht aus sicherer Distanz zu beobachten, sondern – wie schon beschrieben – sich einzulassen auf die Menschen neben uns, auf ihre Sorgen und Freuden, ihre Religion und Spiritualität, ihre Götter und Göttinnen, ihre Zeremonien und Gebete. Kermani schreibt dieses Buch für seine Tochter und mit ihr, um dem Wunsch des Großvaters nachzukommen, seine Enkelin den Islam zu lehren. Dabei geht es von Anfang an nicht nur um den Islam, sondern um das, was alle Religionen eint, um die großen Fragen des Lebens, aber auch darum, wie Hoffnung und Gewissheit, Geborgenheit und Sinn in Religion und Spiritualität zu finden sind. Doch nicht nur dieser erzählende interreligiöse und interspirituelle Zugang berührt mich, sondern schon die wegweisende Kraft dieser wenigen Worte im Titel, die weit hinausreichen in unsere drängenden Fragen, wie wir leben wollen.

## TAUSEND FRÜHLINGE UND EIN SCHLOSS

Seit ein paar Jahren gehen Freunde von mir einer großen Vision und ihren brennenden Herzen nach, bis sie auf wundersame Weise eingeladen wurden, auf einem alten Gutshof ein Jahr lang zu wohnen, zu leben und zu schauen, ob dort etwas von ihrer Vision wachsen kann. Es gab keine Gewissheiten, keinen wirklichen Plan, es war alles andere als wirtschaftlich „vernünftig". Aber es wurde ein zarter „Anfang, dem ein Zauber innewohnt" (Hermann Hesse). Ein Zauber und ein Geheimnis, das sich widerspiegelte im einfachen Leben in einer Jurte nebst einem tausendjährigen baufälligen Schloss, einer winzigen Kapelle, einem Verwalterhaus und einem bereits wunderschön renovierten alten Stall als Veranstaltungsraum und Ausgangspunkt für erste gemeinsame Pläne. Wenn ich sie besuche, bin ich immer berührt von der Atmosphäre in ihrer Jurte. Was für ein friedlicher Ort, die große Stille, die durch die dicken Schafwollbahnen entsteht! Der Ofen, der ihnen im Winter Wärme spendet; die Atmosphäre, die ein großer weiter runder Raum schafft, das Licht durch die zentrale Kuppel am Dach. Und auch hier ist es das gesamte Umfeld, das Sinn und Hoffnung birgt, das Geborgenheit und Nahrung schenkt für notwendige Kraftakte, um Träume zum Leben zu erwecken: der Wald und die weiten Felder ringsum; einsame Forstwege und die lieblich grünen Hügel des Bayerischen Waldes. Eine tausendjährige Eiche steht in der Nähe wie eine Patin, eine Schutzpatronin, einen Steinwurf entfernt vom alten Schloss. Was für ein Kraftplatz bei der uralten Eiche, die da einfach im Feld steht und schon tausend Frühlinge gesehen hat. Was für eine Würde und „Stille", wie Eckhart Tolle es nennt, was für ein geheimnisvolles mächtiges Wesen Baum!

Einen Schritt näher – zu den Dingen und Wesen, den Geschöpfen und Elementen in der Natur, einen Schritt näher zu sich selbst und zu einem heilsamen Leben im Einklang mit dem, was in ihnen und um sie herum lebendig ist. Dem Herzen einen Schritt näher kommen. So oberflächlich und kitschig es manchmal klingen mag, aber es ist möglich, auch und gerade in unserer Zeit solchen Träumen zu folgen. Selbst wenn sie sich nicht so erfüllen wie gedacht. Einen Schritt näherkommen, zueinander als Menschen, um gemeinsam zu leben, und einen Schritt näher an die Realisierung von Träumen heran, vielleicht bis dahin, ein tausendjähriges Schloss aus dem Dornröschenschlaf zu küssen.

## NEUE GESCHICHTEN

Und schließlich gibt es noch einen Freund, der mir kürzlich ein Buch zukommen ließ. Wohl dem, der Freunde hat, die einem Bücher verraten oder sogar zuschicken! Sein Geschenk ist ein Roman der jungen Schriftstellerin und Aktivistin Rivera Sun, die nichts Geringeres versucht, als der epischen Weltliteratur neue Geschichten hinzuzufügen, die nicht mehr auf Krieg, Gewalt und Eroberung setzen, sondern auf die Kraft gewaltlosen Handelns, auf Werkzeuge des Friedens in der Tradition Gandhis und anderer gewaltfreier Führer:innen unserer Jahrhunderte. Mich berührt der Mut und das Vertrauen in ihre eigene Kraft, den Menschen von heute und v. a. den jungen Generationen neue Geschichten zu schreiben, um den kulturellen Mythologien in unserer Literatur eine neue Richtung zu geben, ja sie neu zu schreiben (*re-write*, wie sie es nennt), und um damit auch unserem Leben in Gesellschaft und Welt einen neuen Impuls zu geben. Was für ein hehres Ziel! So viel Mut und Vertrauen in das eigene Schreiben ist bemerkenswert und wunderbar. Aber wenn man Rivera Sun sprechen hört, ist ihr inneres Feuer zu spüren, ohne große Allüren. Das tut mir gut, wo ich selbst beim Schreiben meinem Herzen folge und bei allen Zweifeln meiner eigenen Spur vertrauen darf.

Einen Schritt näher dem Frühling entgegen, der kommen wird und schon jetzt wirkt. Am Ende zählt unser Versuch, die erschütternde Not *und* die blühenden Rosen zu sehen, immer wieder neu aufzustehen zu den Träumen und Aufgaben, die in uns leben, und das kleine Neue zu schaffen, das durch uns in die Welt kommt. Ankommen auch mit unseren kleinen und großen Träumen.

## Der Schatz

Jesus erzählte viele Gleichnisse, Bildgeschichten, die uns bis heute Inspiration bieten. Hier ist eines von mehreren Doppelgleichnissen; zwei Bilder, die so kurz und doch so dicht sind, dass wir tief in sie hineinschauen müssen, um ihnen gerecht zu werden.

> Mit dem Königtum der Himmel ist es gleich wie mit einem Schatz, der im Acker verborgen lag. Ein Mann fand ihn und verbarg ihn. Und vor lauter Freude geht und verkauft er all seine Habe und kauft jenen Acker. Abermals: Mit dem Königtum der Himmel ist es gleich wie mit einem Händler, der schöne Perlen suchte. Als er eine kostspielige gefunden, ging er von dannen und verkaufte all seine Habe und kaufte sie.
>
> *Matthäus 13,44–46*[19]

Was fangen wir an mit unserem Leben? Leben ist, was uns passiert. Und zugleich ist es unsere Antwort darauf. Neben den Lebens*umständen*, die unser äußeres Umfeld prägen, gibt es tiefere Schichten zu entdecken. Sie haben mit Sinn, Erfüllung, Berufung und der Erfahrung von Verbundenheit zu tun, mit dem, was wir Spiritualität nennen. Dafür braucht es unser Einlassen und Ankommen in den Umständen unseres Lebens, ohne uns ihnen auszuliefern. Wahres Glück und tieferen Sinn finden wir nicht in glücklichen Umständen, sondern letztlich *unabhängig* von den Umständen sowie in der Offenheit für das, was das Leben *in* den jeweiligen Umständen für uns an Aufgabe und Berufung bereithält. Als ich als junger Erwachsener für ein halbes Jahr in Argentinien leben durfte, wurde mir schmerzlich bewusst, wie wenig Perspektiven meine Freunde dort hatten. Unser Leben als Menschen ist so weit offen für unsere ganz individuellen Wege, unsere Berufung zu finden und zu leben. Aber natürlich hängt es auch davon ab, wo wir aufwachsen und welche Möglichkeiten uns gegeben sind. Im ärmlichen *Misiones* im Nordosten Argentiniens schien es im Jahr 1990 kaum mehr Optionen zu geben, als in ein Kloster einzutreten, Lehrer oder Polizist zu werden, wenn man sich nicht irgendwie als Losverkäufer oder mit anderen Gelegenheitsjobs über Wasser halten wollte. Doch wenn uns Armut, Unterdrückung oder andere schwierige Lebensumstände nicht völlig unseren Lebenswillen nehmen, bleiben wir gerade in jungen Jahren offen für Träume und Ziele, offen auch für Überraschungen, offen für den Schatz, den es für unser Leben zu heben gilt.

Auch hier in den Gleichnissen geht es um ganz unterschiedliche Menschen; der eine ist ein vermutlich armer Lohnarbeiter, der andere ein reicher Kaufmann. Und wir sehen hier zwei unterschiedliche Zugänge: Der erste Mann, der uns ohne Berufsbezeichnung vorgestellt wird, findet wie *zufällig* einen Schatz im Acker. Da er den Acker erwerben will, scheint die Geschichte eben auf einen armen Lohnarbeiter hinzuweisen.[20] Der zweite Mann ist ein Händler, ein Großkaufmann[21], der *bewusst* schöne Perlen sucht. Ob arm oder reich, beide stoßen sie auf ihren Schatz. Beide verkaufen daraufhin all ihre Habe, um diesen Schatz für sich zu gewinnen. Der Händler ist quasi schon von Berufs wegen immer auf der Suche nach schönen Perlen. Der andere sucht nicht wirklich und findet trotzdem. Das bedeutet aber nicht, dass ihm der Schatz einfach in den Schoß fällt. Er muss den Entschluss fassen, alles, was er besitzt, zu verkaufen, um diesen Acker kaufen zu können. Der Neutestamentler Gerhard Lohfink weist noch auf einen wichtigen Aspekt hin: Jesus vergleicht hier das Reich (oder Königtum) der Himmel nicht einfach mit dem Schatz und der Perle, sondern mit den ganzen beiden Geschichten, die er hier erzählt.[22] Unabhängig davon, ob wir uns als (christlich) religiös bezeichnen würden oder nur einfach wie so viele Menschen auf der Suche nach einer zeitgemäßen Spiritualität sind – wir können das „Reich der Himmel" oder das „Königtum Gottes" als Chiffre für unsere ganze aufregende, bisweilen aber auch herausfordernde innere Bewegung nehmen, Sinn und Erfüllung für unser Leben zu finden sowie unserer spirituellen Sehnsucht zu folgen: Das Glück, das Finden, die Erfüllung unserer Sehnsucht braucht unsere Suche bzw. zumindest unsere hellwache Offenheit und Bereitschaft, genau hinzuschauen. Denn es passiert uns vielleicht einfach wie ein Erwachen, ein Gefühl, zur rechten Zeit am rechten Ort zu sein – ob wir danach gesucht haben oder nicht. Aber ohne unser Sehen, Hören und Spüren werden wir nicht bereit sein. Gedankenverloren werden weder der Tagelöhner noch der Großhändler auf den Schatz ihres Lebens stoßen. Der eine wird den veränderten Klang seiner Hacke überhören, die statt auf Erde oder Stein auf einen Schatz stößt. Der andere wird den Glanz der kostbarsten Perle übersehen. Sowohl hinsichtlich unserer Lebensaufgabe, als auch im Blick auf unseren spirituellen Weg, braucht es unsere Aufmerksamkeit für die Dinge, die im Außen passieren, als auch ein waches Herz und dessen Resonanz.

Wie sieht es mit unserer Sinnsuche und mit unseren Träumen aus? Wer auf seine Berufung, sein Element oder den Ort seiner

Träume stoßen will, braucht ähnlich wache Sinne und ein waches Herz, die Entschlossenheit, vieles andere loszulassen, sowie einen langen Atem, um den Schatz wirklich heben zu können. Aber auch hier geht es um den ganzen langen Weg, der die Kostbarkeit unseres Lebens ausmacht. Der Schatz und der Glanz der Perle beflügeln und begleiten uns, die Sehnsucht zieht uns schon lange, bevor wir gefunden haben. Unser spiritueller Weg beginnt nicht erst, wenn wir den Schatz gefunden haben.

## LEBE DEINEN TRAUM?

*Folge deinem Herzen! Lebe deinen Traum!* Wer kennt diese Sprüche nicht? Unsere Zeit ist auch eine Zeit der Coaches, die uns begleiten und beraten wollen, unserem Leben auf die Sprünge zu helfen und „Erfolg“ zu haben, wobei sich hier natürlich eine entscheidende Frage nach der Definition von Erfolg stellt. Wenn wir im Leben ankommen wollen, müssen und dürfen wir uns jedenfalls auch auf unsere Träume einlassen. Ich lese immer wieder gerne auch die Bücher von Paolo Coelho und John Strelecky, um nur zwei Bestsellerautoren zu nennen, die mit ihren Romanen so viele Menschen weltweit inspiriert haben. Sie ermutigen uns, die eigene Spur im Leben zu finden und den Träumen zu folgen. Solche Bücher wärmen unsere Herzen und doch verschwindet ihre Botschaft oft schnell wieder zwischen Erledigungen, Alltagskram und anderen Notwendigkeiten. Und natürlich neigen wir dazu, uns immer wieder mit Kalendersprüchen zu trösten, um uns dann wieder den scheinbar *wirklichen* Dingen zuzuwenden. Es ist ein ständiges Einlassen und Auslassen. Unsere Lebensträume lassen sich selten zielstrebig und ohne Umwege sozusagen über die Direttissima erreichen. Es bleibt wichtig, im Leben nichts erzwingen zu wollen. Und wenn wir nicht aufpassen, kann es uns passieren, dass uns unsere Träume im Weg stehen oder wir die Erfüllung unserer Träume gegen uns selbst wenden:

- dass wir erst glücklich sind, wenn ein Traum erfüllt ist …
- dass wir uns schuldig fühlen, wenn wir unserem Traum scheinbar noch zu weit hinterherhinken …
- dass wir uns von inneren oder äußeren Kritikern und Kritikerinnen vorhalten lassen, wir würden nur nicht fest genug an unsere Träume glauben, wenn ihre Erfüllung noch aussteht … so ähnlich wie es heute passiert, dass wir uns manchmal auch noch schuldig fühlen, wenn wir krank werden, denn irgendetwas würden wir schon falsch machen …

Selbst die wunderbare und befreiende Suche nach unserem Platz im Leben und in der Welt kann zur Überforderung werden. Unsere Gesellschaft drängt uns seit Langem dazu, permanent an uns zu arbeiten, uns zu optimieren und zum immer noch Besseren zu verändern. Das gilt nicht nur für die beruflich geforderte Weiterbildung, sondern macht auch vor unserer spirituellen Reise nicht Halt. Hier ist es notwendig, uns daran zu erinnern, dass wir bereits „richtig" sind. Gut genug. Und dass wir immer schon auf dem Weg sind. Ja, immer schon *da* sind. Angekommen. Wir müssen nichts verbessern, wenn wir erkennen und bis in unsere Tiefe zulassen, dass wir nicht falsch sind. In der Praxis von Achtsamkeit und Selbstmitgefühl gibt es nichts im herkömmlichen Sinn an uns zu „optimieren". Die Spur ist vielmehr, uns bedingungslos anzunehmen, wie sich religiöse Menschen von Gott her bedingungslos geliebt erfahren. Das schließt erst recht nicht aus, dass wir auch wachsen und uns entfalten dürfen. Und dass wir uns danach sehnen, mehr Güte, Mitgefühl und Konsequenz in unser Leben zu bringen. Schließlich gilt das Wort, das fälschlicherweise Gandhi zugeschrieben wird, aber von Arleen Lorrance[23] stammt, auch für uns: Selbst die Veränderung sein, die wir sehen wollen und uns für die Welt wünschen. Aber diese Veränderung wird nur auf dem Boden einer bedingungslosen Akzeptanz gelingen, ja wie von selbst wachsen können, wenn wir nicht zu fest an unseren inneren Pflänzlein ziehen und sie damit mehr beschädigen als ihnen beim Wachsen zu helfen. Und so bewegen wir uns in der Spannung, die ich so schlicht in einem Heft der Firma GEA gegenübergestellt fand: *Ändere die Welt!* Jean Ziegler *Ändere die Welt nicht!* Laotse

Sie betrifft die notwendige Veränderung der Außenwelt genauso wie die unserer Innenwelt.

Können wir glauben, dass beides stimmt? Wir müssen die Welt dringend verändern, weil eine andere, eine bessere Welt möglich ist! Und zugleich mahnen uns gerade östliche spirituelle Traditionen, die Dinge sein zu lassen, wie sie sind. Nicht aus Resignation, nicht weil eh alles richtig ist und alles Unrecht einfach hingenommen werden muss. Eher als Einladung, den Kampf und die Verkrampfung loszulassen, die uns in blinden Aktionismus oder in ideologische Verblendung führen kann. Doch es tut gut, die beiden Appelle in ihrer Widersprüchlichkeit stehen zu lassen.

Und können wir daran glauben, dass es auch für uns selbst stimmt? Einlassen, auslassen. Einatmen, ausatmen – wir kommen darauf noch später zurück. Uns von unserer Sehnsucht und unseren Träumen leiten, ziehen, aktivieren lassen. Und zugleich unsere Ziele leicht sein lassen. Vertrauen. Und immer wieder erkennen, wo es notwendig ist, hindurchzugehen – sei es bei Durststrecken, sei es, wo wir Hindernisse überwinden können. Hindurch, wo es kein Heraus gibt aus einer Situation. Wo wir Hingabe lernen können und das anzunehmen, was unannehmbar scheint, wo Träume auch zu zerbrechen scheinen. Denn das

Leben ist nicht immer nett zu uns. Es wirft uns manchmal aus der Bahn und kennt Erdbeben, Schicksalsschläge, Brüche. Auch daran muss niemand schuld sein. Kein Gott. Nicht wir selbst.

Unseren Träumen zu folgen, bewahrt uns davor, gelebt zu *werden* und uns in Fatalismus zu üben; die zynisch bequeme Position einzunehmen oder auch in der Verbitterung steckenzubleiben, immer anderen die Schuld an unseren Lebensumständen zu geben. Träumen zu folgen bedeutet, immer wieder unser Leben selbst in die Hand zu nehmen. Wir brauchen überhaupt keine Schuldigen auf einer authentischen, mutigen und zugleich gelassenen Reise zur Verwirklichung unserer Träume. Wir übernehmen nach und nach maximale Verantwortung für unsere persönlichen Entscheidungen. Aber auch für unser Nicht-Entscheiden. Für unser Zögern und Zaudern. Für das bewusste Auslassen und die Hingabe an das, was ist. Und wir bleiben offen für die Zeichen und Signale, die uns aufbrechen lassen, um Entscheidungen zu treffen und mutige Schritte zu wagen. Die Protagonisten der Gleichnisse Jesu setzen alles auf eine Karte, um diesen Schatz zu gewinnen, der sich ihnen bietet.

## WAS IST MEIN TRAUM?

Ich hatte über viele Jahre hinweg durchaus ein konkretes Bild vor mir: Leben mit meiner Familie an einem Hof, einem Kloster, umgeben von Menschen, die auch offen sind für Träume und gleichzeitig mit beiden Füßen auf dem Boden stehen; die suchen wollen und gleichzeitig das Leben finden, dankbar von Augenblick zu Augenblick; die mit ihren Kindern wachsen und zum Leben erwachen wollen und in ihnen nicht Hindernisse auf ihrem spirituellen Weg sehen. Menschen, die die Natur lieben und auch die Stille und das gemeinsame Schweigen wie das Gespräch, den Dialog und das Teilen von Leben, Brot und Wein. Das *war* mein Traum. Nun sind meine Kinder schon groß. Der ganze Traum wird sich so nicht mehr realisieren. Aber bleibt er damit unerfüllt? War er umsonst? Hat er sich als Täuschung erwiesen? So viel kann ich jedenfalls sagen: Er hat mich immer wieder in Bewegung gebracht, hat mir Energie gegeben, hat mir Orte und Zeiten gefüllt mit einer Ahnung, wie es sein könnte. Und gerade in den letzten Jahren und Monaten habe ich erlebt, wie Berge und Bäume mir wie Freunde werden können, wie Franz von Assisi nicht nur schöne Gedanken und Worte für uns hat, sondern sein Sonnengesang für mich für Augenblicke *wirklich* wird: Bruder Sonne, Schwester Mond, Bruder Baum und Berg, Schwester Wasser – und sogar die Ahnung von Bruder Tod. Ich hatte von einer Lebensgemeinschaft mit vielen Familien geträumt. Heute weiß ich auch, wie anstrengend und (über)fordernd es sein kann, mit vielen Familien schon an einem Projekt Kindergarten oder Schule zu arbeiten. Meine Frau und meine Kinder haben mir eine Familie geschenkt, deren Weite und Tiefe ich erst über all die Jahre vielleicht so ganz auskosten durfte, als wir alle, und am meisten ich selbst, so langsam „aus dem Gröbsten raus“ kamen. Verbunden mit anderen Menschen, Gemeinschaften und Projekten, in denen wir durchaus viel Leben und Herzblut geteilt haben. Ich hatte von einer modernen Form von Kommunität geträumt. Und nun wachsen langsam noch ganz andere „Ordensgeschwister“ heran, die ich draußen in der Natur finde. Franz von Assisi, der zu den Vögeln und Wölfen sprach, der so viel draußen zu Fuß, ja barfuß unterwegs war, wurde einmal gefragt, wo denn sein Kloster wäre. Da schaute er in die Wälder und Felder und sagte: Seht, mein Kloster!

Das Leben ist keine Generalprobe. Das Leben ist auch nicht nur ein Seminar; es darf uns öfter zu Herzen gehen und wir können ein Umfeld schaffen, das unseren Herzen und Träumen Stück für Stück immer noch näherkommt, auch wenn es manchmal anders kommt, als wir uns das genau vorgestellt hätten. Jedenfalls aber sollten wir ihnen näherkommen als das, was vielleicht eh schon „ganz okay" ist. So wichtig die Entwicklung von Dankbarkeit in unserem Leben ist – für die kleinen Dinge, die uns geschenkt sind –, so dürfen wir doch auch gleichzeitig groß denken und groß träumen! Die Abende am Lagerfeuer rufen manchmal eine tiefe Sehnsucht hervor. Mit Menschen still in die Flammen schauen und dem Knistern lauschen wie den Geschichten, die wir alle zu erzählen haben. Lieder singen und gemeinsam Musik machen. Dichten! Einander zu Herzen gehen lassen. Am Lagerfeuer sitzen – warum nur einmal im Jahr oder einmal in zehn Jahren? Warum nicht öfter, regelmäßig? Die Menschen saßen über Jahrtausende abends zusammen am Feuer – wie sollte es uns nicht auch jetzt mehr geben als das künstliche Feuer der Bildschirme?

## VON TRÄUMEN UND SCHÄTZEN

Wer bin ich, eine Vision zu haben oder sie gar leben zu wollen? „Vision" klingt immer ein bisschen großspurig. Größenwahnsinnig? Jemand hat einmal zynisch gesagt: „Wer Visionen hat, sollte zum Arzt gehen!" Und gleichzeitig bewundern wir die Berühmtheiten, die ihren Visionen tatsächlich gefolgt sind. Wir müssen nicht berühmt werden. Und die „Wahrheit" unserer Visionen misst sich nicht am Publikum, das ihnen applaudiert, sondern an der Resonanz und der Treue zum eigenen Herzen. Sind wir nicht alle wie die Sterne am Himmel? Jede und jeder mit einzigartigem Licht und einer Botschaft, die nur jede und jeder auf individuelle Weise leben kann – und das unabhängig davon, wie viele auf Erden ihnen applaudieren? Wer bin ich also, meine Vision, meinen Traum und meine Botschaft *nicht* zu leben?!

Wenn ich in meine Tagebücher und in mein Herz schaue, taucht dort immer wieder die Frage auf, wo wirklich mein Platz ist, meine Aufgabe, meine Berufung; und wie es weitergeht in meinem Leben, mit meinen Träumen – vor allem dann, wenn sich so vieles gar nicht nach Erfüllung anfühlt. Mit den Weisen früher und heute stoßen wir immer wieder auf die Ambivalenz unserer Träume und Suchbewegungen: Ja, es gilt unserem Herzen zu trauen und offen zu bleiben für den Schatz und die Perle, für das Große, das durch uns in die Welt kommen darf. Wir dienen der Welt nicht, wenn wir uns klein machen und unser Licht nicht leuchten lassen. Gleichzeitig habe ich erlebt, wie mich Träume in Bedrängnis bringen, wie mich Sehnsucht und Suche immer wieder herauskatapultiert haben aus der schnöden Gegenwart und dem unscheinbaren Ort, wo ich mich *jetzt* befinde. Unsere Träume, Ziele und Sehnsüchte dürfen leicht sein, um an ihrer Schwere nicht zu zerbrechen. Wir haben vom Leben nichts verstanden, wenn wir es immer woanders suchen als dort, wo es hier und jetzt gerade passiert. Gerade der Alltag ist der Acker der Gegenwart. Wenn unsere Träume nicht auch in den Alltag hineinwirken, sind sie noch vom Kopf in die Füße zu bringen – und nicht erst dann, wenn alles so ist, wie wir uns das immer geträumt hatten.

## DER ACKER DER GEGENWART

Doch es geht im Leben nicht nur um unsere äußerlich sichtbaren Errungenschaften, Erfolge und erfüllten Träume. In den Bildworten Jesu geht es um das „Königtum der Himmel". Im Markusevangelium heißt es „Königtum Gottes". Hier ist nicht der Platz, diesem Begriff näher auf den Grund zu gehen. Aber wir können für uns übersetzen, dass es um mehr geht als um oberflächliche Lebensträume oder gar bloßen *materiellen* Erfolg im Leben der Menschen. Die Gleichnisse deuten in aller Kürze schon darauf hin, dass es um entscheidende Dinge im Leben geht, um Schätze, die dazu führen, dass wir vor Freude alles andere loslassen können. Wer diese Schätze heben will, muss sich abseits der breiten Wege bewegen und muss klein und frei werden können, um durch das enge Tor schlüpfen zu können, von dem Jesus in der Bergpredigt spricht (Matthäus 7,13–14): „Kommt durch das enge Tor hinein, denn weit ist das Tor und breit der Weg, der ins Verderben führt, und viele sind es, die da hindurchgehen. Wie eng ist das Tor und schmal der Weg, der ins Leben führt." (Im vierten Teil gehe ich ausführlich auf diese Bibelstelle ein.)

Eckhart Tolle hat einmal das enge Tor als den gegenwärtigen Augenblick interpretiert. Das wirft ein völlig neues Licht auf dieses Bild Jesu. So verstanden lässt sich das Anliegen der Achtsamkeitspraxis wie auch der Kontemplation und aller meditativen Übungen mit diesem Bild einfangen: die breiten Wege der Gedankenverlorenheit immer wieder verlassen und die enge Pforte des Augenblicks wählen, um zum Leben hier und jetzt zurückzukehren; die weit offenen Tore aller Ablenkungen bis hin zu den ausgefeilten modernen Werkzeugen, die unsere Aufmerksamkeit haben wollen, meiden, um das wirklich Wichtige im Leben zu erkennen und ihm seine Aufmerksamkeit zu geben. Schmal ist der Weg und eng ist das Tor zu einem hellwachen Leben in der Gegenwart.

Der Jesuit und Kontemplationslehrer Franz Jalics erkennt im Acker des Gleichnisses von Schatz und Perle hier ein Bild für die Gegenwart. Die Kunst, ganz in der Gegenwart anzukommen, wie es das stille Gebet der Kontemplation oder Meditation einüben, führt uns tiefer und lässt uns in diesem Acker der eigenen Gegenwärtigkeit den verborgenen Schatz heben: die Gegenwart *Gottes*. „In der Gegenwart selbst ist die Gegenwart Gottes verborgen. [...] Die Gegenwart ist dieser Acker, in dem der Schatz verborgen ist (Mt 13,44). Kaufe diesen Acker und du wirst nicht enttäuscht werden.“[24]

Die Haltung der Präsenz führt in die Kostbarkeit des Lebens, in der wir uns verbunden fühlen mit allem Leben, verbunden auch mit dem Göttlichen, mit dem Großen Ganzen – mit welchen Begriffen wir auch immer es bezeichnen wollen. Im „Ich bin“, von dem wir im letzten Teil hören werden, ist immer das große „Ich-bin“ oder „Ich-bin-da“ zu finden, das wir Gott oder das Sein nennen können. Die große biblische Erzählung aus dem Buch Exodus von Mose und dem brennenden Dornbusch läuft auf die Frage nach dem Namen Gottes hinaus. Der hebräische Name JAHWE ist schwer zu übersetzen, bedeutet aber so viel wie „Ich bin der Ich bin (da)“.

Ob wir diese alten Gleichnisse heute auf unsere eigene Sinnsuche, unsere Träume oder auf unsere spirituelle Sehnsucht hin lesen und deuten wollen – immer geht es um Geduld und Entschlossenheit, ein Warten und ein Wagnis, ein Zupacken und ein Loslassen. Worum es gerade nicht geht, ist das, was viele Menschen mit Religion unter anderem schmerzhaft erlebt haben: Pflichtübung und Pflichtbewusstsein, „Du sollst“ und „Du darfst nicht“, der Hinweis, schon gar nicht dem *Eigensinn* zu folgen, den Hermann Hesse einmal so trefflich als Tugend beschrieben hat. Lebensfördernde Religiosität und Spiritualität folgen einer Kraft, die hier in der impliziten Sehnsucht angedeutet und in der überbordenden Freude zum Ausdruck gebracht wird. Bei aller Radikalität, die hier wie an vielen anderen Stellen auch von Jesus gefordert wird, ist doch

„alles eingebettet und muss gelesen werden im Licht der überströmenden Freude, mit der die beiden Schatzsucher handeln. […] Die Faszination über den Fund ist bei beiden […] so groß […]. Der Taglöhner zögert keine Sekunde. Genauso wenig der Großhändler. Beide sind hingerissen […]. Eine Freude hat sie erfasst, die jedes Maß übersteigt.“[25]

Das Göttliche kann letztlich nie im Widerstreit mit der innersten Kraft eines Menschen liegen, so führt der spirituelle Weg immer in die innere Freiheit, sich selbst zu leben und zugleich darin den „Plan Gottes“ zu erfüllen. Anders gesagt: Auf dem Acker des ureigenen Lebens und des Alltags anzukommen, bedeutet immer auch, im Feld des Göttlichen anzukommen.

### Übung – Sitzmeditation

Setz dich entspannt, aber aufrecht auf einen Stuhl. Du kannst deine Wachheit unterstützen, indem du dich nicht anlehnst und der Körper sich von innen her aufrichtet. Gib deinen Händen einen Platz – sei es in deiner üblichen Meditationshaltung, wenn du regelmäßig praktizierst, oder indem du die Hände ineinander in den Schoß legst oder sie einfach auf den Oberschenkeln oder Knien ablegst. Verweile eine Weile so, lass deine Gedanken kommen und gehen, ohne dich mit ihnen groß zu beschäftigen.

Und dann stelle dir folgende Frage:
Worauf wartest du?
Gibt es so etwas wie einen Vorbehalt in deinem Leben?
Erst wenn …, dann hab’ ich es geschafft.
Erst wenn …, dann kann ich ganz zufrieden sein.
Erst wenn …, dann …

Das Leben des Lohnarbeiters beginnt nicht erst, als er den Schatz gefunden hat. Das Glück des Kaufmanns beginnt nicht erst mit der einen Perle, für die er alles hergibt.

Unser Leben ist ein Prozess und zugleich findet es hier und jetzt statt. Nur hier und jetzt. Atemzug um Atemzug. Puls um Puls.

Komm vom Denken wieder in die Wahrnehmung, lass dich ein und spüre: den Stuhl, das Sitzen, den Atem, vielleicht deinen Herzschlag.

Du bist am Leben.

ZWEITER TEIL

# DAZWISCHEN. ALLTAG UND AUGENBLICK

Häufig gehen wir aus einem Grund:
Wir wollen von einem Ort zum anderen gelangen.
Doch wo sind wir dazwischen?

*Thich Nhat Hanh*

Einen Moment nicht nachgedacht
und zack
–
glücklich.

*Quelle unbekannt*

Was hindert uns so oft daran, den Schatz im Acker des Alltags zu finden, den Glanz des Unscheinbaren? Was hindert uns, die tieferen Räume aufzusuchen, die „innere Burg", wie es die große Mystikerin des Mittelalters Teresa von Avila beschrieb? In diesem Teil gehen wir auf die große Ablenkung und die Beschleunigung ein, die unsere Zeit kennzeichnen, aber auch auf persönliche Muster, die uns gefangen nehmen. Doch es gibt Heilkräuter dagegen; und Erkenntnisse, manche abends um acht, die Auswege zeigen aus selbst geschaffenen Beschränkungen. Immer wieder geht es darum, die enge Pforte ins Leben zu finden: Was uns dabei helfen kann ist Schönheit, Nicht-Tun, gehen, der Garten. Auch die Kinder. Ihnen widmen wir länger Aufmerksamkeit. Sie sind mir in meinem Leben „dazwischengekommen", um schließlich einen Schatz zu finden, den Jesus schon vor mehr als zweitausend Jahren seinen Jüngern und Jüngerinnen ans Herz legte.

# Heilkräuter der Achtsamkeit

Die Beschleunigung unseres Lebens ist vielleicht die folgenschwerste Entwicklung der vergangenen Jahrzehnte in unserer Gesellschaft. Was beschleunigt uns? Die äußeren Faktoren sind schnell genannt: die Digitalisierung der Kommunikation, die Allgegenwart der modernen Medien, die Fülle und Flut der Informationen. Die Worte des Wissenschaftlers und Achtsamkeitslehrers Jon Kabat-Zinn über dieses Tempo, das wie eine Krankheit über uns gekommen ist, lassen mich schaudern:

> „Dieses Tempo hat sich an uns herangeschlichen. Es ist ganz allmählich zu unserem Lebensstil geworden, [...] ohne es auch nur zu merken. Wir sind langsam an eine inzwischen unablässige Beschleunigung gewöhnt worden, haben immer größere Erwartungen, immer mehr immer schneller erledigen zu können, endlose Mengen an Informationen verarbeiten zu können [...]. Wie wir tief in unserem Herzen wissen, laufen wir dermaßen auf Hochtouren, um in unserem Terminplan bleiben und alles erledigen zu können [...], dass es sich über weite Strecken so anfühlt, als sei unser Reservetank gleich leer und wir hätten keinen Moment Zeit, um zu Atem zu kommen.“[26]

Jon Kabat-Zinn hat zudem darauf hingewiesen, dass es in den zwanzig Jahren, seitdem sein Buch entstanden ist, mit der fortschreitenden Digitalisierung erst Recht zu einer Beschleunigung gekommen ist, die damals noch gar nicht vorstellbar war.

Die äußeren Ursachen sind offensichtlich. Aber die inneren Entsprechungen sind nicht so leicht zu durchschauen. Was trägt von innen her zur Beschleunigung bei? Vielleicht unser Machenmachen und unser Denkendenkendenken? Es ist, als würden wir einfach dem äußeren Gaspedal Folge leisten. Weil alles schnell gehen soll, laufen wir einen Tick schneller im Hamsterrad. Und weil die digitalen Maschinen und Kommunikationsmedien uns pausenlos mit Infos bombardieren, befeuert das auch noch unsere Gedankenspiralen, die ohnehin schon darin geübt sind, uns ständig auf Trab zu halten.

## ENTSCHLEUNIGUNG

*Entschleunigung* ist ein Zauberwort wie *Achtsamkeit* und neuerdings auch das alte, fast schon vergessene Wort *Muße*[27]. Nehmen wir sie als Heilkräuter für unsere Zeit. Sie bringen unsere Sehnsucht nach Verlangsamung zum Ausdruck, Innehalten und Präsenz. Achtsamkeit, Muße, Entschleunigung sind wie Hilfeschreie, endlich aus dem Hamsterrad aussteigen zu können. Alles beginnt damit, eine Pause zu machen, für einen Moment mal nicht(s) zu tun. Der Hamster muss erkennen, dass er sein Rad selbst antreibt. Aber er wird nicht bei vollem Tempo aus dem Rad herausspringen können. Alles, was wir suchen, ist – ich setze fort mit den Worten von Kabat-Zinn – „Zeit, um einfach nur ohne jeglichen Terminplan still zu halten oder einfach nur einmal eine Pause zu machen, um über das glücklich zu sein, was wir bereits erlangt oder erreicht haben, oder um unseren Schmerz und unsere Traurigkeit zu fühlen."[28] Oder um für ein paar Augenblicke (m)einem kleinen Kind zuzusehen, wie es spielt, arbeitet, lebt und sich entfaltet. Spüren, wie es ihm geht, wie ihm zumute ist. Erfassen, wie es eins ist mit sich selbst. In ihnen ist die *Stil-*

*le* und das *Sein* gegenwärtig.[29] Und greifbar für uns – wenn wir uns denn dafür öffnen. Entschleunigung, Achtsamkeit, Muße – sie alle bleiben bloße Fantasien, schöne Wünsche, Träume und Seifenblasen, wenn wir sie nicht „wirklich wirklich" wollen. Es braucht unsere „entschlossene Entschlossenheit", wie es die große spanische Mystikerin Teresa von Avila in der ihr eigenen Eindringlichkeit nannte. Es braucht Willen und Entschluss, sich auf einen Übungsweg zu begeben, der immer wieder mit den kleinsten Schritten beginnt und von außen nach innen führt: für einen Moment nicht tun, aufwachen zum gegenwärtigen Augenblick, wahrnehmen, was gerade geschieht, ohne zu urteilen, berühren und sich berühren lassen, sich liebevoll zuwenden und die kleinen Geschenke der Liebe empfangen. Dafür gibt es tausend Gelegenheiten am Tag. Und wenn wir 995 verpassen, bleiben immer noch fünf übrig. Halten wir uns nicht mit den verpassten auf. Pflücken wir die nächste Gelegenheit, heute, jetzt. Und nähren wir uns am Gelingen, anstatt das Scheitern zu beklagen.

Entschleunigung bringt eher zum Ausdruck, was wir *nicht* wollen: die Geschwindigkeit. Es klingt ein bisschen nach Widerstand und Kampf. Vielleicht ist es besser, ein Heilkraut zu pflücken (sie wachsen oft ganz in der Nähe!), anstatt nach Gegengiften zu suchen. Die Stille und Zeitlosigkeit zu kultivieren, den Innenraum aufzusuchen, zu bewohnen und zu be-atmen, anstatt die äußeren Feinde wie soziale Medien, Handy & Co zu beklagen.

## DIE BERUHIGENDE KRAFT DER SCHÖNHEIT

Spiritualität bedeutet aufzuwachen aus dem Traum unserer ständigen Gedankenketten, Sorgen und Probleme; aus den Geschichten über alles Übel der Welt und über unsere Kränkungen, aus den Geschichten, die wir über uns selbst und unsere Kinder erzählen. Die Künstlerin Thea Unteregger aus Bozen schrieb in einem Newsletter über die „beruhigende Kraft der Schönheit“:

> „Ich war in den letzten Tagen unkonzentriert, viele Gedanken schwirrten mir durch den Kopf und der Großteil meiner Gedanken war überflüssig und nicht besonders liebevoll. (Daran hättest du denken müssen! Was, das auch noch? Oje, jetzt habe ich schon wieder …. Wenn ich nicht bald …)
>
> Was mir hilft, wenn ich gedanklich derart abgelenkt bin, ist, auf die Schönheit rund um mich zu achten. Wie das Wasser im Krug glänzt. Wie glatt die Rundung der Tasse ist. Wie sehr ich die verschlafene Stimme meines Sohnes mag. Wie in einer Schneekugel beginnen mit meiner Aufmerksamkeit für das Schöne die stürmischen Gedanken leise zu Boden zu sinken und ich werde wieder klarer.“[30]

Was uns nicht alles in Wallung bringt! Es ist gut zu wissen, dass wir damit nicht ganz alleine sind, das menschliche Gehirn hat von Natur aus eine Vorliebe für das Negative. Der amerikanische Neuropsychologe Rick Hanson beschreibt unser Gehirn wie einen Magneten für negative Erfahrungen, während das Positive an unserem Gehirn abgleitet wie an einer Teflonbeschichtung.[31] Das ist nicht nur mitverantwortlich für unsere größere Aufmerksamkeit für Schreckensmeldungen in den Medien, sondern lässt uns auch in unserem eigenen Alltag das Negative herauspicken, um daraus die Geschichten zu stricken, die wir einander mit Inbrunst erzählen. Seien wir mal ehrlich: Wie viel erzählen wir einander von dem, was uns aufgeregt, wütend gemacht oder verletzt hat, und im Vergleich dazu wie wenig davon, was uns berührt, bewegt, genährt hat? Wie viel Dunkles und wie viel Lichtes?

Nicht nur die Medien generieren mit schlechten Nachrichten mehr Aufmerksamkeit und Klickzahlen, sondern oft auch unsere privaten Gespräche. Um diesem Sog zu entkommen, brauchen wir ein „Halte Ausschau nach dem Schönen!" – „Look for beauty!" Aber mehr noch: Um das Gute und Schöne, das wir mehr wahrnehmen dürfen, auch zu einer guten und schönen *Erfahrung* zu machen, empfehle ich auch: Sprich über das Schöne! Wie viel von den dunklen Momenten machen wir zu dem, was wir „unser Leben" nennen, und wie viel von den lichten Momenten? Dabei wäre das Positive und Lichte nicht weniger weit entfernt als das Negative. Aber wenn wir uns nicht bewusst darum bemühen, es in unserem Herzen zu verankern, zerrinnt es wie Wasser zwischen unseren Fingern. „Die Welt ist groß und Rettung lauert überall", titelte der deutsche Schriftsteller Ilja Trojanow seinen ersten Roman. Ja, es stimmt: Es gibt das Böse, das Leid und das Grauen zu jedem Moment, in nah und fern, überall um uns herum. Und manchmal finden wir es auch in uns. Und natürlich dürfen wir uns auch davon berühren lassen. Es bewegt und motiviert, uns für eine bessere Welt zu engagieren. Und doch müssen wir unsere seelische Nahrung auch aus dem Positiven beziehen – aus unseren lichten Erfahrungen und unserer Vision von einer menschlicheren Welt. Wir können mit den kleinen schönen Dingen beginnen, die wir im Alltag auch pflücken können wie Wiesenblumen im Feld unseres Alltags.

## UNTERBRECHUNG

Was uns nicht alles innerlich auf Touren bringt, uns beschäftigt, antreibt und ins Hamsterrad zwängt! Um möglichst viel (und möglichst *alles*) zu erledigen, was von uns gefordert scheint, haben wir die Tendenz zum Tunnelblick. Uns ja nicht ablenken lassen, um Vollgas geben zu können. Natürlich ergibt es zeitweise

Sinn, sich abzuschotten, um etwas in Ruhe erledigen oder erarbeiten zu können. Kritisch wird es, wenn wir unseren Alltag sukzessive dem Autopiloten überlassen. Dann steigt das Risiko, uns über längere Zeiten auch in automatischen Mustern des Denkens und Fühlens zu verlieren.[32] Unsere Beschäftigungsspiralen sind nicht minder von Bedeutung als unsere Gedankenspiralen. Wenn ich meine To-do-Listen abarbeite oder mal anfange, unsere Wohnung aufzuräumen, führt das eine zum anderen und ich vergesse, notwendige Pausen zu machen, oder lande im Sumpf meiner Entrüstung über all die „Nester", die alle anderen (außer mir natürlich) gebaut haben. Getriebenheit und Erledigungsmodus passieren mir natürlich in der Arbeit vor dem Computer genauso. Wenn sich erste Anzeichen für Kopfschmerzen bemerkbar machen, ist es eigentlich schon zu spät …

Manchmal müssen wir sogar unsere spirituellen Übungen unterbrechen, so wie es mir einmal geschah. (Ich war richtig stolz darauf.) Ich hatte schon meinen Timer gestartet, um mit meiner Zeit des stillen Gebetes und der Meditation zu beginnen, da hörte ich, wie meine damals zehnjährige Tochter im Stockwerk über mir die Treppe hinunterpolterte, um sich in der Küche einen Smoothie für ihre Nachmittagsunterbrechung zu bereiten. Da stieg in mir die Frage auf, ob ich nicht besser jetzt die Gelegenheit nütze, um ein paar Minuten mit ihr zu verbringen, bevor sie wieder in ihrem Zimmer verschwindet. Ein innerer Monolog spielte sich ab: „Wie – du willst jetzt deine Meditationszeit unterbrechen, um dir einen Kaffee zu machen unter dem Vorwand, mit deiner Tochter Zeit zu verbringen?", entrüstete sich mein innerer Antreiber. – „Ja, stimmt, meinen Nachmittagskaffee hab ich auch noch nicht getrunken, wär doch schön, das mit meiner Tochter zu tun, mit der ich eh nicht oft Zeit zu zweit verbringe!" – „Na, bitte, wenn du damit anfängst, wird dir jetzt jedes

Mal ein Grund abzubrechen einfallen. Wenn das jetzt die Regel wird, dann kannst du deine spirituelle Disziplin mit regelmäßigen Meditationszeiten gleich an den Nagel hängen …" Ich vertraute darauf, auch später noch Zeit zu finden oder im Fall auch auf diese meine Übung zu verzichten, weil ich erkannte, was jetzt wichtiger war.

Was ist in diesem Augenblick wichtig? Was ist hier und jetzt meine Realität? Die Einladung heißt, uns immer wieder zu unterbrechen, aufzuwachen aus unseren Automatismen und aus unserem Tunnelblick, damit wir hellwache Momente zurückgewinnen – auch gute und schöne Momente, die sich schließlich zu dem addieren, was wir „unser Leben" nennen.

# Komposteimer und Superzeitlupe

Die gegenwärtige Beschleunigung des Lebens macht auch vor Eltern nicht Halt. Im Gegenteil – in der Rushhour des Lebens sollen Arbeit, Familie und Haushalt gleichzeitig auf die Reihe gebracht werden. Aber statt in Kindern nur einen zusätzlichen Stressfaktor zu sehen, könnten wir uns an der Hand nehmen lassen: Kinder sind wie vom Himmel geschickt, um uns aus dem Gefängnis unserer Gedanken herauszuführen, unsere Schritte zu verlangsamen und uns in direkten Kontakt mit der Wirklichkeit zu bringen.

## EINFACH GEHEN

Gut getarnt mit dem Komposteimer geh' ich in den Garten. Seit Jahren beschäftige ich mich mit Achtsamkeit. Doch sich nur gedanklich damit zu „beschäftigen", ist, wie bei der Speisekarte stehen zu bleiben. Wenn wir nicht wählen und essen, werden wir weiter hungern. Essenz und Kraft der Achtsamkeit liegen in der Praxis, auch im achtsamen *Gehen*. Auf dem Weg der Entschleunigung kommen wir am Gehen nicht vorbei und könnten genau dort das Tempo zu drosseln anfangen. Deswegen zurück zum Komposteimer. Seit einigen Jahren jogge ich regelmäßig. Eigentlich zur Migräne-Prophylaxe, nicht weil Joggen meine Leidenschaft wäre. Dennoch habe ich über die Jahre immer wieder erfahren, wie gut es mir tut. Vor allem, wenn ich barfuß laufen kann. Ich staune immer wieder, wie viel leichter es mir gerade mit nackten Füßen fällt. Ja, ich bilde mir ein, dass es mir auch mehr Kraft gibt, als wenn da eine Rückkoppelung wäre zwischen Erde und Körper – eine Art Nahrungsaufnahme über die Füße. Die Knöpfe im Ohr habe ich bald zuhause gelassen. Laufen ist mir zur Achtsamkeitsübung geworden, indem ich meine Aufmerksamkeit bewusst immer wieder in meinen Körper und zu meinem Atem zurückbringe. Als ich mir den großen Zeh verletzte, war es mir für einige Wochen unmöglich, zu joggen. Um quasi nicht außer Tritt zu kommen, beschloss ich nun, diese halbe Stunde einfach achtsam zu *gehen,* statt zu laufen. Das ging auch mit dem verletzten Zeh. Gehmeditation ist für den Anfang nichts für den öffentlichen Raum, weil dieses langsame Gehen sehr auffällt. Also lieber die weniger frequentierte Spazierrunde, die Joggingrunde wäre ohnehin viel zu lang für die langsamen Schritte. Besser noch im eigenen Garten, zugegeben in einem großen Garten am Ortsrand, also ohne neugierige und irritierte Nachbarn …

Und immer wieder, wenn ich im Sommer früh aufwache, lockt mich die Kühle und Stille des Morgens durch das offene Fenster, um den Tag draußen in unserem Garten zu beginnen. Dennoch braucht es immer wieder Überwindung, weil ich mich womöglich der Frage stellen muss, was ich denn eigentlich hier im Garten tue. Deswegen der Komposteimer. Der eignet sich als Vorwand für den Einstieg …

## AUFWACHEN

Wie ist das mit Kindern? Erste Spaziergänge mit kleinen Kindern: ein Albtraum für Sportliche, aber eine „sportliche" Übung für spirituell Interessierte. Warum? Wenn wir *zur Besinnung kommen* wollen, wie Jon Kabat-Zinn es in seinem gleichnamigen Buch beschreibt, müssen wir zu unseren Sinnen erwachen. Unsere Sinne helfen uns *aufzuwachen*, wie es der moderne Mystiker Anthony de Mello nannte, aufzuwachen aus Trott und Automatismen. Erinnern wir uns an Eckhart Tolles Satz „Menschsein heißt in Gedanken verloren sein". Worum es geht, ist, aufzuwachen „aus dem Traum des Denkens"[33], ja sich zu *befreien* aus dem Gefängnis unserer Gedankenspiralen. Kinder reißen uns aus diesem Gefängnis unserer Gedanken und unseres Beschäftigtseins. Manchmal gnadenlos. Vor allem wenn wir sie lange genug vertröstet haben. Und: Kleine Kinder verlangsamen unseren Schritt.

## ZURÜCKKEHREN

Wenn ich meine Runden im Garten drehe, versuche ich mit meiner Aufmerksamkeit immer wieder *zurückzukehren* zu *diesem einen Schritt*, zum Kontakt meines Fußes zur Erde, zur Nässe des noch feuchten Bodens und dem sanften Streicheln der Gräser. Und dann und wann bleibe ich stehen, lausche *diesem* Singen des Vogels, höre das Kikeriki des Nachbargockels. Und wenn ich mich wieder in Gedanken verloren finde, setze ich meinen Weg fort und kehre mit meiner Aufmerksamkeit wieder zurück zu diesem Schritt; heben, senken, auftreten, abrollen.

Kleine Kinder sind noch nicht gefangen in Gedanken. Sie spalten sich auch nicht auf in eine Vorstellung von sich selbst samt Gedanken über die Gedanken anderer. Deswegen brauchen sie keine Achtsamkeitsübungen. Sie sind wie die Blume oder der Baum oder das Reh, das, wie Eckhart Tolle sagt, es selbst ist.[34] Sie kennen keine Selbstbilder und kein erdachtes, konstruiertes, aufgeblähtes, eingeschüchtertes oder größenwahnsinniges, getriebenes großes kleines Ich. Beobachte also ein Kind, schaue ihm manchmal einfach nur für eine Weile zu und du kannst zurückkehren zum direkten Kontakt mit der Wirklichkeit. Es lüftet nicht nur den Schleier, den wir in unserer Gedankenverlorenheit *generell* über die Wirklichkeit gelegt haben, sondern auch den Schleier, den wir über die Kinder legen. In vielen spirituellen Büchern finden wir den Satz: „Wir sehen die Dinge nicht so, wie sie sind, sondern so, wie *wir* sind.“ Das trifft leider auch auf Eltern und ihre Kinder zu.

## GEHALTEN VON DER GRÖSSEREN PRÄSENZ

Natürlich sind unsere Kinder bisweilen auch im Zorn, im Schmerz und im Verlangen eins mit sich selbst. Dann sind sie nicht mehr so still … Manchmal sind sie in ihren Emotionen gefangen und dann doch auch – wie wir sagen: *außer* sich. Und dann brauchen sie unseren Halt. Nicht unbedingt immer unser Tun und Machen. Vielmehr unser Sein, unsere Präsenz, *unser* Ausharren, Aus-halten und Durch-halten. Den größeren Raum und die größere Präsenz, in der sie wieder zu sich finden können, wenn sie außer sich geraten sind. Vielleicht ist es diese größere Präsenz, der größere Raum, das größere Sein, das wir eben auch brauchen und auch im Kontakt zur Natur finden. Vielleicht ist das die Kraft und der Halt, den uns die Erde gibt. Die Nahrung, die wir über die Wärme der Sonne auf unserer Haut, die zarte Berührung der Gräser und über unsere nackten Füße aufnehmen können. Und indem wir so Raum, Entschleunigung und Frieden erfahren können, geben wir ihn immer auch zurück und weiter. Ein Kuss ist eine gegenseitige Berührung. Wir kommen nach Hause, zu uns selbst und zum gegenwärtigen Moment, indem wir aus unseren Gedanken und virtuellen Welten in die Welt der *direkten* Erfahrung und Wahrnehmung zurückkehren. Und die ist im Vergleich zu allem, was am Bildschirm abläuft, wie *Superzeitlupe*.

## LEBENSPROZESSE IN SUPERZEITLUPE

Irgendwo habe ich folgende Erkenntnis gefunden, die für uns wichtig sein könnte, ich gebe sie in meinen Worten wieder: Jede Information verlangt unsere Aufmerksamkeit. Deswegen bindet eine Menge Information auch eine Menge Aufmerksamkeit. Radikal formuliert: Eine Menge an Information bedeutet einen Mangel an Achtsamkeit. Es braucht wieder das, was wir in unserer Schulzeit den „Mut zur Lücke" genannt haben.

Wenn wir nicht aufpassen, verhungern und verdursten wir (und die Kinder mit uns) mitten in der Flut an Information, Austausch und virtuellen Kontakten wie Spielsüchtige, die keine Zeit mehr haben, ihre authentischen körperlichen Bedürfnisse zu spüren und ihnen nachzugehen.

Was auf der Strecke bleibt, ist vielleicht das bewusste Gehen im Garten oder der schlichte Spaziergang; und der Körperkontakt zu unseren Kindern; der Kuss auf die Stirn, wenn es das Kind erlaubt. Und der Kontakt zwischen unseren nackten Füßen und Mutter Erde. Das Schauen und Lauschen hinein in die Natur und auf die Kinder. Was wirklich nährt, können wir riechen, schmecken, angreifen – küssen! Und es entfalten sich in der *Superzeitlupe* wirkliche Lebensprozesse. Je mehr wir uns an die aufregenden und blitzschnellen Schnitte der Bildschirme gewöhnen, desto langweiliger und mühsamer mag uns auf den ersten Blick die reale Welt des Alltags mit Kindern erscheinen oder der Gang in den Garten. Doch wenn wir uns an die Hand nehmen lassen – ob vom Komposteimer oder von unseren Kindern –, haben wir die Chance, die Landschaft unserer Sinne wieder zu entdecken und das Tempo des Lebens auf ein gesundes Maß zu drosseln. Pflücken wir die nächste Gelegenheit: Heute! Jetzt! Dem eigenen Kind heute schon mal zugeschaut oder es sanft berührt? Komposteimer schon ausgeleert?

## Übung – Gehmeditation

Eine Gehmeditation ist eine wunderbare Möglichkeit, Achtsamkeit zu üben. Wir brauchen dazu nur eine Strecke von ca. 6 Metern, in einem Raum kann sie auch kürzer sein. Wir stellen uns hin, aufrecht, locker in den Knien, der Hüfte, in den Schultern. Wir atmen ein, heben einen Fuß, setzen ihn wieder auf; wir heben den anderen Fuß und machen einen zweiten Schritt, atmen aus.

Jeder Schritt eine Gelegenheit, anzukommen.

Wir sind hier.
Es ist immer jetzt
und jetzt
und jetzt.

Mit jedem Schritt links – rechts können wir innerlich die Worte *hier – jetzt* sprechen.
Wir werden uns dennoch immer wieder in Gedanken verlieren. Unser Geist, unser Kopf hat einfach eine enorme Dominanz. Sobald wir es merken, machen wir kein Problem daraus. Wir üben nicht verbissen, wir können auch kurz stehen bleiben, uns bewusst machen, wo uns unsere Gedanken gerade hingeführt haben. Nur registrieren, nicht weiter darüber nach-*denken*! Wir können lächeln (statt uns zu tadeln). Wir machen nichts falsch. Und kehren zurück zu diesem Schritt: *hier – jetzt.*

Wir haben die Wahl:
Treten wir uns unsere Sorgen *ein*?
Mit jedem Schritt
gedankenverloren
problembehaftet
gebeugt und erdrückt von unserer Last?
Wie es mir geht, drückt sich darin aus, wie ich gehe.

Oder wir treten *hinaus* in die Freiheit, indem wir uns aus den Gedanken zurückholen
mit jedem achtsamen Schritt
heraus aus dem Gefängnis unserer Gedanken
in den Garten des Lebens.

Ähnlich bei den Mahlzeiten:
Kauen wir unser Essen oder unsere Probleme?

Ein erster achtsamer Bissen
ein Schluck Kaffee
ein Wohlgenuss.

Der Tag hat genug Plage
und genug Momente zum Genießen *dazwischen.*
Es braucht keine Extra-Zeit!

Nur einen Moment nicht nachgedacht
und zack
–
glücklich.

# Im Gefängnis der Zeit[35]

Abends, kurz vor acht, und jetzt bin ich wieder so weit: Verflixt, wieder nicht zu dem gekommen, was ich mir vorgenommen hatte. Eigentlich gar nichts „dertan", wie es im Tirolerischen heißt, nichts von Bedeutung geschafft, erledigt – nichts, was aus meiner To-do-Liste abzuhaken wäre. Es sind zwar Ferien, aber heute hätte ich mir dennoch schon einiges vorgenommen. Und dann schon ein ungeplantes Krisengespräch nach dem Frühstück und ein zweites nach dem Mittagessen. Dann noch ein unerwarteter Besuch am Abend und eine Erledigung, die nicht auf dem heutigen Plan stand. Und noch nicht einmal meditiert …

„Ich wünsche dir Zeit für die wesentlichen Dinge des Lebens", schrieb mir eine Bekannte. Ein schöner und herausfordernder Wunsch. Im Erledigungsmodus wähnen wir die wesentlichen Dinge erst ganz am Ende, doch meist zeigen sie sich dann als Phantom und wir verpassen sie ganz, die wesentlichen Dinge.

## GESPENST DER ZEIT

Aber es ist nicht nur der Erledigungsmodus, der mich wieder einholt. Es ist dieses Gespenst der Zeit, das mir immer wieder im Nacken sitzt; das ich mir selbst in den Nacken setze. Immer klarer fällt mir auf, wie gefangen ich im Gefängnis der *linearen Zeit* bin. Die lineare Zeit ist einfach das, was wir für so selbstverständlich halten: einer Zeitlinie folgen, schön unterteilt in

Vergangenheit, Gegenwart und Zukunft. Und natürlich „haben" wir eine Vergangenheit. Und eine Zukunft? Das ist nicht mehr ganz so selbstverständlich, schon gar nicht in seiner Länge. Aber doch planen und sorgen wir vor(aus). Und machen uns viele, viele Gedanken. Wir gehen selbstverständlich von einer Zeitlinie von A nach B aus, letztlich von der Geburt bis zum Tod. Zugleich können wir die Dinge auch anders sehen: Das Vergangene ist nicht mehr, das Zukünftige ist noch nicht. Doch wirklich real ist nur dieser gegenwärtige Moment, in dem ich hier meine Tasten drücke und auf den Bildschirm schaue oder du diese Zeilen liest. Es gibt nur das Hier und Jetzt! Es ist so banal und steht doch so radikal quer zu der Art und Weise, wie wir unseren Alltag meist erleben. Wir halten uns mit unseren Gedanken und unserer Kraft so unfassbar viel in der „Nicht-mehr-Zeit" und in der „Noch-nicht-Zeit" auf. Wir sperren uns selbst in das Gefängnis unserer *Geschichte* und unserer Geschicht*en*, die zwar vergangen sind, die wir aber für wesentlich halten, um unsere Identität zu beschreiben. Eine Identität, die wir bisweilen verteidigen, um die wir kämpfen, ohne zu merken, wie wir dabei unser Leben auch einschränken, weil wir immer auch anders leben könnten; weil es immer Optionen gibt, hier und heute andere Richtungen einzuschlagen. In vielen Sorgen verschwenden wir unsere Energie für Dinge, die ebenfalls nicht real sind, weil sie nur als Gedanken an die Zukunft existieren. Etliche Dinge, wegen derer wir uns Sorgen machen – ich habe gelesen 85 Prozent –, treten in der Form gar nicht ein. Vom Rest der 15 Prozent bewältigen wir die Hälfte weit besser als wir dachten. Was für ein gewaltiger Energieverlust, uns Sorgen zu *machen*! Jesus von Nazareth sagt in der Bergpredigt – wir kommen noch darauf zurück: „Also sorgt euch nicht um das Morgen, denn das Morgen wird um sich selber sorgen." Und recht nüchtern setzt er hinzu: „Genug dem Tag sein eigenes Übel" (Matthäus 6,34). Es ist ja wirklich so, dass wir dem, was wir nicht beeinflussen können, noch zusätzlich viel Leid, Übel und Stress *hinzufügen*. Jon Kabat-Zinn nennt das aus buddhistischer Sicht *adventives* Leid, also Leid, das von außen hinzukommt.[36]

## STRESS – HOMEMADE

Eine Busfahrt wird für mich zur Schlüsselerfahrung: Ich bin spät dran auf dem Weg zum Bahnhof. Ein Zug, den ich nicht verpassen darf. Und dann steigen viel zu viele Leute ein, die den Busfahrer beschäftigen und einbremsen. Ich schaue auf die Uhr, hadere mit den Leuten, dem Busfahrer, dem Schicksal und mit mir selbst, dass ich so spät aufgebrochen bin. Und doch kann ich kein kleines Bisschen daran ändern, kann die Zeiger nicht bremsen, indem ich immer wieder auf die Uhr schaue. Ich bin körperlich und mental angespannt, beschäftige mich per Gedankenspirale mit meiner Entscheidung, so spät aufzubrechen, und mit der Sorge darum, was sein wird, wenn ich den Zug verpasse. Druck, Wut, Sorge, Stress. Wieder: Welch ein enormer Energieverlust!

Oder ich folge meinem Muster, gewisse Dinge *vor*zuhaben, aber vorher noch schnell dies und das zu erledigen, bevor ich dann das „Eigentliche" mache – sei es etwas anderes Wichtiges von meiner To-do-Liste; sei es etwas, was ich für mich selbst tun möchte. Es ist eine der typischen Fallen und Muster im Gefängnis der linearen Zeit: Sobald ich auf das „Eigentliche" in der Zukunft schiele, entwerte ich das, was ich vorher noch schnell abhaken möchte. Ich mache die „schnellen Erledigungen" eben im Erledigungsmodus, noch dazu unter Zeitdruck, damit das „Eigentliche" möglichst schnell kommen soll. Das „Eigentliche" kommt dann vielleicht erst sehr spät oder gar nicht mehr. Und ich jage einem Phantom hinterher, hinter dem oft sogar ein tiefer Wunsch steckt – nach den „wesentlichen Dingen". Thich Nhat Hanh schreibt einmal: „Häufig gehen wir nur aus einem Grund: Wir wollen von einem Ort zum anderen gelangen. Doch wo sind wir dazwischen?"[37]

## WO SIND WIR DAZWISCHEN?

Wenn ich im Erledigungsmodus bin, mache ich das Gleiche auf künstliche Weise mit den Dingen, die ich erledigen möchte. Anstatt der Essenz des Zens zu folgen, einfach nur eins nach dem anderen zu tun, setze ich mir ein (anderes) Ziel und packe noch was auf den Weg dazwischen. Doch wo bin ich „dazwischen"? Gefangen in einer Vorstellung von einem Punkt auf der Zeitlinie in der Zukunft, entwerte ich den ganzen Weg dazwischen. Und ich „erledige" das dazwischen und am Ende oft auch das in der Zukunft zu Erledigende. Ich gerate in ein Fahrwasser, dem ich am Ende auch nicht entkomme: Ich tu die Dinge nur, um sie eben zu erledigen, um sie wegzuschaffen. So kann ich sogar die Meditations- oder Gebetszeit als Punkt auf meiner To-do-Liste abarbeiten. Schade eigentlich. Dieses Ent-werten ist ein mächtiges Muster in meinem Leben und eine Folge davon, im Gefängnis der linearen Zeit zu sitzen. Ich entwerte im Nachhinein das Gespräch, das mir „dazwischengekommen ist" (wieder: wo war ich „dazwischen"?), vielleicht sogar den Besuch, das Gespräch, das Mich-Einlassen, die Zuwendung, die geschenkte, unverzweckte Zeit, also selbst diese Momente, in denen ich tatsächlich frei war – jenseits der Gefängnismauern der linearen Zeit. Das ist buchstäblich ver-rückt.

## GESEGNET DAS DAZWISCHEN

Und natürlich geschieht unser Leben auch, während wir uns Gedanken darüber machen, was wir vom Leben wollen. Und immer wieder dürfen wir ausloten, was wir gerade für unsere Träume tun – welche Entscheidungen wir hier und jetzt fällen können – und wo wir nicht tun können. Welche Dinge wir selbst in die Hand nehmen können und wo wir uns in Geduld und Hingabe üben dürfen an das, was ist. Und während wir weiter unseren Träumen folgen können, passiert uns das Leben in all seinen wunderbaren Momenten, so dass unser Leben natürlich nicht erst am Ziel unseres Weges stattfindet. Gesegnet das Dazwischen unseres Lebens – das ist eine Lektion, die ich seit 30 Jahren lernen darf. Unser ganzes Leben findet in einem Dazwischen statt. Und doch ermutigen uns die Meister:innen und Lehrer:innen, denen wir begegnen, unermüdlich, der leisen Stimme des Herzens zu folgen, die auch nach vorne weist und nach oben. „Todo creciendo hacia arriba", singt Mercedes Sosa: alles wächst nach oben.

So kann man sie belächeln – die Weisheitsliteratur und Kultautoren wie Coelho und Strelecky. Auch die Sinnsucher:innen und Träumer:innen selbst werden oft belächelt. Aber besser in die Welt hinausziehen und angreifbar werden, anstatt sich wie Schiffe im Hafen sicher zu fühlen – wissend, dass wir und die Schiffe dafür nicht gemacht sind, unser Potenzial und unsere Energie nur zu ankern, vor dem Leben zu verstecken, zu bunkern und zu vergraben. Wir können alles belächeln und in Frage stellen. Auch unsere heiligen Bücher und die Schriften der Weisheitslehrer:innen und Meister:innen aller Zeiten. Wenn wir sie nicht nur zur Unterhaltung lesen wollen, dürfen wir uns inspirieren lassen und auch kratzen, beißen, kauen, hinterfragen, als ob wir Edelmetall auf seine Echtheit prüfen wollten. Am Ende aber brauchen wir auch Nahrung für unsere Seele und unsere Herzen, Edelmetall für unsere Schatzkisten, eine Ahnung, wie wir eigentlich leben wollen.

Ein kleiner Familienretreat beschenkt mich zweimal im Jahr mit Eltern und ihren Kindern. Mit Abenden am Lagerfeuer, Geschichten und Liedern. Wir spielen. Wir verbringen Zeit im Wald, auf der Suche nach kleinen Schätzen und im Gestalten gemeinsamer Kunstwerke. Und wir nehmen uns Zeit für Gespräche zwischendurch, am Feuer und in der Elternrunde. Immer wieder ist es die Erfahrung, dass die gemeinsamen Tage und Begegnungen den Menschen zu Herzen gehen und wie sie manche daran erinnern, wie sie eigentlich *leben* wollten – nicht nur als Auszeit in einem Familienseminar. Aber auch ich selbst komme dabei immer wieder mit meinem eigenen alten Traum in Kontakt. War das nicht auch meine Vision einer Familienkommunität vor 30 Jahren schon? Damals inspiriert auch von den charismatischen Gründern zweier US-amerikanischer Kommunitäten, Jim Wallis mit den „Sojourners“ und Richard Rohr mit seinen Gemeinschaften „New Jerusalem“ und dem „Zentrum für Aktion und Kontemplation“ in New Mexico.

Was möchte ich vom Leben, nun schon weit drinnen in einer möglichen zweiten Hälfte meines Lebens? Bedeutet allein die Frage schon, dass ich unzufrieden bin? Nein, ich bin unglaublich dankbar für alles, was mir in über 50 Jahren schon geschenkt wurde. Und ich bin ein Glückspilz. Ich durfte ermutigt und begleitet von wunderbaren Menschen, Lehrern und Lehrerinnen, Freunden und Freundinnen auch schon einige ungewöhnliche Wege einschlagen und bin beruflich vor ein paar Jahren nochmal neu gestartet. Und in all den Jahren, wo mein großer Traum suspendiert schien, blitzt doch immer wieder diese Leidenschaft, diese

Begeisterung und Beherztheit in meinem eigenen Tun auf, die dem großen Traum zugrunde liegt, von ihm genährt wird und ihn nährt. Und so versuche ich zu lernen, nicht nur demütig und bescheiden zu leben, sondern mir auch zu erlauben, unbescheiden zu träumen und mitunter auch kühn zu denken. Es macht keinen Sinn, seine Träume und Lichter unter den Scheffel zu stellen.

Achtsamkeit segnet das Dazwischen. Den ganzen Weg von der Entdeckung unserer Träume und Schätze bis hin zu Etappenzielen und Erfüllung. Aber auch die kleinen Wege im Alltag. Wenn wir nicht aufpassen, erledigen wir unser Leben, das sich immer in Zwischenräumen abspielt. Wir sind gewohnt, uns auf Dinge auszurichten, die in der Zukunft liegen. Schon in der Schule freuen wir uns zusehends auf die nächste Pause. Und natürlich auf die Ferien. In der Arbeit freuen wir uns auf den Feierabend, den Urlaub und mit der Zeit hoffen wir womöglich auf die Pension. Der Philosoph Frithjof Bergmann charakterisierte unser westliches Lebensgefühl gern als „milde Krankheit“, die schon vorübergehen wird.[38] „Ach, schon Mittwoch – nur noch zwei Tage bis zum Wochenende.“ Oder wir begnügen uns mit einem Leben, das „schon okay“ ist. Glück oder erfülltes Leben sieht anders aus. Das heißt nicht, dass wir wie besessen einem erfüllten Leben hinterherjagen sollten. Aber auch nicht, dass sich unsere Bedürfnisse unnötig verflachen, so dass wir nur noch auf den Feierabend warten, das Wochenende, den Urlaub, die Pension. Als ob eben das Leben immer erst zu einem späteren Zeitpunkt stattfinden würde. Als ob es später besser würde. Wenn alles andere so unerträglich scheint oder auch nur so unbedeutend oder langweilig, dürfen wir uns ernsthaft fragen, ob wir an unserer Arbeit, an unserem Lebensumfeld etwas verändern oder für unser Leben eine neue Ausrichtung suchen sollten.

## FEIERABEND

Abends um acht. Wenn ich dieses Muster der Entwertung und des „Nie-genug-Erledigt“ erkenne, kann ich es anschauen, ihm ins Auge sehen, erstaunt und betroffen sein, ernüchtert, vielleicht sogar erschüttert. Und dann wissen, in der Tiefe wissen und wahrnehmen, dass es Gedanken sind und damit verbundene Gefühle (oder umgekehrt), Geistesformationen. Ich muss mich nicht mit ihnen identifizieren. Sie gehören nur vorübergehend zu mir. Und dann? Loslassen, um zu spüren: Was ist jetzt wichtig? Was ist im Vordergrund? Was brauche ich jetzt? Was liegt direkt vor meiner Nase, wie sieht mein Hier und Jetzt aus? Vielleicht ist es in diesem Moment erst recht an der Zeit, für eine Weile *nichts* (mehr) zu tun und zum *Sein* überzugehen, zu den *wesentlichen* Dingen des Lebens. Rani Kaluza hat ein kluges und weises Buch über die „Hohe Kunst des Nicht Tun“ geschrieben. Es ist die beste Therapie für alle im Gefängnis der linearen Zeit, weil sie uns in die einzig wirkliche Zeit holt und alles andere in den Hintergrund treten lässt. Alle meditativen Praktiken setzen auf diese Kunst des Nicht Tun, doch ihr Ansatz scheint nochmal radikaler. Sie nennt Nicht Tun die Urform der Meditation, so wie der Wolf die Urform des Hundes und der Dinkel die Urform des Weizens ist. In ihrem Buch beschreibt sie es in einem Abschnitt als „geweihte Zeit“, denn nie würden wir dabei Zeit verschwenden, wir würden sie *segnen*. „Eine Weile völlig absichtslos sein, Sinn und Zweck nicht kennen müssen.“ Ich nenne es gerne „gleichzeitig werden“ mit dem, was ich gerade in meinem Körper spüre, in dem Raum, in dem ich mich befinde. Ich möchte der Atmosphäre gewahr werden – innen wie außen; meine Stimmung wahrnehmen; die Gedanken, die mich beschäftigen – wie auf einer Leinwand anschauen. Kein Tun, keine Absicht, kein Zweck. Rani Kaluza empfiehlt dafür nicht nur das Sitzen auf dem Meditationskissen oder das Liegen bei einer Übung, sondern radikal einfach zu bleiben: sich (nicht erst als alter Mensch) auf eine Parkbank zu setzen, sich an einen Baumstamm im Wald zu lehnen, sich auf einem Kissen aus Moos niederzulassen, „auf einer Couch mit Blick in den Garten oder in den Himmel"[39]. Wann haben wir das zuletzt getan? Feierabend um acht, statt mit dem zu hadern, was nicht erledigt wurde.

Es erschüttert mich, just im Überarbeiten dieser Passage zu erkennen, dass ich genau das getan habe in den Tagen und Wochen nach meinem Herzinfarkt, als ich dem plötzlichen Herztod gerade nochmal entkommen war. Genau das geht mir langsam schon wieder verloren …, weil ich schon wieder viel zu oft „Wichtigeres" zu tun habe … Doch was könnte wichtiger sein, als für „geweihte Zeiten", in dieser gesegneten Weise für Momente innezuhalten, auszubrechen aus der Getriebenheit, dem Gefängnis meiner Vorstellung von der ablaufenden Zeit – auch und gerade *jenseits* eines Konzeptes der Meditation!? Und schlicht zu erfahren: Ich bin. Bin. Nicht Tun – Sein. Gleich-zeitig mit dem Leben. Herausgehoben aus dem Fahrwasser von Erledigung, Autopilot, dem Schlaf der Unbewusstheit. Zeiten schlichten Erwachens zum Hier und Jetzt.

# Die Kinder

> Und sie brachten Kinder zu ihm [Jesus], damit er sie festhalte [oder: berühre], aber die Schüler herrschten sie an. Jesus sah es, entrüstete sich und sprach zu ihnen: Laßt die Kinder zu mir kommen, wehrt ihnen nicht. Denn ihresgleichen ist das Königtum Gottes. [...] Dann schloß er sie in die Arme und die Hände auf sie legend sprach er den Lobpreis über sie.
>
> *Markus 10,13–16*[40]

Auch den Schülern des Rabbis aus Nazareth kommen immer wieder Dinge dazwischen, die sie nicht für wesentlich halten. Hier sind es Kinder, die die Welt der Erwachsenen immer wieder ungebeten unterbrechen. Hier werden Kinder zu Jesus gebracht, ohne genau zu erfahren, wer sie bringt. Die übereifrigen Schüler glauben vielleicht, ihr Meister hätte Wichtigeres zu tun, als sich mit ein paar dahergelaufenen Müttern und ihren Kindern zu beschäftigen. Sie behandeln die Kinder wie Störenfriede und wollen sie wegschicken. Aber Jesus wird richtig wütend, als er das sieht, er ergrimmt über sie, „wie er über Krankheit und Unglauben ergrimmte“[41]. Und anstatt die Störung schnell los zu werden, folgt er einem Leitsatz, der in unserer Zeit durch die humanistische Psychologin Ruth Cohn bekannt wurde: „Störungen haben Vorrang!“

Stehen Kinder unserer spirituellen Entwicklung im Weg oder können sie selbst ein Tor zum Leben sein? Als meine Kinder noch klein waren und ich zugleich Zeit finden wollte für Meditation und Gebet, hatte ich manchmal das Gefühl, meine Kinder würden mir im Weg stehen. Wie willst du früh aufstehen und dir Zeit für Meditation und Gebet nehmen, wenn du ohnehin die ganze Nacht immer wieder aufstehen musst und dann ganz früh oft auch wieder – nicht um zu meditieren natürlich, sondern um dich um dein Kind zu kümmern!?

## WAS BRAUCHEN KINDER, WAS BRAUCHEN MENSCHEN?

Warum bringt man die Kinder zu Jesus? Die Mütter – oder wer auch immer es ist – wissen, warum sie kommen. Sie erwarten keine Predigt, keinen „Religionsunterricht“, nicht einmal eine Geschichte – weder für sich noch für ihre Kinder. Sie kommen, damit er die bzw. ihre Kinder *berühre*, wie es wörtlich heißt (griechisch *hapsetai*). Sie suchen etwas „Haptisches“ für ihre Kinder, etwas Angreifbares. Auch in vielen anderen Stellen der Evangelien erfahren wir, dass Jesus buchstäblich angreifbar war, dass er die Menschen berührte und die Menschen ihn. Und Jesus begnügt sich auch nicht mit einer segnenden Geste, schon gar nicht von der Ferne wie etwa der Papst vom Papamobil aus oder auch wie das seltsam distanzierte Winken der Royals. Jesus *berührt* sie, aber nicht nur so ein bisschen: Er schließt sie in seine Arme – ich finde das überwältigend! Er schließt sie in die Arme, legt die Hände auf sie und noch etwas: Er spricht den Lobpreis über sie – als hätte er heiliges Brot in seinen Händen. Im griechischen Urtext stehen die gleichen Worte wie beim letzten Abendmahl, das zum zentralen Ritual der Kirche wurde. Allein diese Parallele bringt für mich zum Ausdruck, dass ein spiritueller Weg in der Nachfolge Jesu nicht in eine sakrale Sonderwelt führen kann, in der die Dinge des alltäglichen Lebens zu profan wären, erst recht nicht Familie und Kinder – ich komme noch darauf zurück!

Berühren, segnen, heilen und heiligen – Jesus kommt mit den Dingen und Menschen buchstäblich in Kontakt. Berührung ist ein heikles Thema, mit Kindern erst recht und im Zusammenhang mit Kirche noch mehr. Gleichzeitig ist das Bedürfnis nach adäquater Berührung lebensnotwendig für Kinder (und andere Menschen!), aber im pädagogischen Kontext ein Tabu. Ich habe viel Erfahrung mit dem Bedürfnis von Kindern, sich und andere zu spüren, und bin überzeugt, dass wir sowohl im pädagogischen Kontext als auch mit Eltern dringend darüber ins Gespräch kommen müssten – um der Kinder und um der Beziehung zwischen Erwachsenen und Kindern willen. Jesus geht also auf dieses Bedürfnis ein, lässt sich auf Beziehung ein und geht dann noch einen Schritt weiter. Anstatt eine angebliche Störung charmant abzuwickeln, rückt er sie ins Zentrum seiner Unterweisung.

## STÖRUNGEN HABEN VORRANG

Der Meister aus Nazareth dreht wie so oft die Dinge um. „Lasst die Kinder zu mir kommen. Denen, die so sind wie sie, gehört das Königtum Gottes." Wir dürfen uns an die „Übersetzung" dieses Begriffes in unsere Zeit erinnern: Auch beim Schatz im Acker und bei der kostbaren Perle ging es um das Königtum oder Reich Gottes. Wir können es als Bild für unsere spirituelle Suche nehmen. Diese Worte klingen, als ob er uns sagen möchte: Hier ist euer Tor. Durch das müsst ihr gehen. Die Kinder sind euer Tor, und so ist es auch die enge Pforte des Alltags, durch die wir zum Leben finden. Das Leben selbst ist unsere spirituelle Agenda. Nicht die

Seminare und Retreats, nicht die großen spirituellen Gespräche sind das Entscheidende; nicht die zwischenmenschlichen Debatten und die politischen Kämpfe um Macht und Herrschaft, in die die Schüler Jesu sich im Markusevangelium im Kapitel vorher verstrickten. Wo Gott König sein soll, wo das Große Ganze des Lebens unser Leben prägen soll, braucht es völlig andere Maßstäbe und Wege. Jesus rückt – wie wir gleich noch an dieser anderen Stelle im Markusevangelium sehen werden – das Kleine und die Kleinen in den Mittelpunkt, das Unscheinbare, Unerkannte und zugleich so Naheliegende. Die enge Pforte ist wie zugewachsen auf Wegen, die kaum jemand nimmt. Doch dort bei den Kindern ist das Leben noch frisch und die Verbundenheit mit dem Großen Ganzen noch lebendig, dort ist ein Tor zum Leben und zum Spirituellen verborgen. „Das sollt ihr durchschreiten", scheint Jesus sagen zu wollen. Nicht an den Kindern vorbei – die damals keinerlei Rolle spielten. Nicht über sie hinweg, sondern gerade indem wir sie in den Blick nehmen, können wir wachsen und die großen Fragen des Lebens hautnah erfahren.

## MEISTER DES NICHT-TUN

Doch an den Kindern könnten wir noch eine ganze Spiritualität entfalten. Der Neutestamentler Eduard Schweizer hält nichts davon, mit den Kindern Reinheit oder Unschuld zu verknüpfen, sondern sieht das Spezifische in den Kindern darin, dass sie gar nichts tun können, auch sich nicht wehren gegen die polternden Jünger. „Aber gerade als die, die nichts vorzuweisen haben, keine Leistungen aufrechnen können, sind sie gesegnet."[42] Das klingt wie die im vorigen Kapitel beschriebene „geweihte Zeit". Rani Kaluzas Meditation wie das stille, kontemplative Gebet sind von dieser Absichtslosigkeit gekennzeichnet und in ihrer ursprünglichen

Form zweckfrei. Wir meditieren oder beten nicht „um zu", auch wenn viele Menschen heute in der Meditation möglichst schnelle Ergebnisse erzielen wollen und (aus der christlichen Sicht von Franz Jalics) eher die „Früchte und *Gaben* Gottes suchen" statt Gott selbst, wie bereits in der Einleitung zu diesem Buch erwähnt. Kinder können sich ganz einlassen auf ihr Da-Sein und ihr spielerisches Tun. Selbst das Tun kleiner Kinder ist kein Machen und Bezwecken, es fließt aus ihrem Da-Sein und Verbunden-Sein mit dem Leben, wie es sich im gegenwärtigen Moment entfaltet. Darin sind sie für uns wie Pförtner in das Reich Gottes.

## ALS MIR DIE KINDER DAZWISCHENKAMEN

Das Leben nimmt manchmal eigenwillige Wendungen, gerade wenn wir offen bleiben für die leisen Stimmen, die uns bisweilen seltsame Antworten auf die Frage flüstern, wo es gerade weitergeht in unserem Leben. Als junger Erwachsener hörte ich, ich könnte mit Kindern nichts anfangen. Und ehrlich gesagt hatte ich tatsächlich keinen Zugang zu ihnen; als Austauschschüler in den USA musste ich mich mit 17 Jahren dann mit meinen kleinen „Brüdern" herumschlagen und mich abends fragen lassen, wann denn endlich Mom nach Hause kommen würde.

Als junger Erwachsener war ich sehr religiös. Meine neue Heimat in einer kleinen evangelikal-christlichen Familie und Gemeinde in Florida entzündete in mir eine große spirituelle Leidenschaft. Wieder zurück in meiner deutschen Heimat fand ich Anschluss an katholisch-charismatische Kreise und wandte mich mit Interesse neu der katholischen Kirche zu. Ich nahm auch Kontakt zu einem Orden auf und ging für ein halbes Jahr zu Missionaren nach Argentinien und dachte ernsthaft darüber nach, Priester oder vielmehr Ordensmann zu werden. Bis heute unterscheidet die Kirche ja zwischen Laien und Geistlichen, also pointiert formuliert zwischen spirituellen Amateuren und Profis. Lauwarmes war mir immer schon zuwider, Amateur wollte ich keiner sein. Aber Profi konnte man anscheinend nur werden, wenn man sich für ein zölibatäres Leben und *gegen* Partnerschaft und Familie entscheidet. Noch lange hatte ich die seltsame Vorstellung, dass ich mich entweder für Familie entscheiden oder „richtig spirituell" sein könnte. Ich entschied mich zum Glück für die Frau, die ich damals schon liebte, studierte dennoch Theologie, um schließlich als Laie aber doch in einer Kirchengemeinde zu arbeiten. In diesem ersten beruflichen Werdegang gelangte ich zu einem gewissen Karrierehöhepunkt, als ich dort sogar sonntags manchmal predigen durfte. Als unser erstes Kind schon auf der Welt war, fiel es mir also plötzlich zu, an einem Sonntag über eine Stelle zu sprechen, die das Zeug hatte, meine Vorstellungen langsam, aber sicher über den Haufen zu werfen, mit diesem Missverständnis eines spirituellen Zweiklassendenkens aufzuräumen und mich innerlich und äußerlich nachhaltig in Bewegung zu bringen. Diese Stelle, mit der ich mich auseinandersetzen und über die ich sprechen durfte, steht auch im Evangelium nach Markus, im Kapitel vor den vorher zitierten Versen. Und sie sprechen eine ähnlich deutliche Sprache.

## WAS DENKT IHR?

Und so kamen sie nach Kafarnaum. Als er im Haus war, fragte er sie: Was habt ihr unterwegs bei euch gedacht? Sie aber schwiegen; denn sie hatten unterwegs miteinander ein Gespräch geführt, wer der Größte sei. Und er setzte sich, rief die Zwölf und sagt zu ihnen: Will einer Erster sein, so sei er Letzter von allen – und aller Diener. Und er nahm ein Kind, stellte es in ihre

Mitte, und es in die Arme schließend, sprach er zu ihnen: Wer ein Kind, eines wie dieses, auf meinen Namen hin aufnimmt – mich nimmt er auf. Und wer mich aufnimmt – nicht mich nimmt er auf, sondern den, der mich gesandt hat.

*Markus 9,33–37*

Vor dieser Stelle geht es um Leben und Tod. Der Meister aus Nazareth spricht davon, dass er eines gewaltsamen Todes sterben werde. Doch seine Schüler verstehen nicht wirklich und streiten lieber über Einfluss, Macht und Größe in dieser Bewegung, die Jesus in Gang gesetzt hat und die sich mit dem Begriff des „Königtums Gottes" verbindet. Und was tut der Meister? Er ist weise genug, ihnen jetzt keine Predigt zu halten über ihr Fehlverhalten, ihre Verstrickungen, ihre falschen Werte und ihr Unverständnis. Was tut er stattdessen? Er lenkt ihre Aufmerksamkeit auf etwas anderes, nicht um sie einfach abzulenken, sondern um ihre Ausrichtung zu verändern. Es ist wie in der Meditation: Störende Gedanken oder Gefühle lassen sich nicht bekämpfen; was allein wichtig ist, ist, unseren Fokus zu verändern und zurückzukehren zum Atem, zum Körper, zum gegenwärtigen Augenblick, hier und jetzt. Jesus greift zu den Heilkräutern, die hier ganz in der Nähe wachsen, um die fieberhaften Phantasien seiner Schüler auszutreiben: die Kinder. Um aus den seltsamen Gedanken über Macht und Einfluss zum wirklichen Leben zurückzukehren, hilft es, darauf zu schauen, was vor unserer Nase ist. Wie wichtig Jesus das Ganze ist, zeigt sich schon dadurch, dass er sich hinsetzt und die Zwölf um sich versammelt, also all die, die symbolhaft für das erwählte Volk und die neue Art von „Königtum" und Gottesherrschaft stehen, um die es ihm geht. Jesus verschafft sich damit auch maximale Aufmerksamkeit und spricht über wahre Größe, indem er ein Kind in die Mitte rückt und sich selbst mit dem Kind identifiziert, sich und den, von dem er sich gesandt sieht, also Gott selbst. Mehr geht nicht, um die Bedeutung der Kinder für unsere Nähe zum Spirituellen, wenn wir so wollen, zum Ausdruck zu bringen.

## KINDER UND MEHR

Es ist mehr als 25 Jahre her, dass sich diese Verse in meine Seele brannten. Gerade einen Monat vorher war ich bei einer Tagung in Salzburg, wo ich Rebeca und Mauricio Wild zum ersten Mal begegnet war. Sie waren in den 1990er Jahren so etwas wie die Popstars der alternativ-pädagogischen Szene. Ihr Kindergarten- und Schulprojekt in Ecuador inspirierte zahllose Kindergärten und Schulen im deutschsprachigen Raum und darüber hinaus. Die Begegnung mit ihnen war eine Schlüsselerfahrung – zusammen mit Anna Tardos, die das Erbe ihrer berühmten Mutter Emmi Pikler fortsetzte und in einer ähnlichen Haltung mit Kleinkindern in einem Budapester Säuglingsheim für Waisenkinder arbeitete. Obwohl ich mit Pädagogik (noch) nichts am Hut hatte, faszinierte mich die Art und Weise, wie diese Leute über Kinder sprachen. Im Zuhören und in der Begegnung mit ihnen erkannte ich langsam, dass all die großen Fragen, die mich damals beschäftigten, sich plötzlich wie in einem Brennglas zur Frage bündelten, wie wir mit unseren Kindern umgehen. Dass Pädagogik nicht einfach etwas für Leute mit Kindern ist, sondern dass all die Fragen nach einer zukunftsfähigen Gesellschaft, nach Frieden und Glück und Heil im Zusammenleben mit unseren Kindern ihren Anfang nehmen müssen. „Keine neue Gesellschaft ohne neue Wege in Familie, Kindergarten und Schule", beschrieb ich meine Erkenntnis in einem Aufsatz.

Doch diese Bibelstelle hier ging für mich noch einen Schritt weiter. Tiefer. Sie stellte mir vor Augen, dass dieser Gott, den ich so lange schon suchte, zu dem ich betete und über den ich mein ganzes Studium nachgedacht hatte, dass der in meinem eigenen Kind zu finden war. Dieser Rabbi Jesus war auf einmal zum Greifen nahe. Er stand sozusagen plötzlich in meinem Haus und vor mir mein Kind, damals keine zwei Jahre alt. Jesus deutet auf meinen Sohn, vielleicht wie damals auf das Kind eines seiner Jünger, bei dem er hier vielleicht gerade zuhause war. Jesus identifiziert sich, und den himmlischen Vater, der ihn geschickt hat, mit ihm: „Wer ein Kind wie dieses aufnimmt, nimmt mich auf und den, der mich gesandt hat." Die Jünger, diese Helden! Sie folgen dem großen Meister, erkennen in ihm den sehnsüchtig erwarteten Messias. Und kommen sich selber groß dabei vor. Sie hören gar nicht zu, als Jesus von seinem baldigen Tod spricht. Sie haben nichts anderes im Sinn, als sich aneinander zu messen und zu überlegen, wer von ihnen denn wohl der Größte sei. Aber bin ich denn viel besser? Auch wenn ich es gern wäre – ich bin noch lange nicht frei vom Wunsch nach „Größe". Von den hehren Fantasien, bekannt, berühmt zu werden, irgendwann was Großes zu bewegen. In einer Welt, die ständig auf der Suche nach Stars ist, braucht es eine große innere Kraft und Verbindung, um sich davon nicht (mehr) irritieren zu lassen; um nach und nach aus diesem ständigen Wettkampf um Anerkennung und Ehre auszusteigen; um frei zu werden für das unverwechselbare *eigene* Leben, das sich nicht an dem orientiert, was die anderen denken und was die anderen für wichtig, groß und bedeutsam halten; kurz: um *innere* Größe zu entwickeln. Und innere Größe führt zur *Hingabe* an das, was das eigene Leben für uns bereithält – manchmal Schicksalsschläge, manchmal Durchbrüche. Hingabe auch an das, was wir als unsere Aufgabe erkennen – völlig unabhängig davon, was die Welt da draußen davon hält. Immer wieder faszinieren mich Menschen, die ihren ganz eigenen Weg gehen, schmale Pfade; die ihrer Spur folgen, die nicht irgendwelchen Moden oder *mainstreams* entspricht, sondern die etwas Originäres, Einmaliges in die Welt bringt. Seit Monaten höre ich z. B. die Musik des tunesischen Oud-Spielers und Vokalisten Dhafer Youssef. Diese Musik hat mich so tief erfasst, dass ich aktuell kaum noch etwas anderes höre. Dabei ist sie so ungewöhnlich, und wie groß muss der Glaube dieses sympathischen Mannes an sich selbst gewesen sein, all die Jahre, wo er sich mit Jobs über Wasser halten musste, weil er von seiner Musik (noch) nicht leben konnte!? Auch das ist Hingabe, im Wissen um die Gabe, die wir vom „Unendlichen" empfangen haben.

Doch auch die Möchte-gern-Helden, die sich als Schüler eines großen Meisters noch nicht auf den Weg zu sich selbst gemacht haben, werden das nach seinem Tod tun. Nach dem Kreuzestod Jesu und der Erfahrung seiner Auferstehung erfährt auch ihr Leben eine radikale Wendung, bei der auch sie sich zu ihrer ganzen Größe aufrichten und todesmutig in die Öffentlichkeit treten, unterstützt und getragen vom Geist Jesu (siehe Pfingsten und das Buch der Apostelgeschichte im Neuen Testament!).

## KLEIN UND FREI FÜR DAS UNENDLICH GROSSE

Kommen wir noch einmal auf den Begriff „Reich" bzw. „Königtum Gottes" zurück. Wenn Jesus vom Königtum Gottes spricht, so klingt es auch in dem Wort an, „Diener" und „Letzter" zu sein, was hier sicher nichts mit Kuschen, sich ducken und demütigen zu tun hat – auch wenn es gerade in der Kirche immer wieder dazu missbraucht worden ist, die Untertanen klein zu halten, um die Macht der Mächtigen umso fester zu etablieren. Hier geht es um das Heil, das darin liegt, frei zu werden von Größenfantasien und vom Kampf um eine sehr fragliche Anerkennung. Befreiung von einer Kultur des Wettkampfes. Befreiung von Imponiergehabe, Großtuerei und Einschüchterung anderer aus der eigenen Angst heraus, selbst nichts wert zu sein. Befreiung also auch von der Geringschätzung seiner selbst. Von dem Lebensgefühl eines Mangelwesens. Wenn Jesus das Kind vor unseren Augen umarmt, dann umarmt er auch das Kind in uns. Und auch wir kommen mit dem Kind in uns in Kontakt. Wir finden den wahren Schatz im Acker unseres Lebens mit den Kleinen in unserem Alltag als Vater oder Mutter. Wir finden das Glück wieder in den vermeintlich kleinen Dingen und Wesen, finden im Unscheinbaren ein „Stück vom Himmel", auch weil wir mit unseren Kindern zu den großen Gefühlen der Liebe und Zärtlichkeit finden. Anselm Grün schreibt so treffend zu dieser Stelle: „Es braucht ein zärtliches Herz, um das Geheimnis Jesu zu verstehen und in sich aufzunehmen."[43] Jesus berührt die Kinder, die Kinder berühren uns und unsere Herzen zutiefst.

In dem Buch des schon erwähnten Deutsch-Iraners Navid Kermani findet sich ein Hinweis zur Übersetzung und Deutung des Begriffes „Islam", der sich vom arabischen Wort *salam* (hebräisch *schalom*), zu Deutsch „Frieden" ableitet. Wörtlich bedeutet es: sich unterwerfen, sich hingeben, Frieden schließen.[44] Kermani beschreibt Religionen als eine „Beziehungsangelegenheit" zwischen Gott und Einzelnen bzw. Gott und einer Gemeinschaft und schreibt: „Denn der Muslim ist ein Mensch, der sich aus Einsicht in die eigene, menschliche Beschränktheit dem Unendlichen unterwirft."[45] Doch weist er darauf hin, dass dies „liebend" geschieht, „verzaubert" vom Unendlichen und im Einklang mit diesem, anstatt ständig gegen das Unerklärliche aufzubegehren.

Ähnlich steckt im Begriff des Königtums, der Königsherrschaft Gottes eine Beziehung des Menschen zu Gott wie zur Welt und insbesondere zu den Menschen um uns herum. Jesus selbst lebt diese Beziehung vor, die für dieses Königtum bzw. Reich Gottes steht, in seiner Friedfertigkeit, Gewaltlosigkeit, seinem Dienst an den Menschen und in letzter Konsequenz in seiner Hingabe am Kreuz.

## KIND UND GEHEIMNIS

Auch Rebeca Wild, meine verehrte Lehrerin in Sachen Pädagogik, erkannte diesen Schlüssel, den das Leben mit unseren Kindern bereithält. In einem ihrer Bücher über die Praxis ihrer „nicht-direktiven Pädagogik" beschreibt sie diese besondere Chance, die darin liegt, sich ganz auf unseren Alltag als Eltern oder als Pädagogen und Pädagoginnen mit Kindern einzulassen:

> „Die Möglichkeit, sich zu öffnen oder zu verschließen, ist jeder Situation inbegriffen. Doch in unserem Verhältnis zu Kindern öffnet sich uns das Leben so weit wie kaum sonst. […] Wenn wir uns also dem Kind öffnen, erschließen wir gleichzeitig das Geheimnis unseres eigenen Lebens."[46]

In der Auseinandersetzung mit diesen heiligen Versen der Bibel kam ich also plötzlich selbst vor. Ich sah mich inmitten dieser „Helden", die sich als Schüler des Rabbi Jesus zunehmend wichtig nahmen und das Gefühl hatten, das wirklich wichtige Leben würde außerhalb ihrer vier Wände spielen, außerhalb ihrer Familie. Ich sah mich herausgefordert von einem Jesus, der seinen Schülern ausgerechnet ein Kind vor die Nase stellt. Für mich übersetzt will der Meister sagen: Lernt von euren Kindern! Sie sind wie ein Tor zu dem, was ihr sucht. Die tiefere Verbindung mit dem Leben und die Einsicht in die Beziehungen zwischen Gott und Welt brauchen den Zugang eines Kindes: sich offen einlassen auf das Leben von Moment zu Moment, (noch) nicht interessiert an Kampf und Konkurrenz, sondern fasziniert von den Geheimnissen der Dinge und Wesen, die sich ihnen zeigen. Dabei ist das nichts Romantisches; im Alltag mit ihnen stoßen wir manchmal auf enge Pforten, auf Momente, durch die wir uns hindurchzwängen müssen, um selbst mit ihnen wachsen zu können. Kinder stehen uns und dem Meister aus Nazareth wie Pförtner zum Geheimnis und Wunderbaren an der Seite.

Für diese neue Spur in meinem Leben waren diese Verse erst ein Anfang. Mehr als zwei Jahrzehnte später bin ich immer noch dabei, dieser Weisheit zu folgen und immer wieder das Kind in die Mitte zu stellen, mich berühren zu lassen und es selbst in die Arme zu schließen; und anderen zu helfen, ihre Lektionen von und mit den Kindern zu lernen.[47]

## Himmelwärts entführt

Noch reichst du mir die Hand, mein kleines Mädchen,
und ich spüre, wie sie mir Hand und Herz berührt.
Noch spannt sich dieses unsichtbare Band zwischen uns
und mit dir wird mein Leben
himmelwärts entführt.

Anna – Die Vögel zieh'n ihre Bahn
und mit dir fang ich wieder singen an.
Anna – Das Leben nimmt seinen Lauf
und mit dir hör ich nie zu wachsen auf.

Noch schenkst du mir die wundersamsten Dinge.
Noch strahlen deine Bilder voller Sonnen.
Noch warten deine Lieder, wenn ich singe.
Doch wenn du singst, hast du mein Herz schnell
gewonnen.

Anna – Das Leben ist schön, mein Kind.
Gemeinsam wiegen wir uns sanft im Wind.
Anna – Mutter Erde trägt ihr Kind.
Und wenn wir still sind, hör'n wir, wie sie singt.

Noch erzählst du mir die Welt mit großen Augen.
Noch füllst du mir den Tag mit 1000 Fragen.
Und wenn dann eines Tages großes Schweigen herrscht,
sehn' ich mich nach dem Klang von alten Tagen.

Anna – Wer steht, wird einmal geh'n.
Der Wind wird mir die Spur'n im Schnee verweh'n.
Anna – Doch deine Seele strahlt hell und schön,
in kalten klaren Nächten gut zu seh'n.

Steig ein, die Fahrt beginnt.
Das Karussell dreht sich geschwind.
Die Jahre zieh'n vorbei und trag'n dich fort, mein Kind.
Steig ein, mein Kind, steig ein.
In neue Schläuche neuer Wein.
Lass uns jetzt das Leben feiern,
viel zu schnell sind wir allein.

Noch sitzt du gern auf meinem Schoß, mein Mädchen.
Noch schmiegst du dich an mich an fremden Orten.
Und wenn dein Floß dich eines Tages weitertreibt,
verberg' ich meine Tränen in schönen Worten.

Anna – Das Leben nimmt seinen Lauf,
und mit dir hör ich nie zu wachsen auf.
Anna – Die Vögel zieh'n ihre Bahn,
und mit dir fang ich wieder beten an.

*Lied für meine Tochter Anna-Sumaya*

## DRITTER TEIL

# NEIN. JA. WIDERSTAND UND HINGABE

Sag Ja dazu, am Leben zu sein. Sag Ja zum Leben.
Ja zu deinem eigenen Leben. Ja zu jedem Jahr und jedem Tag.
Ja zu jeder Minute.
Stell dir vor, dass das Leben Ja flüstert. Ja zu allen Wesen
und Ja zu dir. Alles, zu dem du Ja gesagt hast, sagt nun Ja zu dir.
Sogar die Dinge, zu denen du nicht Ja gesagt hast,
sagen Ja zu dir!
Jeder Atem, jeder Herzschlag, jede Aktivierung einer Synapse:
Sie alle sagen Ja.
Ja, vollkommenes Ja, alles sagt Ja.
Ja.

*Rick Hanson*[48]

Überfließende Himmel verschwendeter Sterne
prachten über der Kümmernis.
Statt in die Kissen weine hinauf.

*R. M. Rilke*

Im dritten Teil spüren wir unser inneres Nein auf, das sich im Widerstand gegen das, was ist, äußert. Nein sagen zu können, ist wichtig im Leben. Bei vielen Kindern ist es eines der ersten Worte, die sie sprechen lernen. In all unseren Beziehungen müssen wir unsere eigenen Grenzen erkennen, respektieren und ausdrücken lernen. Und auch im politischen Kontext braucht es das Nein, den Widerstand, das Aufstehen gegen Unrecht und Gewalt. Und doch widmen wir dem inneren Ja hier in diesem Teil mehr Aufmerksamkeit. Zu einem inneren Ja zu finden, ist ein wesentlicher Aspekt einer Kunst des Lebens. Wir finden Inspiration bei einem Neuroplastizitätsforscher, in tibetisch-buddhistischen Ausführungen zu „Anhaftungen" im Alltag sowie im Tagebuch einer verfolgten Jüdin in der Zeit des nationalsozialistischen Grauens.

Im Blick auf die Weisheit Jesu suchen wir Orientierung in der so genannten Bergpredigt, die Menschen quer durch die Jahrhunderte und unabhängig von ihrem religiösen Hintergrund inspiriert hat. Seine Einladung zur Sorglosigkeit führt uns schließlich zu einer politischen Revolutionärin, die diese Worte, unter widrigsten Umständen im Gefängnis lebte, getragen von ihrer unbeirrbaren Ausrichtung auf Frieden und Gerechtigkeit sowie von einer tief spirituellen Kraft, die wir heute Achtsamkeit nennen – und das ohne Religion, ohne Gott, ja ohne ausdrücklich spirituelle Bezüge.

# Unser Ja und unser Nein erforschen

Viele Jahre war ich getrieben, unzufrieden – ein Leben auf Vorbehalt: als ob das eigentliche Leben erst noch kommen würde … als ob erst dies oder jenes erreicht oder passiert sein müsste. Heute bin ich froh, mit meinem Leben mehr im Einklang zu sein, „gleichzeitiger“ zu leben, versöhnter mit dem, was ist. Ja, viel mehr noch: Endlich angekommen und zutiefst dankbar – aufmerksam gegenüber den vielen Geschenken, die ich erfahren habe, angesichts derer meine noch offenen Wünsche und Träume nicht mehr diese Blendwirkung entfalten.

## JA UND NEIN IN UNS

Von der Bedeutung eigener Träume und Visionen war schon die Rede. Es ist gut, Träume zu haben, vom Leben Überraschungen zu erwarten und interessiert und gespannt zu sein auf das, was noch kommt. Diese Offenheit, Neugier und dieses oft sehnsüchtige Ja zu dem, was noch kommen darf, braucht aber auch das Ja zu dem, was (schon) *ist*. Freude, Glück, Güte und Friede sind immer schon in uns zu finden. Ohne all die Güter in uns zu wissen und diese Bodenschätze zu kennen, können wir sie gar nicht „dort draußen“ finden. Eher ist es umgekehrt: Bevor wir innerlich nicht zur Ruhe kommen und beginnen, das Schöne und Gute in uns zu entdecken, sehen wir auch draußen seine Spuren nicht.

Gleichzeitig dürfen wir auch ein Ja zu dem kultivieren, was uns gerade herausfordert, worunter wir leiden, was uns scheinbar im Weg steht. Manchmal entpuppen sich die scheinbaren Hindernisse und Störungen als Wegweiser oder gar Meilensteine. Der spirituelle Weg geht ohne Zweifel immer durch die Pforte des Hier und Jetzt, egal, wie eng sie ist und wie sehr wir uns durchzwängen müssen. Doch um ein Ja in uns wachsen zu lassen, braucht es zunächst ein Bewusstsein um das oft subtile Nein in unserem Leben. Es versteckt sich in der Getriebenheit und Unzufriedenheit, die sich manchmal in uns einnistet, die manchmal ein ganzes Leben verhärten lässt. Wenn wir wach sind, wenn wir ehrlich mit uns sind und offen für unsere Entwicklung, dann stoßen wir vielleicht auf eine Grundströmung des Nein in unserem Alltag: ein weit verbreitetes Hintergrundrauschen, ein Unbehagen, eine Unzufriedenheit, ein „defensives Nein"[49] – wie Eckhart Tolle sagt –, einen inneren Widerstand gegen das, was ist. Manchmal wächst sich der zu einem „inneren Kriegszustand"[50] aus. In unserer Getriebenheit, in einem Leben auf Vorbehalt, im Autopilotmodus und in der Erledigungskultur eines Routinealltags gilt es, dieses unausgesprochene Nein in uns zu erkennen und zu erforschen. Natürlich ist es wichtig, auch die Gründe und Umstände zu erforschen, die unser Leben gerade schwer machen. Nur so können wir mitunter auch zu der Entscheidung kommen, manches zu verändern, eine Situation zu verlassen, eine Tätigkeit zu beenden oder uns aus einer Beziehung zu lösen. Aber vieles können wir nicht so leicht oder schnell ändern und viele unausgesprochene „Neins" sind wie eine zweite Haut geworden, die uns abschottet, abstumpft und unser Lebensgefühl erheblich beeinträchtigt. Es gibt viele Weisen, das „wirkliche" Leben zu verpassen, ja es zu vermeiden. Wirklich, verfügbar und gestaltbar ist nur das Hier und Jetzt, der gegenwärtige Moment. Für den braucht es ein Ja – manchmal leise, manchmal laut, manchmal zart, manchmal zögernd und zaudernd, manchmal voller Überzeugung. Sich einzulassen, ganz einzulassen, ist eine Form, langsam, leise, zögerlich oder energisch Ja zum Leben zu sagen. Wir haben uns im ersten Teil schon darüber Gedanken gemacht. Ankommen im Leben, hier, jetzt.

## KEIN JA UND AMEN

Ein inneres Ja zu entwickeln, heißt nicht, alles zu mögen oder alles zu billigen oder gar zu unterstützen. Nein, dem Weg nach innen zu folgen, bedeutet nicht Gleichgültigkeit gegenüber all dem, was „dort draußen" vor sich geht; bedeutet nicht, „zu allem einfach Ja und Amen zu sagen", schon gar nicht angesichts notwendiger Veränderungen in einer Welt voller Krisen. Inneren Frieden finden wir nicht, wenn wir uns auf einen „faulen Frieden" einlassen, auf das, was der Kommunikationsforscher Friedemann Schulz von Thun einmal „Friedhöflichkeit" nannte.

Also nein, kein fauler Friede; nein, nicht alles einfach stumm hinnehmen, schon gar nicht Unrecht, Gewalt oder die Verharmlosung von Krisen. Aber finden wir tief in uns ein Ja zum Leben? Einen Ort des Friedens? Wenn wir mit einem inneren, defensiven Nein durch den Alltag gehen, uns oft als Opfer äußerer Umstände fühlen, permanent kritisieren, dann sind wir unzufrieden und stecken unsere kostbare Energie in Formen sinnlosen Widerstandes – nicht zielgerichtet, wahllos, getrieben, rastlos, selbstmitleidig und blind für das Wunder der Gegenwart.

## SAG JA

Der gegenwärtige Augenblick – das einzige Leben, das es gibt – lässt sich auf viele Arten vermeiden. Und zugleich gibt es viele Wege, sich einzulassen und in Kontakt und in Einklang zu kommen mit dem Leben – kurz: Ja zu sagen. Alles, was es braucht, ist schon da: Atem, Leib, Natur. Alle Sinne öffnen, um dem Leben zu lauschen – um uns herum und in uns. Formelle Übung wie Meditation und kontemplatives Gebet sowie informelle Momente eines schlichten Innehaltens im Alltag geben uns Raum, um für Augenblicke herauszutreten aus Gedankenverlorenheit, Geschäftigkeit und Stress und aus all den subtilen und offensichtlichen Weisen, innerlich Nein zum Hier und Jetzt zu sagen. Moment für Moment und Schritt für Schritt erhalten wir Angebote, Frieden und Freundschaft zu schließen mit dem Boden unter unseren Füßen und dem Himmel über uns, mit dem Leben und mit uns selbst.

In neuerer Zeit hat der Meditationslehrer und Neuroplastizitätsforscher Rick Hanson Methoden und Impulse entwickelt, die Formbarkeit unseres Gehirns zu nützen, um mehr Lebendigkeit, Freude und inneren Frieden in unser Leben zu bringen. Eine der Übungen in seinem Buch „Just 1 Thing"[51] ist die, Ja zu sagen:

„Versuche, in deinen Gedanken oder laut Nein zu sagen. Wie fühlt sich das an?
Und dann sage Ja. Was fühlt sich besser an, was öffnet dein Herz und zieht dich tiefer in die Welt?
Sag Ja zu etwas, das du magst. Dann sag Ja zu etwas Neutralem. Beides ist wahrscheinlich einfach. Dann sag Ja zu etwas, das du nicht magst. Kannst du das auch? Wenn du das tust, versuche zu spüren, dass du im Grund in Ordnung bist, trotz des Unangenehmen, das für dich existiert. Versuche in deinem Ja auch

eine Akzeptanz zu spüren, eine gewisse Hingabe an die Dinge, wie sie sind, ob du sie nun angenehm findest oder nicht."[52]

Wir können diese Übung in viele Bereiche unseres Lebens ausdehnen und sie unterstützt uns, die Dinge, die uns umgeben und die wir in die Hand nehmen, bewusst wahrzunehmen und „bei der Sache zu bleiben". Sie eröffnet uns einen liebevollen Kontakt zu den Dingen, Wesen und Menschen, die uns umgeben. Sie bringt Bewusstheit in unser Leben, Achtsamkeit: „Sag Ja zum Handeln: dieser Kuss, diese Umarmung, den Salzstreuer in die Hand nehmen, die Zähne putzen, dieser Abschied von jemandem, den du liebst."[53] Die Übung macht uns auch bereit, unsere Gefühle anzuerkennen und zugleich unsere Reaktivität und den oft automatischen Widerstand zu bremsen, der uns manchmal das Leben schwer macht, weil er uns in den Kampfmodus bringt oder in ein Hadern, Klagen und Jammern: „Sag Ja auch zu den Dingen, die du zurückhalten musst – wie den wütenden Impuls, jemanden zu schlagen, ungerechtfertigte Selbstkritik oder eine Sucht."[54]

## DAS AGGRESSIVE NEIN

Inmitten der Pandemie haben wir erlebt, wie manchmal förmlich alles in uns Nein gesagt, ja *geschrien* hat; wie sehr diese Negativität angeschwollen ist, Beziehungen entzweit hat, Familien und ganze Gesellschaften zu zerreißen drohte. In dieser Zeit schrieb mir eine Bekannte ein paar Zeilen, als ich mit meinen Newslettern versuchte, dieser Aggressivität entgegenzuwirken. Obwohl sie selbst lange Impfungen abgelehnt hatte, merkte sie, wie sie nun immer „gehässiger" wurde gegenüber Impfgegnern, weil sie in der Impfung den einzigen Weg aus der wirtschaftlichen Krise sah, die sie und den kleinen Betrieb ihres Mannes hart getroffen hatte. Erschüttert und selbstkritisch resümiert sie:

> „Erschreckend ist diese Aggression, die da ist, und wie verhärtet die Fronten werden – leider spüre ich das auch bei mir selber. Freunde, die totale Coronaverweigerer sind und aus meiner Sicht Impfgegner aus überhaupt nicht nachvollziehbaren Gründen, machen mich so sauer und ich meide gerade den Kontakt zu ihnen. […] Deine Texte weichen mein Herz wieder auf – geben mir Kraft. Vielen, vielen Dank dafür!!!!!!"

## DAS JA DER HINGABE

Zu den unscheinbaren kleinen Dingen des Alltags Ja zu sagen und damit mehr Bewusstheit in unser Leben zu bringen, scheint relativ leicht – auch wenn das schon viel Übung braucht. In den gesellschaftlichen Debatten bis hin zu Verwerfungen immer wieder ein Ja zu versuchen, indem wir niemanden von vornherein ablehnen und verurteilen, ist schon bedeutend schwieriger. Am schwierigsten scheint dieses Ja jedoch in Leiderfahrungen. Und doch zeigt sich die erstaunliche Erfahrung, dass dort, wo die Not groß ist, auch die Bereitschaft zur Hingabe groß sein kann. Wir sehen das im Folgenden v. a. am Beispiel der holländischen Jüdin Etty Hillesum im Grauen des Nationalsozialismus.

Das stille, kontemplative Gebet, das Franz Jalics auf Basis der mittelalterlichen Mystik entwickelt hat und als christliche Form der Meditation gilt, lädt uns ein, ein innerliches Ja zu sprechen. In der Hinführung zum stillen Beten mit dem Namen Jesus ist es zwar ein Zwischenschritt und fungiert als Klangwort, um uns mehr und mehr zum Lauschen zu führen. Doch zugleich fördert dieses sanfte Ja eine Haltung der Akzeptanz und der Hingabe, wie viele andere Formen der Meditation.

# Kleine Sorgen, großes Leid

Was sind unsere Streitereien, unser Alltagsstress und unsere Sorgen schon im Vergleich zu den „wirklichen" Sorgen, die Menschen in Krieg und Flucht erleben?! Aber hilft es uns weiter, unsere Probleme kleinzureden im Blick auf das große Leid anderer Menschen?

Im Folgenden widmen wir uns kleinen Sorgen und großem Leid. Wir finden dabei Weisheit und Einsicht bei modernen buddhistischen Lehrern und Lehrerinnen genauso wie bei einer jüdischen Mystikerin inmitten des Holocaust. Ja zu sagen, bedeutet hier, tief in unsere Welt und unser Leben hineinzuschauen, uns berühren zu lassen und wach zu werden. Ein inneres Ja auch zu dem, was *not*tut. Zu dem, was *weh* tut und was uns herausfordert. Hellwach sein für die Orte, wo es unseren Einsatz braucht, unser Bemühen und unsere Gaben, am Ende aber auch ein Loslassen und Annehmen-Können.

Dieses Ja zu pflegen, eröffnet Dankbarkeit und Zufriedenheit, tiefe Freude genauso wie die Bereitschaft, sich dem Schmerz und dem Leid zuzuwenden. Es sind Gelegenheiten, innerlich zu wachsen. Nur wenn wir nach innen Verbindung aufnehmen, gelingt unser Wirken auch nach außen. Ohne inneren Frieden kann es „draußen" kaum friedvoll sein – in unseren Familien, unseren Beziehungen, in der Welt.

## WAS REGEN WIR UNS AUF?

„Frieden ist der Luxus, genervt sein zu können", schreibt Rebecca Sandbichler, die Chefredakteurin der Innsbrucker Straßenzeitung „20er"[55]. Sie stellt ihren Alltagsstress mit zwei Kindern, die nicht schlafen wollen und ihre Konzentration für das Schreiben stören, dem Grauen des Krieges gegenüber; wo Kinder in Bunkern ausharren und still sein müssen, wo ihnen ihre Kindheit genommen wird, und sich Menschen ganz andere Sorgen machen müssen als wir, die wir hier im Frieden leben und uns den Luxus leisten können, genervt zu sein. Brauchen wir immer die Konfrontation mit dem Leid in der Welt und der Zerbrechlichkeit des Lebens, um uns selbst aus den Verstrickungen des Alltags in Kleinigkeiten lösen zu können? Es kann nicht darum gehen, diesen Vergleich immer wieder wie eine Moralkeule zu schwingen – weder anderen noch uns selbst gegenüber. Im Sinne von: „Jetzt hab dich nicht so! Was sind deine kleinen Wehwehchen schon im Vergleich zum großen Leid der Menschen in Krieg und Elend." Die Ungarin Edith Eva Eger, Holocaust-Überlebende und Psychotherapeutin, schreibt in ihrer großen Autobiografie, dass ihre Klienten und Klientinnen ihre kleinen Sorgen immer wieder damit abtun, dass es ja nicht Auschwitz sei. Doch sie warnt davor, unsere eigenen Schwierigkeiten oder Ängste zu bagatellisieren – ob groß oder klein, oberflächlich oder in der Tiefe sitzend. Am Ende würden wir immer wieder die Wahl treffen, in der Opferrolle zu verharren. Ihren Wunsch formuliert sie so: „Ich möchte nicht, dass Sie meine Geschichte hören und sagen: ‚Mein eigener Kummer ist weniger bedeutend.' Ich möchte, dass Sie meine Geschichte hören und sagen: ‚Wenn sie das schafft, dann schaffe ich das auch!'"[56] Genauso wenig kann es sich um eine moralische Anstrengung handeln, sich aus allen Verstrickungen des Alltags zu lösen. Wer sich mit Achtsamkeit und Mitgefühl beschäftigt und formelle Achtsamkeit oder Meditation praktiziert, muss auf der Hut sein, sich nicht unter zu große Ideale zu knechten, an denen sich permanent scheitern lässt. Auf die Frage, ob der Anspruch, den Achtsamkeit und Mitgefühl als wichtige Qualitäten in der Medizin an Ärzte und Ärztinnen bzw. Pflegepersonal mit sich bringen, nicht über das hinausgeht, was menschlich und innerhalb des Gesundheitssystems möglich ist, meinte Jon Kabat-Zinn schon vor vielen Jahren in einem Interview treffend: „Wenn man Mitgefühl als Willensanstrengung betrachtet, ist es bald erschöpft."[57] Die Achtsamkeitspraxis kann ein grundsätzliches Mitgefühl wachsen lassen, das ohne Anstrengung da ist und wirkt, wie die Sonne einfach alles wärmt, was ihre Strahlen erfassen. Selbst wenn wir also üben, geht es nicht um etwas, das wir tun und machen können, sondern um eine Qualität des Seins, um eine Haltung, die langsam wachsen kann, wenn wir unsere Wachheit üben und unser Herz nähren. Unser Leid, unsere Sorgen, unsere Verstrickungen im Alltag mit dem Fingerzeig auf die „wirklich großen Sorgen" kleinzureden, hilft nicht weiter. Was nottut, ist immer wieder die Öffnung hin zu dem, was das Leben auch oder gerade wirklich ausmacht. Diese Öffnung ist eine Rückkehr zur Gegenwart. Zum Wunder und zum Geheimnis des Lebens, auch zum dunklen Geheimnis. Bewusstheit für das Unbegreifliche, das Wunderbare und das Schreckliche im „Großen Ganzen" des Lebens, dessen Zusammenhänge uns verborgen bleiben. Achtsamkeit ist eine Übersetzung des Pali-Begriffes *sati*, der auch mit Gegenwärtigkeit oder Präsenz zu übersetzen ist. Rückkehr zum Ort und Zeitpunkt, wo das Leben wirklich stattfindet: hier und jetzt. Dort ist immer auch Offenheit für das Schöne möglich sowie für das Leid aller anderen und damit für das Mitgefühl.

## ANHAFTUNGEN

Wir werden uns noch ausführlich mit dem Grundübel unseres Anhaftens befassen. Dieses Anhaften ist eine, wenn nicht die verbreitetste menschliche Weise, nein zu sagen und gegen das Leben zu kämpfen. Wie ein Fisch beißen wir nur zu leicht in die Köder, die uns der Alltag bietet, v. a. wenn wir müde, genervt, überarbeitet oder geladen sind. Dann hängen wir an der Angel der Sorgen, Ängste und (gefühlten) Provokationen der anderen. Wir schnappen zu und schnappen ein. Eine Form des Widerstands, ein Zupacken und Kämpfen, das an den Affen erinnert, der sich mit einer Banane in einem Glas fangen lässt, weil sein Zupacken verhindert, dass er die Hand wieder aus dem Glas ziehen kann.

Um uns immer wieder aus diesem automatischen Zuschnappen und der alltäglichen Verstrickung in Sorgen zu lösen, helfen uns „Erinnerungen" wie diese: „Hebe den Blick in den Himmel, und alle Grenzen verschwinden", steht auf einer Postkarte unter dem Bild eines wunderbaren offenen Himmels, die als Lesezeichen seit Jahrzehnten in meiner Bibel steckt. Das Leben ist groß und geheimnisvoll. Und es ist flüchtig, brüchig, zerbrechlich, kurz und zugleich: unendlich wertvoll. Vergeuden wir es nicht mit den „Anhaftungen" bzw. damit, uns unseren Anhaftungen zu überlassen und gefangen zu bleiben. Denn – wie die tibetisch-buddhistische Lehrerin Pema Chödrön betont – das Anhaften selbst ist nicht das Problem; es nicht zu *erkennen*, ist das Problem.[58] Es wird uns immer wieder passieren, dass wir uns verstricken. So wie wir immer wieder in alte Muster zurückfallen, indem wir uns z. B. verspannen, wenn wir in Eile sind, selbst wenn wir den Bus, in dem wir fahren, oder das Auto vor uns an der Ampel oder im Stau damit kein bisschen beschleunigen können. Anhaftungen, hängenbleiben, uns festfahren – all das wird Teil unseres Lebens bleiben. Aber wir können es beobachten lernen. Wahrnehmen – annehmen – loslassen: Das wären die Schritte einer kontemplativen Haltung, durch die Dinge *sich* ändern können, wenn wir sie uns bewusst machen, ohne uns selbst zu verurteilen. Indem wir sie sein lassen, wie sie sind. Was sein darf, wie es ist, kann sich verändern.

## IN DEN NACKTEN ARMEN DES LEBENS

Seltsamerweise gelingt uns das Loslassen oft erst, wenn es dunkel wird in unserem Leben, wenn wir ein Tal durchschreiten müssen oder mit Leid konfrontiert sind. Wenn wir uns bewusst werden, wie bedroht und vergänglich unser Leben ist, wenn wir uns – wie oft empfohlen – immer wieder fragen: „Und was, wenn das meine letzte Stunde wäre?“, um uns dann zu öffnen, um uns zu erinnern. Wenn wir dem Tod schon einmal ins Auge gesehen haben, ist es leichter, diese Erinnerung wach zu rufen: Dieser Moment ist kostbar. Wenn wir wirklich wissen, dass wir heute aus dem Haus gehen können, ohne zurückzukehren zu unseren Lieben, weil unser Leben durch einen Verkehrsunfall oder Herzstillstand an der Kippe stand, erinnern wir uns immer wieder: Dieser Tag heute ist ein Geschenk.

Der Blick für das Wunder, die Schönheit und das Geheimnis des Lebens schafft Zugang zu einer Dankbarkeit des Herzens. Wie groß diese Lebenskunst und wie tragfähig diese Haltung werden kann, zeigen uns die „Heiligen“ unserer Geschichte oft im Angesicht großen Leides. Etty Hillesum ist so eine. In der Zeit des Holocaust erlebt die junge Jüdin, wie immer mehr Menschen rund um sie herum deportiert werden. Sie weiß von den Konzentrationslagern und ihr ist klar, dass es nur eine Frage der Zeit ist, bis sie selbst den „Aufruf“ erhalten wird. Inmitten dieser Bedrohung und Gewalt löst sie sich zusehends von allen Anhaftungen und Verstrickungen, erfährt sich schlicht nicht – wie viele andere – „in den Klauen“ der deutschen Besatzer, sondern „in den Armen Gottes“[59] geborgen, „in den nackten Armen des Lebens“[60]. Sie kann allen Hass loslassen und alle Furcht. Und sie kann das Leben bis zuletzt in seiner Schönheit erfassen und genießen, wo wir im Alltag oft bei Kleinigkeiten den Kopf und den Blick nicht mehr heben können, weil wir uns verstricken und hängenbleiben. Bezeichnenderweise fühlt Hillesum selbst für „große, heroische Leiden [...] genügend Kraft“ und fürchtet viel mehr das „heimtückische Gestrüpp“[61] dieser kleinen alltäglichen Sorgen, „die einen manchmal wie beißendes Ungeziefer befallen“[62]. Das klingt sehr nach Pema Chödröns Aussagen zum juckenden *shenpa,* wie Anhaftungen in der tibetisch-buddhistischen Terminologie heißen. Erinnerung brauchen wir an die bleibende Verbundenheit mit allem Leben, Erinnerung an die „nackten Arme des Lebens“. Dazu gehören die Erinnerung und innere Erfahrung, dass alle Menschen leiden. Viele Menschen stoßen zu dieser Erfahrung erst vor, wenn sie sich selbst in höchster Not und tiefstem Leid finden oder unerträglichen Schmerz erfahren. Als Etty Hillesum durch ihre Stadt zu Fuß laufen muss, weil sie als Jüdin die Straßenbahn nicht mehr benutzen durfte, erkannte sie, dass so viele Menschen vor ihr ihre Füße wundgelaufen hatten und dass sie nicht allein war in ihrer Erschöpfung oder Traurigkeit. Immer wieder sieht sie all dieses Leid auch als Teil des Lebens und als ein Teilen mit anderen Menschen: „All das ist ein Teil des Lebens, und trotzdem ist das Leben schön und sinnvoll noch in seiner Sinnlosigkeit, wenn man nur allen Dingen einen Platz im Leben einräumt und das ganze Leben als Einheit in sich aufnimmt.“[63]

## DÜRFEN WIR UNS ALSO AUFREGEN?

„Während wir uns die Haare föhnen, kracht woanders eine Rakete in ein Wohnhaus. Während wir einer Freundin Blumen mitbringen, gebiert eine Frau ihr Baby im Bunker. Wir könnten diese andere sein", schreibt Rebecca Sandbichler in ihrem Editorial der Straßenzeitung weiter. Dürfen wir uns also aufregen, wir mit unseren kleinen Sorgen? Tatsache ist, wir tun es. Es gehört zu unserem Leben, uns zu verstricken, uns festzubeißen im Getriebe des Alltags. Das Problem liegt nicht darin, dass wir das tun. Es liegt darin, es nicht zu erkennen. Aber je mehr wir es erkennen, desto öfter haben wir die Chance, uns zu lösen und destruktive Energie nicht auszuagieren.

Ja, wir dürfen uns aufregen, wenn wir im Alltag feststecken. Und uns zugleich für Mitgefühl öffnen. Nicht als Totschlagargument gegen uns, sondern zunächst als Selbstmitgefühl für uns: Ich stecke fest. Ich habe mich verstrickt. Ich leide. Und im besten Fall erreichen wir damit, unseren Blick auf das Leid in der Welt auch zu öffnen, weich zu werden, anstatt uns zu verhärten – gegen andere, gegen die Welt, gegen das Leben, gegen das Hier und Jetzt, auch gegen uns selbst. „Die natürliche Wärme, die hervortritt, wenn wir Schmerz erleben, schließt alle Eigenschaften des Herzens ein: Liebe, Mitgefühl, Dankbarkeit und Zärtlichkeit"[64], schreibt Pema Chödrön. So wird Mitgefühl zum Ausgangspunkt für unsere Verbundenheit mit allen Leidenden. Unseren Kleinkram nicht abzulehnen, sondern uns mit ihm vertraut zu machen und Freundschaft zu schließen – das ist eine spirituelle Übung für uns hier im Luxus des Friedens. Sie öffnet uns auch für das „große Leid" der anderen.

Das Leben ist ein großes Ganzes. Wenn wir tief genug schauen, wie Thich Nhat Hanh es nannte, erfahren wir uns verbunden und geborgen in den „nackten Armen des Lebens“. Diese Erinnerung hilft uns loszulassen und aus dem Gestrüpp unserer Sorgen herauszutreten in eine weite Ebene unter dem offenen Himmel.

# Zuflucht und Hingabe

Das Leiden am Leben ist Teil unseres Herzens sowie Teil dessen,
was uns miteinander verbindet.
Es trägt eine Zärtlichkeit in sich,
ein Mitgefühl und ein Wohlwollen,
das alle Dinge umfängt und jedes Wesen berühren kann.

*Jack Kornfield*[65]

## ZUFLUCHT NEHMEN

Wenn ich selbst Zuflucht nehme zum Gebet der Stille, verbinde ich mich bewusst mit der Welt, in der ich lebe, schließe alle Wesen ein und spreche innerlich: „Mögen alle Wesen Güte erfahren. Mögen wir alle an Güte wachsen." Wenn ich in meinen Spaziergängen auf die Felder zu den Bergen schaue und zum weiten blauen Himmel, rühren sich manches Mal diese großen Fragen in mir: Was ist diese Welt? Was hat es mit ihr auf sich? Warum bin ich da? Warum kann ich hier im Frieden leben, und dort in der Ukraine, im Nahen Osten und vielen anderen Ländern fallen Bomben, fliehen, verzweifeln, sterben Menschen? Und die vielen Kinder mit ihren traumatisierten Müttern und die Angst um die Väter. Und die Alten, die zurückbleiben, weil sie nicht mehr fliehen können … Das Leben und die Welt haben ein dunkles Geheimnis, das sich denkend nicht ergründen lässt. Auch nicht mit Worten. Deswegen begegne ich ihm im Gebet der Stille. Schweigen ist letztlich die einzig adäquate Weise, mit dem Geheimnis des Lebens und dem Göttlichen in Kontakt zu sein.

## DEM LEID IN DIE AUGEN SCHAUEN

Etty Hillesums Tagebücher sind wie Leuchtfeuer in größter Dunkelheit. Auch sie will nicht wegschauen, nicht davonlaufen, sondern in sich Raum schaffen. Sie sieht ihre Aufgabe darin, sich demütig zur Verfügung zu stellen, „ein kleines Schlachtfeld zu sein, auf dem die Probleme und Kämpfe dieser Zeit ausgetragen werden“[66]. Zu Beginn des russischen Krieges gegen die Ukraine flatterten die ersten Bilder des Leids in unsere Wohnzimmer und es war schwer, sich ihnen zu entziehen. Manche Menschen konnten die Sendungen nicht mehr abschalten, manche schalten gar nicht mehr ein, um Nachrichten zu schauen. Manche schauen ständig weiter, andere wollen nicht hinschauen. Ich merkte in den ersten Wochen, dass ich hinschauen musste. Es ist ein schmaler Grat zwischen der menschlichen Tendenz, sich an den *Bad News* zu ergötzen und sich völlig abzuschotten. Ich hatte das Gefühl, der Berührung mit diesem Leid zu diesem Zeitpunkt nicht aus dem Weg gehen zu wollen. Je länger die Kriege dauern, desto mehr „gewöhnen“ wir uns auch hier wieder an das Leid, und natürlich müssen wir immer damit rechnen, dass viel Propaganda auf beiden Seiten des Krieges die „Wahrheit“ über die Geschehnisse verzerrt. In diesen ersten Tagen und Wochen des Krieges in der Ukraine sind mir sehr bewegende Bilder und Berichte, auch in den so genannten Mainstream-Medien, zu Herzen gegangen:

* Der verzweifelte ältere Mann, der mit einem Benzinkanister stadtauswärts streunt, um irgendwo Benzin aus liegen geblie-

benen Autos abzuzapfen. Unter Tränen und sich entschuldigend stammelt er, es sei sooo kalt in seiner Wohnung.

- Die Eltern, die ihr 18 Monate altes Kind nach einem Bombeneinschlag in die Klinik bringen und es doch nicht retten können.
- Die jungen Studenten, die sich die Uniform übergezogen haben – sie müssten doch jetzt einfach ihr Land verteidigen … So sehr ich es verstehen kann, wie bitter ist es zu ahnen, welchen Preis sie dafür zahlen werden, selbst wenn sie überleben: vielleicht verkrüppelt, sicher traumatisiert, vielleicht gezwungen, anderen jungen Menschen und Eltern ihre Freunde, Männer und Söhne totzuschießen?

Und seit dem brutalen Überfall der Hamas auf Israel am 7. Oktober 2023 ähnliche Bilder aus Gaza – die verzweifelten palästinensischen Familien sowie die jungen israelischen Soldaten und Soldatinnen, die in einen weiteren Krieg geschickt werden, um zu töten und ihr eigenes Leben zu riskieren. Unweigerlich muss ich an Reinhard Meys Liedzeilen denken: „Für einen Wahn hast du dein Blut vergossen. Und immer für irgendein gottverdammtes Vaterland!“[67]

## JASMIN UND TRÄNEN

Der Krieg in der Ukraine ging in die nächste Woche, den nächsten Monat, das nächste Jahr und dauert an. Ein weiterer kam dazu. Leid ist Zumutung. Zugleich gab es immer Menschen in unserer Geschichte, die bei dieser Zumutung nicht stehengeblieben sind. Unter den bekanntesten Überlebenden des Holocaust – Inbegriff einer Leidensgeschichte aus der jüngeren Geschichte unseres Kontinents – war Viktor Frankl, der nicht nur überlebte, sondern seine Leidenserfahrung in Heilung und Therapie für die Menschen transformieren konnte. Auch die schon erwähnte, aber weniger bekannte Edith Eva Eger war so eine. Auch sie konnte überleben und die Bewältigung des größten Grauens der jüngeren europäischen Geschichte in eine therapeutische Arbeit mit schwerst traumatisierten Menschen in den USA einbringen. Etty Hillesum überlebte das Grauen nicht, aber auch sie war eine von denen, die sich die innere Freiheit erhalten konnte, die Wahl ihrer Reaktion zu treffen. Ähnlich heute ein Dalai Lama, der sich weigert, in den chinesischen Besatzern seiner tibetischen Heimat Feinde zu sehen. Sie seien nur Menschen, die er noch nicht so gut kennen würde, hat er einmal sinngemäß gesagt. Woher Viktor Frankl und Edith Eva Eger ihre Kraft nahmen, weiß ich nicht. Der Dalai Lama jedenfalls baut auf die Kraft der Meditation und seiner buddhistischen Quellen. Die Buddhisten und Buddhistinnen kennen die dreifache Zuflucht zu *buddha*, zum *dharma* (seiner Lehre) und zur *sangha* (der Gemeinschaft), ähnlich wie im Christentum Jesus, seine Botschaft bzw. die Heilige Schrift und die Gemeinschaft der Glaubenden (Kirche) als Zuflucht gelten. Auch Etty Hillesum schreibt, dass sie sich immer wieder im Gebet erholen würde. Mit die berührendsten Zeilen in ihrem Tagebuch sind folgende, die sie wohl im Blick auf ihre baldige Gefangennahme formulierte: „Ein kleines Stück Himmel wird wohl immer zu sehen sein, und so viel Platz wird immer um mich sein, dass meine Hände sich zum Gebet falten können."[68] Und inmitten größter Not, schon darauf wartend, selbst deportiert zu werden, findet sie Zuflucht im Schönen und richtet sich im Tagebuch an sich selbst, ermutigt sich: Das Leben selbst in größter Bedrängnis, wo immer doch möglich, Moment für Moment zu genießen, um ein Fundament zu schaffen für bange Tage. Dabei wird ihr der von den Stürmen gebeutelte Jasmin in ihrem Garten zum Sinnbild, dessen weiße Blütenblätter im Dreck liegen. Dem setzt sie einen inneren Jasmin gegenüber, dem all dieses Grauen nichts anhaben kann. Neben ihren Tränen und Ängsten möchte sie Gott auch diesen Jasmin „darbingen". Was für eine innere Bewegung, was für Bilder! Und was für ein Leuchtturm für uns heute.

Ein deutsch-belarussischer Interviewpartner einer Radiosendung berichtet, wie er in einem ersten Reflex nach Kriegsbeginn so schnell wie möglich aus Kiew flüchten wollte, zusammen mit seiner Braut, zu der er aus Deutschland angereist war; dann aber hatten sich die Menschen, die in Kiew geblieben sind, so sehr zusammengeschweißt, dass sie einander halfen, so gut es ging, um einfach auszuharren, um einfach ihre Stadt zu verteidigen. Er selbst allerdings ohne Waffen, er könne mit keiner Waffe umgehen, meinte er fast entschuldigend, aber mit vielen Möglichkeiten, zurück gebliebene alte Menschen und andere in ihrem Mut der Verzweiflung zu unterstützen. Das erinnert so sehr an Etty Hillesum, die auch nicht flieht, die nicht in Klage, Depression und Hass versinkt, sondern einfach tut, was sie tun kann, und als spiritueller Mensch auch jenseits des eigenen Tuns Sinn darin findet, einfach da zu sein. Und den Blick für den Himmel offen zu halten: „Wenn ich in einer engen Zelle eingeschlossen wäre und eine Wolke zöge am kleinen vergitterten Fenster vorbei, dann würde ich dir die Wolke darbringen, mein Gott, jedenfalls solange ich noch dazu die Kraft hätte."[69] Etty Hillesum versucht bis zuletzt, den Menschen in ihrem Umfeld zu helfen, in ganz kleinen Dingen und durch die Kunst eines zutiefst spirituellen Menschen: mit beiden Aspekten des Lebens in Berührung zu bleiben – mit dem Grauen und dem Schönen, mit dem großen Leid und dem kleinen Glück, mit der Zumutung und der Zärtlichkeit des Mitgefühls, von dem Jack Kornfield im obigen Zitat spricht.

Dem „westlichen Menschen“ hält sie vor, das Leiden nicht „als etwas zum Leben Gehöriges“ zu erkennen. „Und deshalb kann er nie positive Kräfte aus dem Leiden schöpfen.“[70] Entscheidend ist für sie, es anzunehmen und zu verarbeiten, „und dass man einen Teil seiner Seele unverletzt über alles hinwegrettet“[71]. Aber das sind nur Sichtweisen. Hingabe ist mehr, als Worte zu machen. Hingabe ist mehr als eine Gebärde und mehr als ein Gefühl. Hingabe ist der stete Versuch, von sich selbst zurückzutreten und damit zu rechnen, dass das Große Ganze des Lebens viel zu groß ist, um es denkend, handelnd, fühlend erfassen zu können. Auch Etty Hillesum weiß, dass es große Rätsel gibt ohne Antwort, wieder etwas, das es in ihrer Sicht einfach zu ertragen gilt.[72]

## EINFACH SEIN WIE KORN UND REGEN

Was ist der Zweck des Meditierens? „[D]ass man sich innerlich zu einer großen Ebene ausweitet“, meint Etty Hillesum. Was für ein wunderbares Bild!

Und wenn sie selbst wieder vom Ungeziefer der kleinen Sorgen befallen wird? „Nun gut, dann kratze ich mich eben ein wenig in meiner Verzweiflung und sage jeden Tag aufs Neue zu mir selbst: Für den heutigen Tag ist noch gesorgt […].“[73] Sie lebt Jesu Wort aus der Bergpredigt (Matthäus 6,34), das wir uns im Anschluss noch näher ansehen werden: „Sorgt euch nicht um das Morgen, denn das Morgen wird um sich selber sorgen. Genug dem Tag sein eigenes Übel!“ Immer wieder, auch während ich an diesem Buch schreibe, setze ich mich in die Stille, um innerlich zurückzutreten und mich „zu einer großen Ebene auszuweiten“ und aus dem Gestrüpp alltäglicher Sorgen herauszutreten, um gut geerdet zugleich den Himmel über mir zu wissen und die mächtigen Berge. Einer Sehnsucht und einer Ahnung folgend,

Teil von Welt und Leben zu sein, deren Sinn und Plan sich mir entziehen. Einer spirituellen Praxis folgend, in der „Meditation nicht Selbstzweck" ist, wie Hillesum schreibt, sondern in der es letztlich um die großen Kräfte geht, die wir Gott und Liebe nennen, sowie um das einfache Dasein: „Dass etwas von Gott in einem erwächst [...]. Dass auch eine Art ‚Liebe' entsteht, keine Luxus-Liebe von einer halben Stunde, in der es sich voller Stolz auf die eigenen erhabenen Gefühle herrlich schwelgen lässt, sondern eine Liebe, mit der man in der kleinen alltäglichen Praxis etwas anfangen kann."[74] Ihre Hingabe und die radikalste Zuspitzung ihres Selbstverständnisses findet sich meines Erachtens in ihrer Formulierung: „Man muss wieder so einfach und wortlos werden wie das wachsende Korn oder der fallende Regen. Ausschließlich nur noch sein."[75] Es erinnert an das schlichte Gleichnis von der selbst wachsenden Saat, das wir im fünften Teil hören, wenn es um das Loslassen geht.

# Die Vögel

> Darum sage ich euch: Sorgt euch nicht um euer Leben, was ihr essen oder was ihr trinken, noch um euren Leib, womit ihr euch kleiden sollt. […] Blickt auf die Vögel des Himmels: Sie säen nicht und ernten nicht und heimsen nicht in Speicher – und doch: Euer himmlischer Vater nährt sie […] Sorgt euch also nicht und sagt: Was bekommen wir zu essen? Oder: Was bekommen wir zu trinken? Oder: Mit was gewanden wir uns? Denn: Nach all dem fragen die Völker. Es weiß ja euer himmlischer Vater, daß ihr all das braucht. Sucht doch zuerst nach seinem Königtum und dessen Gerechtheit, dann wird euch das alles hinzugelegt werden. Also sorgt euch nicht um das Morgen, denn das Morgen wird um sich selber sorgen. Genug dem Tag sein eigenes Übel!
>
> *Matthäus 6,25–26.31–34*

Die Bergpredigt Jesu ist ein Juwel der spirituellen Literatur. Sie ist bis heute innerhalb und außerhalb des Christentums Inspiration für gewaltlosen Widerstand gegen Unrecht und ein ethischer Kompass für eine verantwortungsvolle und tragfähige Spiritualität. Bei aller Radikalität seines Anspruchs bleibt Jesus auch radikal einfach in seiner Ausrichtung und Sprache. „Blickt auf die Vögel des Himmels" – Jesus scheint auf den Himmel zu zeigen. Es heißt, dass Jesus zu Beginn dieser langen Rede auf einen Berg gestiegen war, um die Menschen zu lehren. Vielleicht wie Mose, der auch auf einen Berg (Sinai) gestiegen war, um mit Gott zu kommunizieren und dann dem Volk die Zehn Gebote zu bringen. Mose hatte den Auftrag, die Israeliten aus der Knechtschaft in Ägypten durch die Wüste in die Freiheit und ins gelobte Land zu führen. Und Jesus? Auch er war ein Befreier, ein Heiland, doch sein Auftrag war viel umfassender und tiefer, er sprach über eine Knechtschaft, die sich im Menschen verinnerlicht hatte. Und sein „gelobtes Land" war nicht nur äußerlich zu greifen. Sein Bild vom „Reich Gottes" oder dem Königtum Gottes bzw. des Himmels betonte meines Erachtens die Verbindung und Verbundenheit mit dem „Großen Ganzen des Lebens", er nannte es Gott und den nannte er Vater. Dieses „Reich" ist in uns zu finden. Es steht und fällt mit der Verbindung zum „himmlischen Vater". Und all unser Sorgen, all unsere Verstrickung und innere Knechtschaft endet, löst sich im Blick auf diese starke und befreiende Verbindung.

## DIE VÖGEL DES HIMMELS

Je älter ich werde, desto mehr schaue ich auf zu den Vögeln. Es ist faszinierend, wie viele Greifvögel über weite Strecken nicht mit den Flügeln schlagen, nur gleiten, segeln und sich von der Thermik sogar nach oben ziehen lassen. Wie ein Gegenbild zu uns Menschen, die wir oft so gefangen sind in unserem Tun und Machen; die wir uns abstrappeln, manchmal wie verzweifelt zappeln, um uns aus dem Sumpf des Alltags zu ziehen und dabei aber oft nur noch mehr zu versinken; die wir vergessen haben, dass es nicht nur auf uns und unsere bescheidenen Kräfte ankommt. Welch eine Freiheit, hoch oben in der Luft – wie schwerelos, der ewige Traum der Menschen. Und sich dann sogar noch weiter nach oben tragen lassen können. Und doch haben auch die Vögel keine Superkräfte. Sie sind auch bedürftig, abhängig von der Erde, die ihnen Nahrung gibt. Sie können sich nicht auf ihr eigenes Tun verlassen, und sie können nicht vor-sorgen. Im Blick auf die Menschen und ihre vielen (selbst gemachten) Sorgen können wir auch sagen, die Vögel *müssen* nicht vor-*sorgen*. Für sie wird gesorgt – darauf weist Jesus hin.

Die Bettelmönche mach(t)en sich ähnlich abhängig – ob Franz von Assisi im Mittelalter oder der buddhistische Mönch und Bestsellerautor Ajahn Brahm in unserer Zeit. Natürlich müssen wir uns nicht auf diese Weise abhängig machen. Entscheidend ist das Vertrauen, das Loslassen, das „Sich-Ent-lassen", wie Fulbert Steffensky es den Menschen empfiehlt.

Was es dafür braucht, ist eine Verbindung, die hier wörtlich genommen wird: „Die Vögel des *Himmels*" und ihr „*himmlischer* Vater". Diese Verbindung gilt es heute wieder zu stärken – ohne uns zu sehr im Streit um Worte und Begriffe zu verlieren. Zum Großen Ganzen, zum Göttlichen, zum „Vater im Himmel" oder auch einfach in dem Bild des Himmels, wie es schamanische und indigene Traditionen beschreiben.

## DIE KLEIDUNG

Als Jesus hier die Menschen von ihrer Sorge zu befreien sucht, deutet er nicht nur auf die Vögel hin, sondern auch auf die Lilien des Feldes. Wieder bezieht er neben dem Himmel auch die Erde in seine Botschaft ein, und wir können von der Natur der Vögel wie von der Natur der Blumen lernen. „Lernt von den Lilien des Feldes: wie sie wachsen. Sie mühen sich nicht ab; sie spinnen nicht." Es ist wie mit der selbst wachsenden Saat, auf die ich im fünften Teil eingehe. Wie die Blumen wachsen auch wir, wir entfalten uns und oft mühen wir uns nur deshalb, weil wir diese innere Entfaltung nicht mehr beachten, uns unserer inneren Größe und Schönheit nicht mehr bewusst sind. Und wenn wir dieses Bewusstsein verlieren, versuchen wir uns äußerlich groß und schön zu machen, uns zu kleiden, uns zu „gewanden", wie Fridolin Stier übersetzt, uns mit äußeren Dingen zu umgeben, die uns An-Sehen von außen geben sollen, weil wir uns innerlich nicht mehr sehen als das, was wir immer schon sind: selbst Kinder dieses himmlischen Vaters, Kinder des *Himmels*, wenn wir uns mit dem Begriff Gott schwer tun.

Wenn wir verbunden sind, tief in uns zur Ruhe kommen, beruhigt sich auch unsere Angst, unsere Sorge und unsere Beschäftigung mit dem Gestern und dem Morgen. Wir sind gut genug, schön genug, müssen uns nicht mehr beeilen, „nichts dafür tun, um bedeutungsvoll zu sein" und uns als geliebt zu erfahren.

> „Nicht einmal Salomo in all seiner Herrlichkeit war gewandet wie eine von diesen [Lilien] hier. Wenn aber Gott das Gras des Feldes – heute da, morgen in den Backofen geworfen – so gewandet, wieviel mehr euch? Ihr Kleingläubigen!" (Matthäus 6,29–30)

## DIE ZWEI PFEILE

Doch ist noch eine zweite Verbindung in diesen Worten zu erkennen, wenn auch indirekt: In den Worten Jesu über das Sorgenmachen der Menschen geht es durchaus um menschliche Grundbedürfnisse wie Essen und Trinken sowie Kleidung. Aber das Leiden scheint mit dem Faktor Zeit zusammenzuhängen: das Schielen auf Morgen. Wir wollen vor-sorgen für morgen und verpassen dabei das Heute. „Genug dem Tag sein eigenes Übel", meint Jesus und spricht aus, worauf uns auch unsere buddhistischen Geschwister hinweisen: Es gibt schon genug Übel, machen wir nicht noch mehr daraus, indem wir uns zusätzliche Sorgen *machen*. Es erinnert an das berühmte Bild des historischen Buddhas von den zwei Pfeilen. Der erste Pfeil ist das Leid, das uns im Schmerz einer Verletzung, eines Schicksalsschlages, in den großen und existenziellen oder auch nur in den kleinen Dingen des Alltags trifft. Der zweite Pfeil ist das Leid und das Übel, das wir selbst abschießen, indem wir uns Sorgen machen, anstatt – wenn möglich – an Veränderungen zu arbeiten oder die Dinge zu akzeptieren.

*Was* uns passiert, haben wir großteils nicht in der Hand. Aber *wie* wir damit umgehen, sehr wohl. Wir haben immer eine Wahl, auch wenn wir uns so oft als Opfer der Umstände erleben. In dem Bilderbuch von Charly Mackesy stellt sich der kleine Maulwurf der Begegnung mit dem wütenden Fuchs, der in einer Falle gefangen ist und den Maulwurf aggressiv bedroht. Der Maulwurf lässt sich nicht einschüchtern und durchbeißt den Draht, um den Fuchs zu befreien. Im Blick auf sich selbst wie auch auf den Fuchs formuliert er in Kürze, worin auch die wesentliche Botschaft von Viktor Frankl und Edith Eva Eger besteht: „Eine unserer größten Freiheiten liegt darin, wie wir auf die Dinge reagieren."[76] Unsere Sorgen haben immer mit realen oder auch nur vorgestellten Lebensumständen zu tun. Darunter aber findet sich in unserer Tiefe ein „Reich" des Lebens, das unberührt von den Wellen des Alltags, der Lebensumstände und des „Schicksals" Frieden finden und bewahren kann, gelassen bleiben kann, weil wir von Vorstellungen und äußerlichen Bedürfnissen lassen können.

Der Faktor Zeit, unser Gefangensein im Festhalten an einer Vorstellung, in der die Zeit abläuft, lässt uns immer wieder ängstlich auf das Morgen schielen oder verbittert, wehmütig oder reuevoll auf das Gestern. Vermehren wir das „Übel“ nicht noch durch den Faktor Zeit, indem wir im Blick auf das Morgen oder das Gestern zusätzliche Sorgenpfeile abschießen! Genügt denn nicht das heutige Übel?!

## DAS TOR DES AUGENBLICKS

Die „psychologische Zeit“ nimmt uns gefangen, der Augenblick ist das Tor in die Freiheit. Statt der belastenden Dynamik unseres Konzeptes „Zeit“ können wir die Kraft des Augenblicks nützen. Ohne dass es hier explizit angesprochen wird, können wir hier in den Worten Jesu also neben der Verbindung zum „himmlischen Vater“ auch die befreiende Verbindung, ja die Rückbindung zum gegenwärtigen Moment erkennen. Die Verbindung zum Hier und Jetzt. Die Sorge ist bedingt durch den Faktor Zeit. Ein Gefängnis aus Gedanken. Die Befreiung liegt im Augenblick. Uns lösen von einer Beschäftigung mit Dingen, die nur in unserer Gedankenblase existieren, und uns dem zuwenden, was hier und jetzt vor unserer Nase und unseren Augen stattfindet: „Schaut auf die Vögel“, empfiehlt Jesus seine Rede (Bergpredigt) findet ja draußen auf einer Anhöhe, unter dem offenen Himmel statt. Erinnern wir uns an die Worte vom engen Tor im ersten Teil des Buches und ihre Interpretation als eben diesen Augenblick, der uns ins Leben bringt. Unsere Sorgen und Gedanken sind dagegen die „breiten Wegen“ und die „weiten Tore“, von denen es heißt, dass sie ins Verderben führen. Damit sind sicher nicht sinnvolle Gedanken, Überlegungen und Pläne für die Zukunft gemeint (die Gedanken sind nicht unsere Feinde!), wohl aber weiß der Rabbi aus Nazareth um das ewige Kreisen um Ängste und Sorgen hinsichtlich der Zukunft oder überhaupt um die Probleme in der Welt und in unserem Leben. Der Ausweg aus Niedergeschlagenheit und Ängsten wird kaum durch unser Denken möglich sein. Vielmehr braucht es den Kontakt zum konkreten Leben, hier und jetzt.

## SO EINFACH IST DAS NICHT…!

Sorgt euch nicht … – „So einfach ist das nicht!“, werden viele heute einwenden: „Schau dir nur die ganzen Krisen an, Pandemie und Klimakrise; und jetzt noch der Krieg! So einfach ist das nicht!? Wie einfach war es zur Zeit *Jesu*, sich KEINE Sorgen zu machen!?“ Es ist nie einfach. Es gibt immer Krisen, Probleme, Not und Elend und furchteinflößende Entwicklungen. Ein breiter Weg ist gepflastert von unseren Sorgen. Bei aller notwendigen Wachheit und allem Bewusstsein, das wir für Fehlentwicklungen in unserer Gesellschaft aufbauen sollten, dient es niemandem, sich von all den Problemen erdrücken zu lassen. Erstaunlicherweise sind es oft gerade Menschen in größter Not, die oft wie durch ein Tor hindurchschlüpfen, um verwandelt und befreit zu einem anderen Lebensgefühl zu erwachen. Unheilbar kranke Menschen manchmal. Menschen, die in scheinbar unannehmbaren Umständen leben (müssen). Oft ist es nicht der Kampf, der uns „rettet“, sondern die Kunst, annehmen zu können. Allen Widerstand aufgeben – gerade gegen Dinge, die wir nur schwer oder gar nicht ändern können. Selbst der säkulare Weisheitslehrer Eckhart Tolle scheut sich nicht, vom „Weg des Kreuzes“ zu sprechen. Ein Satz, der für mich Karfreitag, Ostern und das Geheimnis der Hingabe auf unglaublich prägnante Weise auf den Punkt bringt: „Wenn es keinen Weg heraus gibt, gibt es immer einen Weg hindurch!“[77] Auf dem kontemplativen Gebetsweg von Franz Jalics sprechen wir hier von der „Leidensbereitschaft“. Ich bevorzuge Eckhart Tolles Sprechen von der Hingabe und vom

Annehmen. „Sorgt euch nicht um euer Leben", bedeutet nicht, sich die rosarote Brille aufzusetzen, um positiv zu denken. Aber es bedeutet, sich von den kleinen Sorgen, diesem Gestrüpp und Ungeziefer, nicht permanent das Leben ersticken zu lassen. Und es bedeutet, sich in großer Not und großem Leid *hingeben* zu können.

## DIE ÜBUNG DER NICHT-SORGE

Sich *nicht* zu sorgen – das ist wahrlich nicht einfach. Wir könnten sagen, es braucht Übung! Üben, sich nicht zu sorgen? Wie soll das denn gehen? Meditation und Achtsamkeitspraxis sind keine expliziten Methoden, sich die Sorgen auszutreiben. Aber ihre Früchte sind Gelassenheit, Vertrauen, Hingabe – also das Gegenteil von Sorgenmacherei! Wie funktionieren sie? Es gibt sicher nicht wenige Menschen, die sich an Meditation nicht herantrauen, weil sie von sich das Bild haben, „sie könnten das nicht"; sie könnten nicht still sitzen. Und manche beginnen mit der Meditation in der Meinung, hier würde es sich um Methoden handeln, seine (negativen) Gedanken und Gefühle zu bekämpfen. Doch Kampf erzeugt immer nur Widerstand. Auch gegen Gedanken und Gefühle können wir nicht ankämpfen. *Brauchen* wir auch nicht anzukämpfen. Schon hier gilt, was überhaupt für den „Umgang mit uns selbst" gilt: Wichtig ist, einfach mal anzunehmen, dass unser Kopf sich ständig Gedanken macht. So funktioniert einfach unser Geist: analysieren, reflektieren, nachdenken, vorausdenken, überdenken, assoziieren, fantasieren. Daran ist nichts Falsches, das ist einfach seine Aufgabe. Alles, was wir tun und üben können, ist, unsere Aufmerksamkeit woanders hin zu lenken. Darin liegt grundsätzlich unsere Freiheit und unsere Übung in Meditation und Achtsamkeitspraxis wie auch im kontemplativen Gebet. Unsere Übung besteht darin, uns immer wieder aus dem Gedankenkarussell herauszubewegen, indem wir unsere Sinne öffnen und unsere Aufmerksamkeit auf Dinge richten, für die wir uns bewusst entscheiden. Auch wenn Jesus in seinem Bild von den Vögeln sicher keine meditative Technik verkündet, so weiß er um die Bedeutung der Ausrichtung unserer Aufmerksamkeit. „Blickt auf die Vögel des Himmels. [...] Lernt von den Lilien des Feldes." Die Natur ist für uns heilsam. Sie ist nicht nur unsere Lebensgrundlage, sie weist uns auch den Weg. Es ist nicht nötig, in ständiger Vor-sorge (!) um unsere Ernährung zu kreisen. Die Vögel vertrauen ganz auf Gott und müssen nicht einmal säen, ernten oder in Speichern Vorräte anlegen. Und selbst Schönheit und Kleidung muss uns nicht sorgen. Die Lilien „mühen sich nicht ab; sie spinnen nicht. Ich sage euch aber: Nicht einmal Salomo in all seiner Herrlichkeit war gewandet wie eine von diesen hier" (Matthäus 6,28f).

Auch Franz Jalics bezeichnet auf dem kontemplativen Gebetsweg die Natur als unsere „erste Lehrmeisterin"[78], und Eckhart Tolle hebt ihre Kraft hervor, uns nach Hause zu bringen, dorthin, wo wir einfach *sein* können, wie es Tiere, Steine und Pflanzen sind[79], anstatt uns nur unserem automatischen Denken zu überlassen, uns ständig Gedanken und Sorgen zu machen und uns damit meist von uns selbst, unserem Körper und dem gegenwärtigen Augenblick weg zu bewegen.

## SORGE, GEBET UND GOTTESBEZIEHUNG

Auch im Gebet richten wir unsere Aufmerksamkeit bewusst aus. Am offensichtlichsten natürlich, wenn wir uns in klassischer Weise mit Worten an ein göttliches Gegenüber richten. Für viele fromme Menschen ist das ihre Zuflucht, ihre Möglichkeit, Halt zu finden in einer unruhigen Zeit. Und selbstverständlich auch eine Möglichkeit, um „alle Sorge auf Jesus zu werfen", wie es die frühe Kirche formulierte und wie Jesus selbst sagt: „Kommt alle zu mir, ihr Mühseligen und Beladenen. Ich werde euch Ruhe verschaffen!" (Matthäus 11,28)

Doch viele Menschen haben diesen selbstverständlichen Zugang zum Gebet verloren. Worte können auch zu viel werden. Worte können ihre Bedeutung verlieren. Und die kirchliche Sprache hat vielerorts auch an Relevanz und Verständlichkeit verloren. So suchen heute viele „ihr Heil" in anderen spirituellen Formen, auch in Meditation und Achtsamkeitspraxis. Wenn wir uns im wortlosen, stillen Gebet der christlichen Kontemplation üben, sehen wir äußerlich nicht anders aus, als wenn wir andere Formen der Meditation praktizieren würden. Die Stille ist letztlich auf allen meditativen Wegen die gleiche. Und wenn wir hier in die Tiefe gehen, treten alle Unterschiede im persönlichen spirituellen Zugang in den Hintergrund. Für mich selbst wird immer deutlicher, dass recht verstandene „Achtsamkeit" selbst wie ein Gebet ist.

Auch der grönländische Schamane Angaangaq Angakkorsuaq spricht auf erfrischende Weise über das Gebet, mit dem viele nur noch leere Worthülsen verbinden und fehlende innere Beteiligung. Was ist Gebet? „Das schönste Gebet ist der blühende Mensch"[80]; ähnlich der Kirchenvater Irenäus von Lyon: „Die Ehre Gottes ist der lebendige Mensch." Ein lebendiger Mensch, ein blühender Mensch verspürt und versprüht Kraft. Angebunden an die Energie und Strömung allen Lebens trotzen wir der Sorge und verlieren die Freude nicht. Die Umstände des Lebens mögen ungünstig sein, sie mögen uns die Sorgenfalten in die Stirn schreiben. Doch wenn wir verbunden bleiben – mit den elementaren Kräften der Natur und auf unsere je persönliche Weise mit dem Göttlichen oder Großen Ganzen, mit dem „Großen Himmel", wie Angaangaq Gott nennt –, finden wir uns immer wieder aufgerichtet: „Nicht gebeugten Geistes, nicht gebeugten Körpers – sondern aufrecht und kraftvoll und in Schönheit."[81] Gebet braucht nicht unbedingt Worte. In der Stille können wir uns öffnen, Verbindung aufnehmen zum Großen Ganzen. Besser formuliert: Verbindung, Beziehung bewusst eingehen, auf das „Angebot" antworten. Denn die Verbindung ist immer schon da. Schon Albert Einstein hat in der bereits zu Beginn zitierten Bemerkung darauf hingewiesen, dass die vom Menschen empfundene Getrenntheit so etwas ist wie eine „optische Täuschung des menschlichen Bewusstseins". Wenn da immer schon Verbindung ist, besteht unser Gebet darin, bewusst zu sein, präsent, achtsam im ursprünglichen Sinn.

## LEBENS-BEZIEHUNG

So selbstverständlich große Religionen auf einer Gottesbeziehung aufbauen bzw. auf einer persönlichen Gottesvorstellung, so wichtig ist es meines Erachtens, uns auch bewusst zu machen, dass diese nicht notwendig ist, um sich auf ähnliche Weise mit dem Großen Ganzen des Lebens zu verbinden, Halt zu finden oder Trost und Zuflucht. Bilden wir uns also nichts auf einen spezifisch religiösen bzw. auf *unseren Glauben* ein – auf eine christlich-jüdische oder islamisch geprägte Gottesbeziehung. Etty Hillesum lebte diese Beziehung so selbstverständlich wie so viele Menschen auf dieser Erde – in den unterschiedlichsten Religionen. Es ist schön und tröstlich, sich auf Du und Du mit einem liebenden Gott zu verstehen. Jesus vertiefte diese Du-Beziehung in seiner Anrede Gottes als „Abba", Vater. Aber es gibt genügend Beispiele, die zeigen, dass es kein ausdrückliches Gottesbild braucht, keine Gottesbeziehung in unserem christlich-jüdischen Sinn oder genauso in der Selbstverständlichkeit des Islams. Buddhisten und Buddhistinnen können diese Verbundenheit und Geborgenheit genauso leben, ja uns zum Vorbild sein, ohne dass sie ausdrücklich auf einen „Gott" Bezug nehmen. Denn die Rede von Gott ist immer auch problematisch; so kostbar unsere Beziehung zu Gott sein mag, und gerade weil sie kostbar ist, persönlich, ja intim, lohnt es sich, „seinen" Namen nicht zu viel in den Mund zu nehmen. Der persische Mystiker Bayazid Bistami schrieb im 10. Jahrhundert: „Dreißig Jahre lang nannte ich den göttlichen Namen. Als ich schwieg, erkannt ich, dass die Scheidewand, die mich von Ihm trennte, meine Benennung war."[82] Gerade die moderne Achtsamkeitspraxis wurde maßgeblich durch Lehrer:innen wie Thich Nhat Hanh oder Jon Kabat-Zinn im so genannten Westen populär. Der eine buddhistischer Mönch, der andere Wissenschaftler (soweit ich weiß, ohne religiöses Bekenntnis) – so verkörpern sie dennoch auf ganz individuelle Weise die Lehre Buddhas und zeigen wieder einmal: Wo immer Menschen ihre spirituellen Wege in die Tiefe gehen, sind sie für uns Quellen der Inspiration – egal, wo *unsere* religiöse oder spirituelle Heimat ist.

Aber auch Menschen, die sich gar nicht spirituell oder religiös verstehen, können in diese Tiefe vorstoßen. Und dabei selbst in höchster Not Sorge loslassen und Trost erfahren.

Von Rosa Luxemburg, Marxistin und antimilitaristische Revolutionärin, ist ein Brief überliefert, den sie Mitte Dezember 1917, also während des Ersten Weltkrieges, aus dem Gefängnis geschrieben hatte. Adressatin war ihre Freundin Sonia Liebknecht, die Frau von Karl Liebknecht, mit dem zusammen Luxemburg dann am 15. Jänner 1919 als Verantwortliche des Spartakus-Aufstandes ermordet wurde. Es sind wunderbare Zeilen und sie erinnern sehr an Etty Hillesums oder auch Dietrich Bonhoeffers Worte. Rosa Luxemburg hätte allen Grund zur Sorge. Doch auch sie lässt sich nicht von ihnen gefangen nehmen. Sie richtet sich aus. Dabei spricht sie nicht von Gott, sondern einfach vom „Leben" – und ich denke, dass alle, die sich mit „Gott" schwer tun, sich helfen können, indem sie den Begriff oder seinen „Namen" in religiösen Texten mit „Leben" ersetzen. Denn leider ist der Begriff und sind die damit verbundenen Vorstellungen für viele eher zum Stolperstein geworden als zu einer Hilfe.

Hier das Zeugnis der Rosa Luxemburg:

> „Da liege ich still allein, gewickelt in diese vielfachen schwarzen Tücher der Finsternis, Langweile, Unfreiheit des Winters – und dabei klopft mein Herz, von einer unbegreiflichen, unbekannten inneren Freude, wie wenn ich im strahlenden Sonnenschein über eine blühende Wiese gehen würde. Und ich lächle im Dunkeln dem Leben, wie wenn ich irgendein zauberndes Geheimnis wüßte, das alles Böse und Traurige Lügen straft und in lauter Helligkeit und Glück wandelt. Und dabei suche ich selbst nach einem Grund zu dieser Freude, finde nichts und muß wieder lächeln über mich selbst. Ich glaube, das Geheimnis ist nichts anderes als das Leben selbst; die tiefe nächtliche Finsternis ist so schön und weich wie Samt, wenn man nur richtig schaut. Und in dem Knirschen des feuchten Sandes unter den langsamen, schweren Schritten der Schildwache singt auch ein kleines schönes Lied vom Leben – wenn man nur richtig zu hören weiß. In solchen Augenblicken denke ich an Sie und […] möchte Ihnen […] meine unerschöpfliche innere Heiterkeit geben […], dass Sie in einem sternbestickten Mantel durchs Leben gehen, der Sie vor allem Kleinen, Trivialen und Beängstigenden schützt."[83]

Und wie eine Etty Hillesum, die von ihrem Jasmin spricht, den sie Gott darbringt, selbst wenn sich um sie herum Dunkelheit und Düsternis ausbreitet, so schreibt auch Rosa Luxemburg plötzlich von den Pflanzen – im Geist der Bergpredigt lässt sie alle Sorge hinter sich: „Sie haben im Steglitzer Park einen schönen Strauß aus schwarzen und rosavioletten Beeren gepflückt." Sie findet Trost, Geborgenheit, Schönheit in der Natur. Die Natur scheint ein bevorzugter Ort dieser Verbindung zu sein, die wir brauchen, um uns aus den Verstrickungen mit der Zeit (und der Sorge um morgen) und unserem Machen zu lösen. Rosa Luxemburgs Verbundenheit zur Natur war so stark, dass sie selbst im Gefängnis nicht nur Trost in ihr findet, sondern auch tiefes Mitgefühl mit einem malträtierten Tier, das sie aus ihrer Zelle heraus beobachtet. Es ist ein berührendes Zeugnis ihres Herzens:

> „Vor einigen Tagen kam also ein Wagen mit Säcken hereingefahren, die Last war so hoch aufgetürmt, dass die Büffel nicht über die Schwelle bei der Toreinfahrt konnten. Der begleitende Soldat, ein brutaler Kerl, fing an, derart auf die Tiere mit dem dicken Ende des Peitschenstieles loszuschlagen, dass die Aufseherin ihn empört zur Rede stellte, ob er denn kein Mitleid mit den Tieren hätte! […] Ich stand davor und das Tier blickte mich an, mir rannen die Tränen herunter – es waren seine Tränen, man kann um den liebsten Bruder nicht schmerzlicher zucken, als ich in meiner Ohnmacht um dieses stille Leid zuckte."[84]

Ist es nicht erstaunlich, wie ein Mensch, der selbst unschuldig im Gefängnis sitzt, anstatt zu resignieren und in Selbstmitleid zu fallen, das Leid anderer wahrnimmt und sich von Herzen damit verbinden kann? Mich berührt es zutiefst, wie weit Rosa Luxemburg ihr Herz öffnen kann, wo sie doch selbst eingesperrt ist und auch innerlich an Klage, Wut und Verzweiflung zu Grunde gehen könnte. Sie erkennt in dem Büffel ihren Bruder, und wenn wir um Rosas eigenen Tod wissen, wird diese liebevolle Verbindung umso bezeichnender: Am 15. Jänner 1919 wird auch sie halb tot geschlagen und schließlich erschossen. Merken wir auch: Mitgefühl ist etwas ganz anderes, als sich „Sorgen zu machen" um andere!? Mitgefühl ist nicht die Gedanken- und Sorgenspirale im Kopf um Dinge, die gar nicht da sind, hier sind. Mitgefühl ist hellwach, von Herzen im Kontakt mit dem Leid der anderen. Mitgefühl sagt Ja und öffnet sich einer liebevollen Verbindung, selbst wo die äußeren Umstände wie nach einem Nein schreien wollten. Rosa Luxemburg – als Revolutionärin gewissermaßen ein mutiges „personifiziertes Nein" des politischen Widerstands – lebt innerlich das Ja der Hingabe, ein Ja des Mitgefühls, des inneren Friedens und tiefer Geborgenheit.

Wie kann das gelingen? Wie kommen wir so in Einklang mit dem Leben, selbst in höchster Not, eingesperrt in ein Gefängnis? Ihr Leben und ihr lebenslanger Einsatz gegen Krieg und Imperialismus und für Gerechtigkeit und Frieden mag ihr die nötige Ausrichtung gegeben haben. Auch Jesus nennt in diesen Zeilen aus der Bergpredigt die nötige Ausrichtung auf das Reich Gottes und seine Gerechtigkeit, mit der alles andere seine Ordnung findet, auch unsere Sorgen. Auf diese ethische und gesellschaftspolitische Dimension werden wir im nächsten Teil noch genauer eingehen.

## LEBEN IN MOMENTEN

Ich kenne Rosa Luxemburgs Kraftquellen nicht. Ihr Pazifismus, ihr politisches und soziales Engagement sowie ihre unerschütterliche Kraft bringen eine starke ethische Verwurzelung zum Ausdruck. Aber ihr Brief zeigt auch, wie sie zu innerer Tiefe, Freude und Geborgenheit vordringt: indem sie sich ganz dem Moment hingibt, dem Leben im gegenwärtigen Augenblick. Heute nennen wir das: Achtsamkeit, Präsenz. Im schlimmsten Fall also ist Leben das, was uns passiert, während wir uns Sorgen machen um den morgigen Tag; während wir in Gedanken *verloren* sind, während wir „auf Autopilot" laufen. Leben, das sind die Momente, auf die wir irgendwann zurückschauen und die wir „unser Leben" nennen. Unser Leben besteht aus Momenten. Kleinen und großen Momente. Unscheinbaren und spektakulären. Im besten Fall üben wir uns darin, immer wieder den Garten der Gegenwart zu betreten und die Momente zu würdigen, anstatt uns vor lauter Sorge um das Morgen buchstäblich um unser Leben zu bringen; so viel Bewusstheit in unseren Alltag zu bringen, um die Blume zu sehen, die blüht, den Vogel zu hören, der singt, pfeift oder knattert wie der Specht …, um die Luft und den Geschmack des Sommers zu bemerken oder die eisige Kälte im Winter, den erdigen Geruch des Herbstes und den Duft des Frühlings – jetzt, wann denn sonst?

Aber auch in Berührung kommen mit einer Traurigkeit in uns und einer Freude, einer Wut und einer Begeisterung. Und nicht gleich alles wieder be-denken. Achtsamkeit übt sich im Berühren, Wahrnehmen, Zulassen und Loslassen – auch und gerade aller Gedanken. Gefühlen dürfen wir mehr Raum geben, sich zu zeigen. Aber auch sie lassen wir sein, wir bearbeiten sie nicht direkt, sondern lassen sie zu, lassen sie an uns heran, wir öffnen uns für sie – soweit es geht und es uns jetzt guttut –, und dann lassen wir sie auch wieder los, *über*-lassen sie dem Leben, Gott, dem Himmel – wie Vögel, die wieder auffliegen.

## Übung – Nicht denken

An nichts denken. Mach dir keine Sorgen! Denk an nichts! Probier es aus! Um es auf die Spitze zu treiben: Denk mal nicht an einen blauen Elefanten! Merkst du, dass das gar nicht geht?

Achtsamkeit, Meditation ist nicht, was wir vielleicht denken! Manche sind der Meinung, wer meditiert, würde still dasitzen und an nichts denken. Und weil sie „das nie könnten" – nicht still sitzen und schon gar nicht sich der Flut an Gedanken und Problemen aussetzen, die dann vermutlich daherkommen –, probieren sie es gar nicht.

Dabei ist Meditation nicht „an nichts denken", ihr Sinn liegt gar nicht darin, Gedanken zu bekämpfen, sondern sie besteht in der Übung, seine Aufmerksamkeit zu lenken. Nur so können die Gedanken und Sorgen von selbst in den Hintergrund treten. Nichts machen, nichts bekämpfen, nichts erreichen. Aber hellwach sein.

Halte nochmal inne, schließe die Augen und geh mit deiner Aufmerksamkeit zu den Ohren. Lausche. Nimm die Geräusche, die da sind, einfach wahr. In der Natur, in deinem Haus, deiner Wohnung, dem Raum, in dem du gerade bist. Geh nicht zu schnell weiter, lass dir ein paar Minuten Zeit zum Lauschen.

Natürlich werden schnell wieder Gedanken kommen. Dann kehrst du sanft, aber entschlossen wieder zum Hören zurück. Nichts benennen, nur lauschen, als ob du einer neuen unbekannten Musik lauschen würdest. Sie besteht aus den Geräuschen, die du hören kannst. Von der Ferne, von der Nähe, aus deinem Körper …

Merkst du: Sobald du ganz Ohr bist, kannst du nicht gleichzeitig denken. Ein Augenblick der Stille. Ein Moment nur: kein Gedanke.

„Schaut auf die Vögel des Himmels …“ Lausche den Vögeln, dem Wind in den Bäumen, den Stimmen der Menschen. Lauschen allein schon gibt unserem Denken eine Pause. Dem Lebendigen zu lauschen und Aufmerksamkeit zu schenken erst recht. Die Natur, alle Wesen sind heilig. Lauschend im Kontakt zu sein mit dem Leben, ist heilsam.

## VIERTER TEIL

# KRISE. TORE UND WEGE

hier ist dunkelheit
für dein licht bereit.
an jedem neuen wesen
kann die welt genesen.

du friedensquell,
komm schnell, mach schnell.
unfriede herrscht auf erden,
was soll aus uns noch werden?

heute treibt der wind
dich heraus, mein kind.
und der schmerz beginnt,
der das leben bringt.

auf deiner weltenreise,
bringst du uns ganz leise,
im gepäck die sonnen,
schon ist der schmerz geronnen.

*Lied zur Geburt –*
*für meine Frau und Tochter Lioba, 2006*

Lebenskunst und Spiritualität müssen sich in Krisen bewähren. Das gilt auch für gesellschaftliche Umbrüche, Verwerfungen und Übergänge. Im vierten Teil geht es um den Umgang mit Krisen, vor allem am Beispiel der Klimakrise. Die Frage nach Widerstand und Einlassen, nach dem rechten Nein und Ja, setzt sich in diesem Teil fort. Tragfähige Spiritualität kreist nicht um sich selbst, gaukelt keine heile Welt vor und verspricht keine schnellen Lösungen. Sie hat auch eine gesellschaftspolitische Dimension und setzt sich mit Herausforderungen, Ursachen und Konsequenzen sozialer, wirtschaftlicher und ökologischer Prozesse auseinander. Wir kommen in diesem Zusammenhang nicht umhin, unsere Bedürfnisse nach Freiheit und Sicherheit zu überdenken und uns zu fragen, wo ihre Erfüllung wirklich zu finden ist.

Zu Krisen gehört auch die Erfahrung von Unsicherheit; nicht deren Vermeidung, sondern ein bewusster Umgang damit macht Spiritualität tragfähig. In einem Brief an meine Tochter teile ich dabei meine Verunsicherung, meine Fragen und meinen inneren Zufluchtsort. Schließlich schauen wir noch einmal in die Bergpredigt. Jesu Bildwort vom engen Tor und den schmalen Wegen ermutigt uns, notwendige Entscheidungen zu treffen und Unsicherheiten in Kauf zu nehmen.

# Wie geht Freiheit?

Der fast selbstverständlich gewordene gesellschaftliche Wohlstand der letzten Jahrzehnte lässt Menschen heute leicht auf hohem Niveau jammern: Wer gedankenlosen Konsum, grenzenlose Mobilität und Reisen per Auto und Flugzeug sowie auch eine Form von Wohlstand in Frage stellt, die wir seit Jahrzehnten gewohnt sind, löst natürlich Widerstand aus. Doch ist dieser Widerstand wie ein trotziges inneres Nein, ein Widerstand, der uns nicht weiterbringt. Dieser Wohlstand ist nicht nur einfach der Erfolg harter Arbeit der Nachkriegsgenerationen, sondern auch Ergebnis wirtschaftlicher Ungleichheit in der Welt und kapitalistischer Ausbeutung anderer Völker. Zugleich gehen der uneingeschränkte Ressourcenverbrauch fossiler Brennstoffe sowie die Zerstörung von Natur und Artenvielfalt auf Kosten zukünftiger Generationen. Wir dürfen also im Konzert aufgeregter Nein-Stimmen nach ein paar Ja-Stimmen suchen: Einsicht in die größeren Zusammenhänge, Bereitschaft für Veränderungen, Aufbruch in ein gutes Leben jenseits eines wachsenden materiellen Wohlstands.

## MUSS DIE FREIHEIT WOHL GRENZENLOS SEIN?

Unser Alltag ist voller Dinge, die früher Luxus waren. Was heute selbstverständlich ist, war noch zu meiner Kindheit Ausnahme, Privileg. Das beginnt mit dem Essen und endet mit dem Flug in den Urlaub – Fleisch gab es in den 1970er Jahren vielleicht einmal die Woche, die erste große Reise mit meinen Eltern führte im Reisebus von Bayern an die spanische Costa Brava (mit Übernachtung in Frankreich). Was wir uns in einer ganz normalen Familie über die Jahre und Jahrzehnte mit dem wachsenden Einkommen meiner Eltern leisten konnten, spiegelt die Entwicklung des Wohlstands wider. Und leider auch deren Schattenseiten. Bald 50 Jahre später müssen wir einsehen, dass wir im globalen Vergleich zu denen gehören, die schon lange über ihre Verhältnisse leben und auf Kosten anderer Völker und der nächsten Generationen sich buchstäblich zu viel geleistet haben. Nicht nur die Superreichen, sondern auch die Mitte und Breite unserer Gesellschaft.

Das gute Leben liegt so nahe. Wenn wir doch öfter ankommen würden, als immer nur das Weite zu suchen… Doch viele jagen ihm über den Wolken nach, per Flieger in der schnellen Ferne. Fliegen ist in Ländern wie den USA schon lange so selbstverständlich wie Zugfahren bei uns. In Europa hat es erst in den letzten Jahrzehnten Fahrt aufgenommen. Und schon holen uns die Krisen der Zeit samt ihren gesellschaftspolitischen Fragen wieder ein. Das Leben ist kompliziert geworden. Die Pandemie hatte uns zum Stillstand und damit wie zum Ankommen *gezwungen*. Das Ende der Pandemie befreite das Fernweh wie ein gezogener Stöpsel aus der Flasche. Und wieder gibt es Spielverderber: Krieg und Energiekrise lösen die Sorgen während der Pandemie ab. Die Klima- und Energiekrise legt uns erneut Verzicht nahe. Mit den Fliegern, die uns in den vermeintlich wohlverdienten und lange vorenthaltenen Urlaub bringen, kommen auch die Emissionen zurück, und wir müssen uns immer wieder neu fragen lassen, ob unsere (Konsum-)Freiheit so grenzenlos sein darf, dass sie einen begrenzten Planeten Erde samt all seinen Geschöpfen in den Abgrund führt.

Im Leben anzukommen, bedeutet auch, die tiefgreifenden Herausforderungen und Krisen in den Blick zu nehmen, anstatt sie zu verdrängen. Ein spirituelles Leben ganz allgemein sowie eine Praxis von Gebet und Meditation entführen uns nicht in eine Welt ohne Probleme. Im Gegenteil: Eine lebensfördernde Spiritualität führt uns ins Hier und Jetzt, auch mit seinen Herausforderungen, und lässt immer auch die Frage an uns heran, was von unserer Seite her zu tun ist und wie ein gutes Leben für alle aussehen kann. Dabei appelliert sie nicht einfach an die Moral der Menschen, sondern findet in einer heilsamen Erfahrung immer erst die Möglichkeit, das eigene Leben auch zu verändern. Ein „engagierter Buddhismus", wie ihn Thich Nhat Hanh genannt und gelebt hat, verbindet die innere Einkehr, die Einsicht und Kraft der Meditation mit aktivem ökologischem und gesellschaftspolitischem Handeln. Von Jesus lesen wir in der Bibel, wie er sich über Stunden ins Gebet zurückziehen konnte, um seine Verbundenheit mit dem liebenden göttlichen Vater zu erfahren und zu stärken. Aus dieser Verbindung und Erfahrung heraus konnte er sich gerade den Menschen zuwenden, die an den Rand gedrängt wurden, und gleichzeitig die Mächtigen konfrontieren.

Als vor ein paar Jahren die Begriffe „Flugscham" und „Zugstolz" aufkamen, interviewte ein ZEIT-Journalist den streitbaren Ökonomieprofessor Niko Paech. Paech sprach so klar und unmissverständlich aus, was wir alle wissen, aber kaum jemand hören möchte:

> „Wenn Sie mit einem bestimmten Geldbetrag maximalen ökologischen Schaden anrichten wollen: Kaufen Sie sich ein Flugticket […]. Woher nimmt ein Mensch auf einem begrenzten Planeten das Recht, derart über seine Verhältnisse zu leben? Zumal wir am ökologischen Abgrund stehen."[85]

Paech ist bekannt dafür, dass er – obwohl international als Referent angefragt – nirgends hinfährt, wo er nicht mit dem Zug hinkommt, und auf Flüge konsequent verzichtet. Viel ist in diesen Zeiten vom *Verzicht* die Rede. Für die einen ist „Verzicht" ein rotes Tuch, ein Kampfbegriff der „Gutmenschen", ein Angriff auf die Freiheit. Für andere eine Notwendigkeit, gar ein Hilfeschrei, um endlich die Kehrtwende zu schaffen. Viele von uns sind aufgewachsen in einem Wohlstand, der uns selbstverständlich geworden ist und reflexhaft verteidigt werden will, sobald jemand am Tischtuch zieht. Gleichzeitig mehren sich die Stimmen und steigt die Akzeptanz für die Bereitschaft zu grundlegenden Änderungen unseres Lebensstils. Wenn wir es nur schafften, in die Tiefe vorzustoßen und unsere Herzen zu gewinnen, anstatt nur an die Vernunft zu appellieren, an die der anderen wie an die eigene! Ich vermute, dass es nicht Willensanstrengungen sein werden, die unsere persönliche wie gesellschaftliche Kehrtwende einleiten werden. Sie greifen zu kurz, erfassen uns nicht *tief genug*. Ethisches Verhalten schöpft aus einer inneren Kraft, die mit einer viel tiefer liegenden Befreiung zu tun hat als die äußerliche Freiheit, die wir gerne grenzenlos behalten würden.

## LEBEN GENUG

Könnten wir erneut eine Einladung hören, in den Einschränkungen und Krisen dieser Zeit nach dem Wesentlichen zu suchen? Ist nicht immer im Grunde (!) genug Leben zu finden, wenn wir also in die Tiefe gehen und uns auf den Augenblick besinnen, der unser Leben gerade ausmacht?

Kaum begannen die Flieger nach überstandener Pandemie wieder abzuheben, drohte schon wieder Ungemach an Flughäfen: Personalmangel und Energiekrise führten zu Stillstand und

Engpässen. Vielleicht kommen wir im Urlaub gar nicht weg? Vielleicht kommen wir dafür nach Hause, wo wir ohnehin daheim sind? Vielleicht kommen wir an, endlich an – dort, von wo wir dauernd weg wollen. Vielleicht kriegen wir wieder eine Chance, zum Wesentlichen zu kommen. Auch angesichts der hohen Inflation hat sich kürzlich ein Experte im Radio getraut, in die vielen Klagen hinein, was alles teurer geworden ist, vorzuschlagen, manche Produkte einfach auch mal *nicht* zu kaufen. Natürlich wäre so ein Vorschlag zynisch für Menschen, die sich kaum noch das Nötigste zum Leben leisten können. Aber wir dürfen uns durchaus manchmal fragen, ob wir nicht auf hohem Niveau jammern und was wir wirklich brauchen, um glücklich oder auch nur zufrieden sein zu können.

Ajahn Brahm, der buddhistische Abt und Bestsellerautor, erzählt in einem Buch von einem Mönch, den seine Widersacher ins Gefängnis bringen, damit er nicht Abt wird. Doch der bleibt kraft seiner Spiritualität innerlich frei und findet in der Gefangenschaft Zeit zum Schreiben. Dem stellt Brahm die eigene Erfahrung gegenüber, in einem Luxus-Hotel, in das er eingeladen war, in die Bredouille zu kommen.

> „Ihr könnt also in einer Gefängniszelle frei und in einem Fünfsternehotel gefangen sein. Es ist wirklich schön zu wissen, dass man überall und in jeder Geistesverfassung jederzeit frei sein kann. Wenn ihr das versteht, dann wisst ihr, wie Weisheit euch befreien kann […]: nichts mehr zu haben, woran irgendetwas festkleben kann. Das ist […] der Stoff der Erleuchtung."[86]

Wie kommt es, dass Menschen, die unfassbare Entbehrungen erfahren und Schreckliches erlebt haben, zu einer tieferen Freiheit vorstoßen, zu großer innerer Kraft finden und schließlich anderen helfen können, mit den Traumata ihres Lebens umzugehen wie die bereits erwähnte Edith Eva Eger. Hinter dem Titel ihres Buches leuchtet eine andere Spielart grenzenloser Freiheit, er lautet: „Ich bin hier, und alles ist jetzt. Warum wir uns jederzeit für die Freiheit entscheiden können.“[87] Was für eine Ermächtigung zum Leben, wenn Menschen scheinbar Unannehmbares annehmen und verwandeln können.

## DIOGENES

Aber noch vor den existenziellen Notsituationen im Leben wie denen von Viktor Frankl und Edith Eva Eger kommt die Not der eigenen Bedürfnisse. Diogenes im Fass ist bekannt für seine Bedürfnislosigkeit. Als Alexander der Große ihn, der im Fass wohnt, besucht und anbietet, ihm jeden Wunsch zu erfüllen, meint der nur, er solle ihm aus der Sonne gehen. Aber seine Freiheit geht noch tiefer:

> „Der Philosoph Diogenes aß zum Abendbrot Linsen. Das sah der Philosoph Aristippos, der ein angenehmes Leben führte, indem er dem König schmeichelte. Sagte Aristippos: ‚Wenn du lerntest, dem König gegenüber unterwürfig zu sein, müsstest du nicht von solchem Abfall wie Linsen leben.‘ Sagte Diogenes: ‚Wenn du gelernt hättest, mit Linsen auszukommen, brauchtest du nicht dem König zu schmeicheln.‘“[88]

Machen wir es wie Diogenes und drehen wir den Spieß um. Genug ist kein Mangel. Genug ist Freiheit. Dann geht es nicht um Verzicht, sondern um Fülle. Reich ist nicht, wer viel hat, sondern wer wenig braucht. Auch das eine bekannte Zuspitzung einer Werteumkehr.

Können auch wir uns für die Freiheit entscheiden? Stell dir vor, das Gerenne und Gekaufe, das Gehetze und Gezerre um ein immer Mehr und Besser und um ein Weiterkommen im Leben hört einfach auf. Hört auf, weil du selbst aus dem Hamsterrad aussteigst, als es gerade mal langsamer wurde. Weil du gemerkt hast: Niemand anders hält dieses Rad am Laufen als du selbst!

Über deinem Schreibtisch hängt plötzlich eine Spruchkarte mit den drei Worten: *Musst du nicht!*[89] Gibt es eine Ermächtigung, kleiner zu wünschen und größer zu leben? Freiheit zu finden im Verzicht und Tiefgang im Stillstand?

## ZACHÄUS

In der Bibel erzählt der Verfasser des Evangeliums nach Lukas die Geschichte von Zachäus, einem Zollpächter, also Steuereintreiber, einem reichen, aber gesellschaftlich geächteten Mann (Lukas 19,1–10).

Zachäus wurde dafür berühmt, dass er durch die Begegnung mit Jesus sein halbes Vermögen hergibt und das, was er zu Unrecht genommen hatte, vierfach zurückerstattet. Auch wenn diese Wende der Höhepunkt der Geschichte ist, ist das Entscheidende dann nicht die Frage, wie er dazu kommt?

Wie so oft in solchen großen Geschichten um Jesus kommen wir zum Kern der Sache, wenn wir fragen, was Jesus *nicht* tut. Jesus hält ihm jedenfalls keine Moralpredigt, er gibt ihm keinen dezenten Hinweis, dass er doch genug hätte und ein bisschen was an die Armen abgeben könnte. Kein Versprechen, dadurch in den Himmel zu kommen oder heilig zu werden. Jesus fordert ihn zu gar nichts auf. Kein Wort über seinen Beruf, seine Kollaboration mit der römischen Fremdherrschaft, seinen Wohlstand auf Kosten der Armen. Wofür dieser Zachäus noch bekannt wurde, ist seine kleine Gestalt. Er muss auf einen Baum klettern, um Jesus sehen zu können. Jesus muss gar nichts. Jesus will nichts von ihm. Er sieht nur hinter den Machenschaften und Verstrickungen eines Zöllners den kleinen Menschen mit der großen Sehnsucht. Er kommt buchstäblich an im Leben des Zachäus. Und er hilft gewissermaßen auch dem Zachäus, in seinem Leben anzukommen: vor den Ungereimtheiten und Verstrickungen nicht mehr davonzulaufen oder faule Kompromisse zu schließen, sondern Entscheidungen zu treffen.

## IST DA NOCH SEHNSUCHT?

Wenn wir uns nur über „die Leute" aufregen, die weiterhin fliegen und SUVs fahren, werden wir keine Schubumkehr hinkriegen. Empörung, Widerstand und Kritik sind notwendig und haben ihren berechtigten Platz. Aber nur Kritik und Empörung bringen uns nicht weiter. Buddhistische und zeitgenössische Weisheit besticht nicht durch Moralpredigten. Jesus und Buddha kennen keinen erhobenen Zeigefinger. Auch Viktor Frankl und Edith Eva Eger nicht. Ihre Kraft liegt in der inneren Freiheit, zu der sie vorgestoßen sind. Der reiche Zachäus wird nicht *bekehrt,* sondern *befreit* und damit frei, *sich* zu lösen von dem, was ihm nicht guttut und den anderen auch nicht. Eine kraftvolle freie Seele trifft auf eine, die sich danach sehnt, frei zu werden. „Nichts mehr haben, woran irgendetwas festkleben kann."

„Nicht mehr müssen", ist Heilung. Wo wir das Entscheidende im Leben entdecken, geht es nicht um Verzicht, wir werfen Ballast ab. Schon bei Zachäus klingt sein Verzicht wie eine Erleichterung, und wir spüren die Freude eines Menschen, der sein Tun hinterfragen und radikal verändern kann, sowie eines Menschen, der nicht mehr an seinem Hab und Gut festklebt. Wer einer befreiten Seele (hier Jesus) von Herzen begegnet, stößt zum wahren Leben vor und weiß, wo sein eigentlicher Schatz liegt. In der Interpretation des im ersten Teil besprochenen Gleichnisses über den Schatz im Acker schreibt Gerhard Lohfink, dass auch Jesus bei allem Verzicht und aller Radikalität seines Lebens „ein Mensch von unerhörter Freiheit“ war.

> „Er ist nicht der Typ des Zerquälten, des Verbissenen, des Unzufriedenen oder des zu kurz Gekommenen. Er ist kein Fanatiker, der zutiefst überzeugt ist, anderen die eigene Position aufzwingen zu müssen. […] Er bleibt bis zum Ende ein freier Mensch […], ein Mann voller Hingabe und Menschlichkeit.“[90]

Von Diogenes und Jesus dürfen wir lernen, Freiheit und Fülle zu verkörpern, die ansteckend genug ist für die radikale Umkehr, die unsere Welt braucht.

# Wie geht (Un)Sicherheit?

Wir leben in Zeiten großer Krisen, allen voran der drohende Klimakollaps. Daneben der Krieg in der Ukraine samt Energiekrise und Teuerung sowie aktuell der Krieg im Nahen Osten. Beide Kriege betreffen uns in Europa auf besondere Weise. Auch die Pandemie steckt uns noch in den Knochen, gesundheitlich, wirtschaftlich und sozial in Form gesellschaftlicher Spaltung und Verwerfungen.

## TRÜGERISCHE SICHERHEIT

Krisen sind Zeiten der Verunsicherung; so ist es nur verständlich, dass sich die Menschen nach Sicherheit sehnen. Politisch docken daran populistische Kräfte an, die Sicherheit versprechen und doch erfahrungsgemäß genau diese am wenigsten herstellen können. Gerade in der Klimakrise werden politische Akteure nicht helfen können, die die Krise gar nicht ernst nehmen oder gar einer linken Verschwörungserzählung zuordnen. Und doch scheinen viele Menschen lieber diese Form von (Un)Sicherheit zu wählen, anstatt sich den Herausforderungen zu stellen. Wir werden die Krisen nicht lösen können, wenn wir Krisen ignorieren und auf die Versprechungen hereinfallen, die schon in der Wahl ihrer Mittel *mehr* Unsicherheit schaffen: Polarisierung und Spaltung der Gesellschaft, Unterdrückung von Minderheiten und sozial Schwachen, Bedrohung von Meinungsfreiheit und anderen Grundrechten sowie Infragestellung gewachsener demokratischer Institutionen und Strukturen. Die wiederkehrende Sehnsucht nach starken Männern, die beispielsweise schon 2016 (und möglicherweise 2024 wieder) Donald Trump in den USA, Jair Bolsonaro in Brasilien und Wladimir Putin in Russland an die Macht gebracht hat, brachte verhängnisvolle Rückschritte in Sachen Umwelt, sozialem Zusammenhalt und Sicherheit durch Verteilungsgerechtigkeit, Respektierung von Minderheiten und Frieden.

## DURCH UNSICHERHEIT HINDURCH

Tatsächlich können wir Menschen in Krisensituationen der Unsicherheit nicht ausweichen, wir müssen *hindurch*. Das gilt für persönliche wie gesellschaftliche Transformationsprozesse, in besonderer Weise auch für die Klimakrise. In gewisser Weise führt der Weg nur durch *mehr* Unsicherheit, um am Ende notwendige Veränderungen zu erreichen, die die Bedrohung reduzieren und in diesem Sinn mehr Sicherheit schaffen. Darauf wies kürzlich Alexander Pollak in der Radiosendung „An der Kippe" hin.[91] So banal das klingt, es bringt die wichtige Frage auf, ob wir bereit sind, uns auf Unsicherheit *einzulassen*. Um einer möglichen Katastrophe zu entgehen, braucht es große Umstellungen in Wirtschaft, Energie und Verkehr sowie radikale Einschränkungen, Steuerungsmaßnahmen und Veränderungen, die uns alle betreffen und die unausweichlich auch Verunsicherung bewirken.

Wir werden uns gleich im Anschluss noch näher mit dem Bildwort Jesu beschäftigen, das von den weiten Toren und der engen Pforte sowie den schmalen Pfaden und den breiten Wegen spricht. Um in diesem Bild zu sprechen: Gemütlicher sind die breiten Wege, die wir seit Jahrzehnten beschritten haben, aber sie führen in der Krise ins „Verderben", wie Jesus es drastisch nennt. Auswege sind oft beschwerliche Wege und enge Pforten, durch die wir hindurchmüssen. Jahrzehntelang haben Wissenschaftler:innen vor den Folgen eines ungebremsten Verbrauchs fossiler Brennstoffe gewarnt. Heute erleben wir vermehrt Extremwetterereignisse in unseren Breiten, aber der Druck steigt schon lange auf Menschen und Völker im globalen Süden, die vor unerträglichen klimatischen Veränderungen, Hunger und Verteilungskriegen flüchten *müssen*. Die Fluchtbewegungen wiederum bringen uns in Europa zusehends unter Druck, vielleicht noch gar nicht, weil wir „keinen Platz" mehr hätten, sondern weil das Bewusstsein für die Not der Geflüchteten noch nicht in alle Teile der Gesellschaft vorgedrungen ist, weil Kommunen nicht genügend Unterstützung bekommen und weil manche politischen Akteure Not, Spannung und Ängste für ihre Zwecke instrumentalisieren. Heute noch von „Wirtschaftsflüchtlingen" zu sprechen und ihnen damit das Bleiberecht zu verweigern, scheint angesichts von ganzen Völkern, deren Leben von Krieg, Terror und Hunger gezeichnet ist, beinahe zynisch; viele von ihnen pauschal als kriminell zu diffamieren, dient nur der Suche nach Sündenböcken, die für unsere Unsicherheit verantwortlich gemacht werden.

Welche Krisen auch immer wir in den Blick nehmen, wir werden nicht umhinkommen, mit Unsicherheit umgehen zu lernen. Dabei dürfen wir uns daran erinnern, dass Leben von vornherein diese Aufgabe mit sich bringt. Das Leben ist kostbar, weil zerbrechlich und endlich. Es braucht unser Eingeständnis, dass wir es nicht in der Hand haben, dass Leben immer auch Unsicherheit bedeutet und dass wir auch eine Verantwortung dafür haben, dieses kostbare Gut Leben auf unserer Heimat Erde zu schützen. Dazu gehört auch zu erkennen, wo wir als Einzelne, als Gesellschaften, als Völker auf dem Holzweg sind, wo wir Irrwege betreten haben oder auch nur dringend umsteuern müssen. Wir dürfen Krisen und Verunsicherung nicht zum Anlass nehmen, um die Verantwortung dafür nur bei allen anderen zu suchen. Die politische Kultur hat sich in unseren westlichen Gesellschaften leider mehr und mehr zu einem Gegeneinander entwickelt, bis hin zu Agitation und Hetze. Gemeinsam an Lösungen zu arbeiten und dabei auch mal Parteigrenzen zu überwinden, scheint schwieriger geworden zu sein, ist aber in Krisenzeiten unabdingbar.

Wer hellwach durchs Leben geht, wird beobachten, wie wir uns im Alltag zwar grundsätzlich in Sicherheit wiegen und doch wissen, dass diese gefühlte Sicherheit leicht ins Wanken gerät. Ein Unfall, eine Krankheit, ein plötzlicher Herztod, ein Schicksalsschlag, der Tod naher Angehöriger oder Freunde. Wir dürfen lernen, Glück und Geborgenheit nicht trotz, sondern *in* einem grundsätzlich unsicheren Dasein hier auf Erden zu erfahren. Uns von guten größeren Mächten gehalten oder unterfangen zu wissen, selbst wenn wir fallen, bewahrt uns davor, trügerische Sicherheiten dort zu suchen, wo sie nicht gegeben werden können, und die Unsicherheiten auszuhalten, die mit notwendigen Veränderungsprozessen und Krisen einhergehen.

## WELTUNTERGANG ABGESAGT

Krisen fordern von uns, dass wir neue Wege beschreiten. Wir können die Probleme nicht mit den Strategien und Verhaltensweisen lösen, die die Probleme hervorgebracht haben. „Think outside the box“, ist ein Gebot der Stunde, also die Aufforderung, über unsere herkömmlichen Denkwege hinauszugehen. Doch dürfen wir gerade in dieser Notwendigkeit auch etwas von Aufbruch sehen. Neue Wege sind ungewohnt und zunächst einmal nur in dieser Hinsicht unsicher. Wir dürfen auch an die Kreativität der Menschen glauben, selbst große Krisen zu meistern. Dabei werden wir Fehler machen und weitere Irrwege beschreiten und wir werden uns in Sackgassen wiederfinden, aus denen wir zurückmüssen. Das hat die Pandemie gezeigt. Aber sie hat neben seltsamen Blüten auch schöne hervorgebracht; sie hat gesellschaftlich Risse aufgetan und zugleich auch mehr Zusammenhalt hervorgebracht. Kann es in der Klimakrise auch so sein?

So sehr wir auf die Gefahren und die verheerenden Folgen hinweisen müssen, hilft es den Menschen nicht, nur permanent den Untergang vor Augen zu haben; das lässt uns nur wie das Kaninchen vor der Schlange erstarren oder befördert möglicherweise noch mehr Widerstand und eine Form von Kampfmodus, der uns gegeneinander auf- und erst recht nicht *weiter*bringt.

Mit „Weltuntergang fällt aus" hat der Blogger Jan Hegenberg[92] hier einen Spiegel-Bestseller gelandet. Es ist ein kluges und oft witzig und leicht lesbar geschriebenes Buch, das detailliert informiert und oft gehörte Einwände hinterfragt und verbreitete falsche Sichtweisen aufklärt. Dabei wirkt es nicht nur den Fake News und Verzerrungen entgegen, sondern macht auch Hoffnung auf das, was immer noch möglich ist – wenn wir uns nur der realen Problematik stellen und uns auf das Neue einlassen, das jetzt von uns gefordert ist. So braucht es ein besonnenes Maß an Information und Konfrontation, aber auch Aufklärung und Wachheit angesichts politischer Agitation, die Unsicherheit für Stimmungsmache nützt; die das Gespenst einer „Öko-Diktatur" an die Wand malt, wo es nur vernünftig ist, endlich verbindliche neue Regeln und Steuerungsmaßnahmen auch auf gesetzlicher Ebene zu schaffen. Nur so lassen sich die Bereiche Energie, Verkehr, Wirtschaft und Konsum nachhaltig verändern und es kann dadurch auch Aufbruchs-, statt Untergangsstimmung entfacht werden.

## EIN BRIEFWECHSEL

Wie schwer die Krise wiegt und wie schwer es Hoffnung und Zuversicht haben, zeigt im Folgenden ein Briefwechsel. Im September 2021 wollte ich meiner Tochter zum Geburtstag gratulieren, doch in den Vordergrund drängte sich meine eigene Verunsicherung und der Versuch, mit ihr zu teilen, wo ich Sicherheit suchte. Die Klimakrise war schon spürbar und in aller Munde und zeigte ihre Auswirkungen gerade im Folgejahr drastisch: Hitzewellen schon unfassbar früh im Jahr, in Indien und Pakistan über 50 Grad im Frühling und dann im Frühsommer 2022 bei uns in Mitteleuropa. Dürre, Überschwemmungen, Waldbrände, Eisschmelze.

Liebe Tochter!
„Papa, du musst endlich mal wieder einen Roman lesen!", hast du mir vor ein paar Monaten mal gesagt, als ich wieder meine „Immer-nur-Achtsamkeitsbücher" für eine Reise ins Gepäck steckte. Und weil ich ein braver Papa bin, folge ich natürlich meinen Kindern (manchmal), und jetzt hat mir dieser wunderschöne und zugleich furchtbare Roman „Die Wurzeln des Lebens" von Richard Powers erst recht die großen Fragen unserer Zeit ins Herz gebrannt, wenn auch auf andere Weise als mein üblicher Lesestoff. Dein 15. Geburtstag. Ich sitze auf dem Platz, an dem ich mich in Stille hinsetze für Gebet und Meditation, und möchte dir ein paar Zeilen schreiben. Neben mir die Bücher von Anthony de Mello, einem christlichen Mystiker unserer Zeit, Gedichte von Rilke, und auf meinem kleinen „Haus-Altar" steht eine Christus-Ikone und der „Sonnengesang" von Franz von Assisi. Alles zusammen wie ein kleines Stillleben meiner Spiritualität und der Beschäftigung mit den großen Fragen des Lebens. Richard

Powers stößt nun als Romanschriftsteller dieselben Fragen von anderer Seite her an:

Was hat es mit dieser geheimnisvollen Welt auf sich?

Wie kann es sein, dass wir Menschen einen ganzen Planeten plündern, ein verheerendes Artensterben ausgelöst haben und das Wunder des Lebens von Wald und Bäumen erst in dem Moment zu begreifen beginnen, in dem unsere gefräßige Wirtschaft seine letzten Reste verschlingt? Welch unerschöpflicher Reichtum an Lebensformen war uns geschenkt und wie grausam bekämpft unsere Gesellschaft gerade die, die noch mutig und bisweilen todesmutig Widerstand leisten gegen diese Zerstörungskraft „wirtschaftlicher Interessen"? Die Aktivisten und Aktivistinnen im Buch ketten sich an jahrhundertealte Bäume, besetzen sie in 60 Meter Höhe, indem sie dort über Monate wohnen. Andere kämpfen für die Rechte dieser pflanzlichen Wesen, wie früher und auch heute noch für die Rechte von Frauen gekämpft werden muss(te), wie auch für die behinderter Menschen, Indigener, für People of Color. Wie überwältigend träge scheint im Roman und im richtigen Leben die Masse der „normalen" Leute, die alle für verrückt erklärt, die wie einsame Rufer:innen in der Wüste auf nichts anderes aufmerksam machen als auf das Recht aller Wesen auf die Unversehrtheit ihres Lebens?

Was für eine Welt hinterlassen wir euch und vielleicht euren Kindern, meine liebe Tochter? So sehr wir uns im Kleinen bemühen, auf Auto und Plastikverpackung verzichten, einigermaßen bescheiden leben – haben wir wirklich noch eine Chance, den Kollaps aufzuhalten? Aus den Medien ist zu entnehmen, dass wir eher auf plus 3 Grad Celsius zusteuern als auf die ausgegebenen 1,5 Grad, die es bräuchte, um nur die schlimmsten Folgen zu vermeiden. Und wieder brennen Wälder – in diesen Tagen sogar in

Österreich; wieder tauen sibirische Permafrostböden auf, und die einzelnen Effekte verstärken sich gegenseitig.

Das sind keine schönen Glückwünsche zu deinem Geburtstag, wie das eigentlich üblich wäre, ich weiß. Aber es ist ein Teil dessen, was mich bewegt. Und ich bin so dankbar, dass wir diese Anliegen in unserer Familie teilen; dass wir bei aller Unterschiedlichkeit verbunden sind – auch im Bemühen um das Leben, um den Schutz und die Bewahrung der Natur, die uns ja ohnehin hervorgebracht hat, von der wir Teil sind. Und vielleicht erklärt das, warum ich mich immer wieder zurückziehe an diesen kleinen Ort der Stille hier, umgeben hier von den Mystikern und Mystikerinnen, Dichtern und Dichterinnen und Heiligen: um nicht verrückt zu werden vor Sorge um dieses Leben und die Welt, die wir verantworten. Um diese Verbindung zum „Großen Ganzen", zum Geheimnis des Lebens und zu seiner Heiligkeit nicht zu vergessen, sondern um sie zu pflegen. Um nicht mitgerissen zu werden vom ewigen „Immer-weiter-so", vom Irrsinn und Beschwören eines permanenten Wachstums, vom Getriebe und Gewurstel, von Verzweiflung, Angst und Sorge und auch von der Gewalt und einer Form des Kämpfens, die alles nur noch schlimmer macht.

Wir alle brauchen ein Innehalten, immer wieder, täglich und persönlich, und – ähnlich wie der Stillstand in der Pandemie – bräuchten wir es auch als Weltgemeinschaft; Jesus hätte es „Umkehr" genannt, radikale Kehrtwende. Aber sie gelingt nicht durch Appell und Moralpredigt. Wir brauchen eine heilende Erfahrung. Auch das wäre die Botschaft Jesu, ähnlich formulieren es der Dharma, also die Lehre Buddhas und so viele Riten und spirituelle Schätze anderer Traditionen und Religionen. Wir brauchen Wege und Orte, diese Verbindung und Verbundenheit zu pflegen;

brauchen die Erfahrung von Schönheit, Güte, Mitgefühl und Liebe, Heilung und Heil. In dem Roman „Die Wurzeln des Lebens" macht mir das am meisten Hoffnung: Die Liebe der Romanfiguren, die auf ihre Weise mit diesen geheimnisvollen Wesen der Bäume verbunden sind, ihre Liebe zum Leben und zur Natur, sie wird bleiben, auch über den Tod hinaus. Selbst wenn wir es nicht schaffen, den Untergang aufzuhalten, bleibt die Liebe, wie es Paulus in einem Brief an die Korinther schrieb und wir es bis heute in der Bibel lesen können: „Die Liebe fällt nie, sie geht nie zugrunde. … Jetzt also bleiben Glaube, Hoffnung, Liebe – diese drei. Am größten von ihnen ist die Liebe." (nach 1 Kor 13)

P.S. In dem Buch, das ich dir geschenkt habe – The Boy, the Mole, the Fox and the Horse von Charlie Mackesy –, sagt das Pferd, das „größte und sanfteste" Tier: „Wir wissen nicht, was morgen sein wird, alles, was wir wissen müssen, ist, dass wir einander lieben."

In einer späten Antwort auf diesen Brief – als ich sie um ihr O. K. für die Veröffentlichung des Briefes fragte – schrieb sie mir kürzlich:

Lieber Papa,
ich erinnere mich noch daran, als ich den Brief 2021 das erste Mal gelesen habe. Und auch heute muss ich wieder schlucken. Ich bin dankbar, dass in meiner Familie viel über dieses Thema gesprochen wird und dass ich weiß, wie schlimm es um uns steht, aber seine dauerhafte Präsenz zu spüren, fällt mir nicht immer leicht.

Ich werde dieses Jahr 18 und auch wenn dieses Thema für mich aktuell noch keines ist, scheint es für mich fast unverzeihlich egoistisch, auch nur daran zu denken, dass ich in 10, 15 Jahren selbst vielleicht Kinder haben möchte. Ich weiß nicht, ob ich das überhaupt will. Kinder in eine Welt zu setzen, die wahrscheinlich bereits in meiner Lebenszeit zu etwas werden wird, wo das Leben nicht mehr sonderlich viel Spaß macht, scheint mir unverantwortlich. Ich kann noch die letzten Winter mit ein wenig Schnee genießen, mich über 35 statt über 45 Grad Celsius beschweren und in meiner Welt gibt es noch Eisbären. Würde ich Kinder haben, könnten sie diese Dinge höchstwahrscheinlich über sich nicht sagen. Deshalb vermeide ich ständiges In-die-Zukunft-Denken lieber, denn ich verliere allmählich die Hoffnung, dass es noch Rettung für uns gibt, wenn niemand, der wirklich etwas ausrichten kann, den Ernst der Lage zu begreifen scheint.

Gleichzeitig beneide ich sie alle auch. Jene Menschen, deren Lösung anscheinend die Verdrängung ist. Manchmal wäre ich wirklich gern ein wenig ignoranter. Aber da ich es einfach nicht bin (was am Ende des Tages natürlich etwas Gutes ist, das weiß ich), versuche ich einfach im Moment zu leben und gleichzeitig achtsam ;-) in meinem Konsum zu sein, denn die Rettung, wenn es denn eine gibt, muss trotz allen Kleinigkeiten, die wir machen können, aus der Politik kommen.

Ihre Zeilen berührten mich, die Krise trifft sie mitten in ihrem Blick auf ein Leben, das sie noch vor sich hat; und ihre Sorge erinnert mich daran, wie wichtig es ist, bei allem Bewusstsein um die Krise das Leben nicht abzuwürgen, aber auch uns unseren Ängsten zu stellen.

## RAUM UND ENGE

Angst macht eng, Vertrauen schafft Raum. Spiritualität kann immer nur so tragfähig sein, wie sie uns darin unterstützt, mit Unsicherheit umzugehen. Umgekehrt kann Spiritualität wie all unsere Ideologien auch eng werden, trügerische Sicherheit vorgaukeln, (zu) einfache Antworten auf Grundfragen des menschlichen Daseins geben sowie auf Sachfragen und Probleme, die viel zu komplex sind. Religiöser Fundamentalismus ist so eine gefährliche Vereinfachung und Verkürzung drängender Fragen der Menschen – egal, ob er christlich, islamisch, jüdisch, hinduistisch oder buddhistisch motiviert ist. Auch im esoterischen Spektrum gibt es gefährliche Tendenzen, es sich zu einfach zu machen oder bisweilen krude Erzählungen zu verbreiten, die Menschen zu Sündenböcken machen und Andersdenkende diffamieren. Solche Formen von Spiritualität oder Religiosität destabilisieren den gesellschaftlichen Zusammenhalt und führen leider oft zu einem Gegeneinander, anstatt zu Frieden und Zusammenhalt beizutragen. Religiöser wie spiritueller Fanatismus und Extremismus gehen oft Hand in Hand mit politisch extremen Bewegungen, vergessen die soziale, ethische und die gesellschaftspolitische Dimension ihrer Traditionen und verdunkeln dabei leider Licht, Hoffnung und Geborgenheit, zu der eine tragfähige Spiritualität beitragen kann.

Doch wie lassen wir Angst los, um selbst weit zu werden? Und wie können wir anderen dabei helfen? Der spirituelle hinduistische Lehrer Ram Dass soll einmal gesagt haben: „Ich kann nichts für dich tun, als an mir selbst zu arbeiten […], du kannst nichts für mich tun, als an dir zu arbeiten.“[93] In krisenhaften Zeiten, wo Verständigung schwierig wird und wichtige Beziehungen zu zerreißen drohen, brauchen wir Zeiten und Orte, an unserem inneren Frieden zu arbeiten, ihm Raum zu geben und in der inneren Einkehr Ängste da sein zu lassen, anzuschauen und sie wieder ziehen zu lassen. Nur so können wir selbst Raum sein für andere. Christliche Mystik und buddhistische Praxis verstehen Meditation nicht als Selbstverwirklichungsprojekt, nicht einmal als innere Arbeit an sich selbst; auch hier geht es eher darum, diesen Raum in uns zu kultivieren, in dem wir uns selbst wahrnehmen und begegnen können, wo wir unseren Sorgen, Ängsten, Fantasien und Emotionen zuhören und zuschauen können, ohne sie auszuagieren, und wo wir zugleich der Stille begegnen, dem „tieferen Ich bin", der Gegenwart Gottes, wie wir später noch vertiefen werden. Diese Präsenz ist heilsam – ob wir das Heil von einem göttlichen Gegenüber erfahren oder in Form einer namenlosen Gegenwart, einer Verbundenheit oder tiefen Stille.

Soren Gordhamer von der Organisation „Wisdom 2.0" lernte aus seinen Gesprächen mit Ram Dass, dass es zum einen nicht darum ginge, eine andere Person zu verändern, wir aber zum anderen auch nicht glauben müssten, keinen Einfluss auf andere zu haben. Ram Dass hielt es für entscheidend, „auf eine Weise präsent, gegenwärtig, zu sein, die sanft und ohne Zwang Unterstützung war für die Veränderung, die geschehen wollte"[94]. Er meinte: „Meine Aufgabe ist es, ein Raum zu sein, in dem nichts in mir die Veränderungen verhindert, die in dir entstehen wollen."[95] So ist unsere persönliche innere Einkehr auch ein Beitrag zum Frieden in der Welt. Auch die Seiten dieses Buches möchten Raum schaffen; Raum, der den Wandel von innen her ermöglicht.

Bei aller Unsicherheit,
bei aller Ohnmacht, Wut, Verzweiflung und bei allem Kampf
ist da auch eine Weisheit in dir.

Ist da eine leise Stimme unter all dem vermeintlichen Wissen;
ein Einspruch unter lauten und „eindeutigen Standpunkten" und
einfachen Wahrheiten,
die sich gegen andere richten.

Ist da eine Demut in dir
und die Bereitschaft, offene Fragen auszuhalten,
Unsicherheit zu ertragen,
Raum für Nicht-Wissen.
Gib dich ihr hin.

Das „Große Ganze" ist größer als deine Fragen
und trägt und birgt dich
auch jenseits von Antworten.

## Die Pforte

> Kommt durch das enge Tor hinein, denn weit ist das Tor und breit der Weg, der ins Verderben führt, und viele sind es, die da hindurchgehen. Wie eng ist das Tor und schmal der Weg, der ins Leben führt. Und wenige sind es, die ihn finden.
>
> *Matthäus 7,13–14*

Jesu drastische Rede von den Wegen, die ins Leben oder ins Verderben führen, ist wie in unsere Zeit gesprochen, wo es angesichts potenziell verheerender Folgen des Klimawandels zum ersten Mal um das Überleben als Menschheit auf dieser Erde geht. Im Matthäusevangelium stehen die Zeilen als abschließende Mahnungen am Ende der sogenannten Bergpredigt, die die Botschaft und Ethik Jesu auf wunderbare Weise zusammenfasst – auch Mahatma Gandhi zählte sie zu seinen Inspirationsquellen. Diese „abschließenden Mahnungen" der Bergpredigt haben „grundsätzlichen Charakter", wie der Neutestamentler Ulrich Luz in seinem Kommentar schreibt. Bezeichnend dabei erst recht die Parallele für uns heute: „Dabei dominiert der negative Aspekt, die Warnung vor der Katastrophe."[96]

## WARNUNGEN

Jesus warnt in diesem Zusammenhang auch vor falschen Propheten sowie vor einer Spiritualität, die seine Worte nur hört, aber nicht tut; die „Herr, Herr!“ ruft und selbst spektakuläre Kraftakte vollbringt, aber nicht den „Willen des himmlischen Vaters“ tut. Unser Heil und eine glaubwürdige Spiritualität liegen im rechten Handeln, nicht in einer Art religiöser oder spiritueller Parteimitgliedschaft, die uns durch ein „Herr, Herr!“ auszeichnen würde, durch die Sprache unserer religiösen *community*, die uns spirituelle Codewörter verraten würde, mit Hilfe derer wir uns auf die „richtige Seite“ schlagen könnten – und „die anderen“, auch die Andersgläubigen oder die Nicht-Eingeweihten, würden halt nicht verstehen oder wären gar verloren. Gerade Menschen, die sich sehr spirituell oder religiös geben, sind in der Gefahr, auch für andere zu fragwürdigen Lehrern und Lehrerinnen und „falschen Propheten und Prophetinnen“ zu werden, die eher ihrem eigenen Vorteil, Ego oder Profit folgen. Jesus warnt davor, weil sie zum einen andere Menschen in die Irre führen und zum anderen das Wesentliche zu verpassen drohen, nämlich zu dienen und sich hinzugeben, wie Jesus selbst es vorlebte. Nicht um jeden Preis sein Leben zu retten, sondern es für die größere Verantwortung und Aufgabe einzusetzen. Jede Frömmigkeit wie jede Form von Spiritualität steht hier in der Verantwortung für das große Ganze und für ein gutes Leben aller.

## WAS UNS PASSIERT UND WAS WIR ENTSCHEIDEN

Leben ist zum einen das, was uns passiert, und Leben hat andererseits mit Entscheidungen zu tun. Vieles liegt nicht in unserer Macht, manches überfordert uns schlicht und macht uns ohnmächtig; für anderes zahlen wir sozusagen den Preis, selbst wenn wir uns persönlich nichts vorzuwerfen haben. Die große Klimakrise und die Bedrohung des Lebens hier auf Erden ist Folge von menschlichen Entscheidungen und Versäumnissen gerade der letzten Jahrzehnte. Sie passiert uns und sie fordert Entscheidungen. Als wir im letzten Kapitel danach fragten, wie (Un)Sicherheit geht, erwähnte ich den Hinweis von Alexander Pollak, dass wir in Krisen oft durch *mehr* Unsicherheit gehen müssen, um am Ende notwendige Veränderungen zu erreichen und um das Leben zu sichern. Die Worte Jesu bringen dies ins Bild: Es braucht die Bereitschaft, die schmalen und unbequemen Wege zu wählen. Die Botschaft von der engen Pforte und den schmalen Wegen bringt die Dramatik und die Mühe eines Wandels zum Ausdruck, der mit Entscheidungen zu tun hat. Wir brauchen alle Kraft dafür, um gesellschaftlich wie individuell andere Wege zu gehen, stehen wir doch an Wendepunkten für die großen Entwicklungen in Wirtschaft, Verkehr und Energie sowie für die kleinen, aber weitreichenden Entscheidungen im Alltag, schon beginnend mit Einkauf und Konsum. Wenn wir nicht aufpassen, werden wir von Folgen und Entwicklungen überrollt, übersehen wir die Abzweigungen und notwendigen Kehrtwenden – im Blick auf unser persönliches Wohlergehen wie auf das Wohl und die Bewahrung allen Lebens hier auf Erden.

## RADIKALITÄT UND DRINGLICHKEIT

Wie viele andere Sätze aus der Bergpredigt sind die vom engen Tor sehr pointiert formuliert, sie klingen radikal und dringlich. Jesus legt das jüdische Gesetz aus und möchte von seiner Bedeutung nichts wegnehmen, wie er betont; seine Interpretation, seine Spiritualität ist keine weichgespülte Beschwichtigung der

Menschen, er zeigt sich nicht als netter Lehrer, der den Menschen nur gut zureden wollte. Als Prophet folgt er den alten Propheten seines Volkes, eckt an, mutet den Menschen etwas zu; und doch zeigt sich Jesus nie „moralisch". Jesus ist weder Fanatiker noch Fundamentalist. Er verkündet keine Buchstabengläubigkeit, sondern eine Ethik des Herzens. Doch macht sie das nicht weniger radikal, d. h. an die Wurzeln gehend. Wir leben heute in einer besonderen Zeit und können Weichenstellungen versäumen – Aktivisten und Aktivistinnen der so genannten „Letzten Generation" weisen uns aktuell darauf hin, dass wir alle zur Generation zählen, die zumindest die schlimmsten Auswirkungen der Klimakrise noch verhindern kann. Der Verfasser des Evangeliums nach Matthäus lässt Jesus an späterer Stelle ein Gleichnis von zehn Jungfrauen erzählen, um die Dringlichkeit des Reiches Gottes zum Ausdruck zu bringen. Die Geschichte endet mit der Erfahrung einer geschlossenen Tür (Matthäus 25,1–13). Dazu schreibt der Neutestamentler Gerhard Lohfink: „Es geht Matthäus um den versäumten Kairos, um die nicht ergriffene Stunde." Lohfink schreibt dabei über die Kirchengeschichte und die (fehlende) Verantwortung von Christen und Christinnen, was wir natürlich auch auf die Menschen ganz allgemein und deren aktuelles Zeitfenster in der Menschheitsgeschichte umlegen können: „Die Kirchengeschichte hat gezeigt, wie oft Christen die Stunde, in der sie hätten handeln müssen, nicht erkannt haben. Dann schloss sich eine Tür, die sich so schnell nicht wieder öffnete."[97]

## MAINSTREAMS UND ALTERNATIVEN

Wenn wir die Worte Jesu gesellschaftspolitisch deuten, können wir in den breiten Wegen die *mainstreams* identifizieren, also die Strömungen oder das Fahrwasser, in dem eine Mehrheit in unserer Gesellschaft unterwegs ist. Die großen Krisen unserer Zeit, allen voran die Klimakrise, zeigen deutlich, wie uns ein Fortschreiten auf den breiten Wegen der vergangenen Jahrzehnte ins Verderben führt: ungebremster Energie- und Ressourcenverbrauch, die Ausbeutung von Mensch und Natur, der Verlust der Artenvielfalt und der Anstieg der Temperatur in Luft und Wasser, der „ewiges Eis" auf den Gletschern und an den Polen schmelzen und damit den Meeresspiegel ansteigen lässt, Wetterextreme auslöst, weitere Verteilungskriege fördert und Menschen in Hunger, Not und Flucht treibt.

Wir wissen seit Jahrzehnten wissenschaftlich Bescheid, wohin unsere Lebensweise führt, doch erst in jüngster Zeit wird es vielen wirklich bewusst, und die Bereitschaft wächst, neue Wege zu bahnen und Auswege aus der Katastrophe zu suchen. Wenn wir uns zutiefst wünschen, dass diese Erde bleibt mit ihren Wundern und Jahreszeiten, dass unsere Kinder und Enkelkinder diesen Planeten mit all seinen Wesen und Geschöpfen noch erleben dürfen und wenn wir der unheilvollen Entwicklung der Wetterextreme für ganze Völker Einhalt gebieten wollen, dann kommen wir nicht darum herum, uns genauer mit unserem Lebensstil auseinanderzusetzen und gesellschaftspolitische Irrwege beim Namen zu nennen.

„Diese Wirtschaft tötet." Papst Franziskus hat diesen Satz immer wieder gesagt und in sein Apostolisches Schreiben „Evangelii gaudium" geschrieben. Und er wiederholt nur, was kapitalismuskritische Denker:innen wie z. B. Jean Ziegler, Soziologe und ehemaliger Sonderberichterstatter der UNO für das Recht auf Nahrung, uns schon lange in der gleichen unmissverständlichen Sprache ins Gewissen reden. Der breite Weg unserer kapitalistischen Wirtschaftsweise, unseres uneingeschränkten Profitdenkens wie gedankenlosen Konsums führt uns offensichtlich ins Verderben, wenn wir uns die Folgen vor Augen halten. Der Markt regelt eben nicht alles selbst – schon gar nicht ist er da für das Wohlergehen der Menschen und erst recht nicht für die Ärmsten, die Kranken, die Flüchtenden und alle anderen, die an den Rand gedrängt werden. Im Gegenteil: Kapitalistisches Wirtschaften hat die großen Krisen um Klima, Flucht und Kriege befördert. Doch Wirtschaft sind und gestalten wir alle. Wir alle kaufen ein, wir konsumieren und stützen auf die ein oder andere Weise das, was wir manchmal an den Pranger stellen. Und wir haben Alternativen.

## NEUE WEGE ABSEITS DES MAINSTREAMS

Den billigen Produkten, die auf Kosten der ausgebeuteten Menschen und der Natur gehen, stehen heute zunehmend Alternativen gegenüber, die sich als bio, regional und fair gehandelt auszeichnen und langsam aus gesellschaftlichen Nischen herausbewegen. Unser Bedürfnis nach grenzenloser Mobilität hat uns breite Wege in die Klimakrise geebnet; bei aller Euphorie um Elektromobilität und andere technische Errungenschaften werden technische Erneuerungen allein uns nicht aus den Krisen führen, zu denen sie wesentlich auch beigetragen haben: Auto- und Flugverkehr sowie Digitalisierung brauchen grundsätzliche Veränderungen, Einschränkung und Steuerung. Wir brauchen in vielen Bereichen *weniger* statt nur ein bisschen anders. Ähnlich gilt das für ein Festhalten am Mantra des Wirtschaftswachstums. Die enge Pforte zum Leben kann nur über die Einsicht führen: „All you need is less" – wie Manfred Folkers und Niko Paech es in ihrem Buchtitel auf den Punkt bringen. Die schmalen Wege liegen auf der Hand, in unseren Füßen, auf unseren Fahrrädern und auf Schiene. Es sind tägliche Entscheidungen, die wir treffen, im Konsum genauso wie mit der Wahl unseres Verkehrsmittels und dem Ausmaß unseres „digitalen Lebens".

Es wird in allen Krisenfeldern in Gesellschaft und Welt Menschen brauchen, die abseits der ausgetretenen Wege alternative Pfade und Pforten wählen. Und es wird gesellschaftliche Rahmenbedingungen brauchen, etwa eine nachhaltige Wirtschaftsweise, eine Stärkung genossenschaftlicher Betriebe, fairen Handel und eine partnerschaftliche Kooperation mit Bauern und Handwerk weltweit und regional. Eine Wirtschaft, die nach wie vor auf maximalen Konsum und die Schaffung immer neuer künstlicher Bedürfnisse ausgerichtet ist, wird den Ressourcenverbrauch und die Ausbeutung von Mensch, Natur und unser aller Lebensgrundlagen nicht beenden.

Auch in Bildung und Erziehung dürfen wir neue Wege beschreiten, um neue Werte und Maßstäbe weiterzugeben: Kooperation statt Konkurrenz, die Stärkung von Gemeinschaft und sozialem Lernen statt permanenter Bewertung, Beurteilung und Leistungsdenken. Alternative Formen von Bildung und Institutionen sind möglich und dienen nicht nur dem Wohl privilegierter Kinder – ein leider weit verbreitetes Vorurteil gegenüber privaten Bildungseinrichtungen! Um sie zu finden, für die eigenen Kinder zu wählen oder selbst damit anzufangen, braucht es aber noch immer den Mut, auch hier die schmalen Wege und die engen Tore zu suchen und sich der Kritik des *mainstreams* auszusetzen.

Ich durfte selbst in zwei Jahrzehnten mit Kindern in Kindergärten und Schulen das Potenzial der Veränderung und die Mühe solch alternativer Wege erleben, die gesellschaftlich gesehen radikal neue Wege gehen. Wir haben im zweiten Teil gesehen, wie Jesus seinen Schülern und Schülerinnen ein Kind vor die Nase stellt, als diese sich fragen, wer unter ihnen der Größte, vielleicht Beste und Einflussreichste sei. In einer Gemeinschaft von Jüngern und Jüngerinnen, die Jesus als Modell für eine veränderte Gesellschaft auswählt, herrschen völlig andere Maßstäbe. Jesu gesamte Botschaft zeigt immer wieder Pfade auf, die die Gesellschaft auf den Kopf stellen, und deutet auf Pforten, die in ein Leben führen, das auf andere Weise Fülle verspricht. Auch in unseren Kindern sehe ich für uns Erwachsene eine Pforte zum Leben, weil sie uns immer wieder neu die Chance geben, heute schon in eine menschlichere Gesellschaft hineinzuwachsen und mit ihnen zu einer Lebenshaltung zurückzufinden, die sich nicht über Leistung, Macht und Einfluss definiert; etwas radikal Neues zu bauen, anstatt immer wieder nur zu reproduzieren, was uns krank macht und dem Zusammenleben nicht dient.

## MAINSTREAMS UND KRITIK

Bei aller Kritik an den *mainstreams* dürfen wir nicht über das Ziel hinausschießen oder gar Narrative befördern, die derzeit auch in den schon erwähnten populistischen Kreisen benützt werden. In den vergangenen Jahrzehnten ist zurecht viel Kritik an System und Strukturen eines zügellosen Kapitalismus geübt worden, konkret immer wieder auch an dem Verhalten multinationaler Konzerne sowie an Regierungen, die viel zu wenig für die notwendigen Veränderungen tun. Ölkonzerne und andere Profiteure der Energiegewinnung aus fossilen Quellen bremsen immer noch den notwendigen Wandel zu erneuerbaren Energieformen. Mächtige wirtschaftliche Player sind gerade auch für die Klimaerwärmung mit verantwortlich und nehmen leider auch großen Einfluss auf Entscheidungsträger.

Wenn heute allerdings von *mainstream* und System-Kritik die Rede ist, geht es oft pauschal gegen „die da oben“, gegen das

Establishment und auch gegen die „etablierten Medien", bis hin zum „politischen System". Es ist notwendig, Schwachstellen zu erkennen und Wirtschaft und Gesellschaft inklusive politischer Prozesse und Institutionen immer wieder auf den Prüfstand zu stellen und notwendige Reformen durchzuführen. Gefährlich aber ist es, wenn Meinungsmache und Agitation damit unser gesamtes demokratisches „System" in Frage stellen und jegliches Vertrauen in Medien, Journalisten und Journalistinnen, Behörden sowie Institutionen und deren Vertreter:innen verloren geht. Auch der eingangs erwähnte Alexander Pollak weist zurecht darauf hin, dass wir bei „System"-Kritik nachfragen müssen, ob dabei Schwachstellen im System gemeint sind (z. B. Korruption) oder ob damit diffus, aber nachhaltig eine Infragestellung der Demokratie vorangetrieben wird. Wir *brauchen* etwa professionelle, unabhängige Journalisten und Journalistinnen und – im Sinne eines Vertrauens – „etablierte" Medien für eine funktionierende Demokratie, um das so wichtige Feld von Meinungsbildung und Information nicht den Fake-News-Kanälen, selbsternannten Experten und Expertinnen und tatsächlich „unseriösen" Influencern und Influencerinnen zu überlassen. „Etabliert" und *mainstream* darf also schon auch für ein in der gesellschaftlichen Mehrheit (noch) gegebenes Vertrauen in Professionalität stehen. Gewachsene und über viele Jahrzehnte bewährte Strukturen und Errungenschaften – einschließlich politischer Parteien – dürfen nicht leichtfertig aufs Spiel gesetzt werden. Wohin das führen kann, sehen wir in der US-amerikanischen Gesellschaft unter Präsident Trump, der bis heute die Wahlen 2020 als „gestohlen" verunglimpft (ohne Belege vorzulegen) sowie in die Stürmung des Kapitols verwickelt war – alarmierende Signale einer Destabilisierung der Demokratie bis hin zu ihrer offenen Demontage.

## AUSRICHTUNG UND ANSATZPUNKTE

Wir haben im dritten Teil des Buches gesehen, wie wichtig ein inneres Ja ist und wie Menschen selbst in schwierigsten Umständen ein Ja zum Leben finden können. Selbst die pazifistische Kämpfernatur Rosa Luxemburg zeigt ein liebevolles und zärtliches Ja zum Leben, während sie Unrecht benennt und äußerlich Widerstand und ein politisches Nein verkörpert. Brennende Sorge für Frieden, die Bewahrung der Schöpfung und eine gerechte Gesellschaft sind nicht unvereinbar mit einer Sorglosigkeit, wie Jesus selbst es in der Bergpredigt zusammenbringt: „Sucht doch zuerst nach seinem [Gottes] Königtum und dessen Gerechtheit, dann wird euch das alles hinzugelegt werden“ (Matthäus 6, 33). Die Ausrichtung ist entscheidend. Und wie wir gesehen haben, muss diese Ausrichtung nicht einmal explizit religiös sein. Rosa Luxemburg war ausgerichtet auf Frieden, Einsatz ihres Lebens und Hingabe. Und sie fand selbst im Gefängnis innerlich Zuflucht und Befreiung von Angst und Sorge in der Ausrichtung auf das Hier und Jetzt.

Gesellschaftspolitisches Engagement und Meditation, Aktion und Kontemplation schließen einander nicht aus. Im Gegenteil: Sie unterstützen einander. Rechte Achtsamkeit und rechtes Handeln gehören untrennbar zusammen – auch für Jesus. Gewaltlosigkeit und innerer Frieden ist die kraftvollste Ressource, um Frieden in die Welt zu bringen. Das führt uns nochmal zurück zur Deutung der engen Pforte als gegenwärtigen Augenblick, wie ich sie beim Schatz im Acker im ersten Teil kurz beschrieben habe.

Nur wer hellwach ist, übersieht die Not nicht und auch nicht die Zeichen der Zeit. Wenn wir uns bewusst einlassen, dort anzukommen, wo wir gerade stehen, sitzen oder laufen, öffnen wir uns für das Leben und erhalten damit zugleich den Ansatzpunkt für bewusste Entscheidungen und unser Wirken in der Welt zurück, der uns gedankenverloren oder durch permanente Ablenkung unserer digitalen Welt abhandenkommt. Aber diese Pforte ist klein, unscheinbar, oft wie zugewachsen von unseren kleinen Sorgen und vom Lärm der Welt. Wie finden wir diese Pforte? Nicht ohne Entschleunigung: langsam werden, innehalten. Nur so können wir unsere Sinne öffnen, die körperlichen Tore zum Leben, auch um zu spüren, was uns guttut und was nicht. Auch unsere Sinne, unser Atem, unser Herz sind Pforten zur Gegenwart und zu einem Lebensgefühl, das auch Freude und Zuversicht kennt und Einsatz und Hingabe ermöglicht.

Wir legen die Scheuklappen ab, mit denen wir durch den Alltag hetzen, und können buchstäblich „zur Besinnung kommen"[98]; zu Bewusstsein und zu einer Bewusstheit, mit der wir auch unser Leben auf neue Weise gestalten sowie notwendige und nachhaltige Entscheidungen treffen können. Eine befreundete Familie erzählte mir vor ein paar Jahren begeistert, sie hätten ihr großes Auto verkauft und würden sich E-Bikes anschaffen und – wie wir auch – auf öffentliche Verkehrsmittel umsteigen. Es ist wie eine Befreiung, uns von den Zwängen unserer Gesellschaft genauso wie von unseren inneren Vorbehalten lösen zu können. Auch uns war es als Familie möglich, selbst mit drei Kindern auf den Besitz eines eigenen Autos zu verzichten, was andere noch heute manchmal ungläubig staunen lässt. Doch diese Entscheidung war für uns nie nur Idealismus oder Einschränkung, sie brachte viel Erleichterung: weniger Geld verdienen müssen; uns nicht um ein Auto samt Finanzierung, Reparaturen etc. kümmern müssen. Auf einen Bus oder Zug warten, kann manchmal lästig sein und Fahrten mit öffentlichen Verkehrsmitteln können durchaus auch mühsam und abenteuerlich sein; aber sobald wir in Bus oder Zug sitzen, brauchen wir uns selbst nicht mehr anzutreiben oder über andere Autofahrer:innen aufzuregen und haben Zeit zum Lesen und zum Reden.

## DAS TOR DER STILLE

So viel Lärm um uns herum. So viel Lärm in uns! Glaub nicht alles, was andere denken und sagen. Aber glaub auch nicht alles, was du selbst denkst und fühlst! Glaub nicht einfach dem, „was alle sagen", auch nicht den Influencern deiner *communities* und *bubbles*. Behalte dir das Recht vor, nicht alles wissen zu müssen, vorläufige Meinungen zu vertreten und nicht überall schon „Bescheid" zu wissen.

Stille ist selbst wie eine Pforte. Im stillen, kontemplativen Gebet nehmen wir für Momente ganz körperlich Verbindung auf zum Strom des Lebens in unserem Körper. So kann das Rauschen von „draußen" und das unserer eigenen Gedankenströme ein bisschen stiller werden. In der Verbundenheit und Verankerung im Körper, im Atem, im Tönen und Singen spiritueller Chants, im inneren Sprechen eines Mantras oder des Namens Jesus erwächst uns ein Gegengewicht, um nicht permanent fortgespült zu werden von den Strömen und Strömungen in unserem Kopf und um uns herum. Nur im Kontakt zur inneren Stille, zum tiefen Grund, verlieren wir uns nicht in der Welt und im Kreisen um Sorgen und uns selbst.

Die Verbindung zum Großen Ganzen des Lebens bewusst aufzunehmen, ist hilfreich und vielleicht überlebensnotwendig in Zeiten großer Krisen. Ob wir dazu ein personales göttliches Gegenüber pflegen oder nicht, ist eine Frage der Form und Tradition, der wir uns zugehörig fühlen. Entscheidend ist die Verbindung und Verbundenheit mit dem Großen Ganzen des Lebens, die viele am leichtesten in der Natur finden. Ein wunderbares hinduistisches Bild beschreibt die Schöpfung als Tanz und Gott als Tänzer. Der indische Jesuit und spirituelle Begleiter Anthony de Mello nimmt darauf Bezug und schreibt:

> „Auf seiner Suche nach Gott denkt der Mensch zuviel, überlegt zuviel, redet zuviel. Selbst wenn er diesen Tanz betrachtet, den wir Schöpfung nennen, grübelt er die ganze Zeit, spricht (zu sich und anderen), analysiert und philosophiert. Worte, Worte, Worte. Lärm, Lärm, Lärm.
>
> Sei still und sieh dem Tanz zu. Nur hinschauen: ein Stern, eine Blume, ein welkendes Blatt, ein Vogel, ein Stein. Jeder Teil des Tanzes ist geeignet. Schauen, lauschen, riechen, berühren, schmecken. Und sicher wird es nicht lange dauern, bis du Ihn siehst, den Tänzer selbst!“[99]

Das Große Ganze ist immer da. Gott ist immer da. Wir „treffen“ uns, wenn wir als Menschen auch da sind, also gegenwärtig, präsent.

## Übung im Stehen

Hier eine Körperübung – aus dem Yoga inspiriert –, die ich meist mehrmals am Tag mache, am Ende meiner Meditationszeit genauso wie draußen. Für mich ist sie ein Gebet.

Am schönsten ist sie für mich draußen vor meinem Lieblingsbaum – einer mächtigen Föhre, von der ich im letzten Teil des Buches erzähle –, vor einem Berg oder nach meiner Joggingrunde, wenn ich noch einmal zurückblicke auf die ganze Innsbrucker Nordkette, die man von meiner Gegend in voller Breite sehen kann bis zum Bettelwurf hoch über dem Halltal.

Ich stehe aufrecht, locker in den Knien, den Hüften, locker in den Schultern. Die Arme baumeln an den Seiten und die

Hände öffnen sich mit der Innenseite nach vorne. Dann breite ich meine Arme von unten her aus nach beiden Seiten mit den offenen Händen nach oben. Langsam führe ich sie so im Bogen, bis sie sich über meinem Scheitel zur alten Gebetshaltung der betenden Hände treffen.

Ich schaue ganz nach oben in den Himmel, nehme Blickkontakt auf, während meine gefalteten Hände langsam entlang meiner Körperachse wieder nach unten gehen. Vor meinem Herzzentrum halte ich nochmal kurz inne, bis ich die Übung vielleicht einmal, zweimal, mehrmals wiederhole, indem ich meine Hände wieder voneinander löse und die Arme im Bogen wieder nach oben führe.

Die Übung lässt sich mit dem Atem verbinden, indem wir einatmend den Bogen nach oben beschreiben und ausatmend die betenden Hände wieder nach unten bis zum Herzzentrum führen.

Für mich ist es ein Mich-Einsammeln, eine Bewegung nach außen und von außen zurück zu mir selbst. Gleichzeitig grüße und umarme ich das Leben, die Wesen dieser Welt, die Berge, die Bäume, Himmel und Erde. Ich spüre, dass ich ganz und verbunden bin; dass alles zusammengehört, eins ist. Dem Leben mit einer kleinen Zeremonie begegnen. Den Augenblick, den gegenwärtigen Moment in einer schlichten Geste feiern: hellwach am Leben, verwurzelt am Boden und verbunden mit allen Dingen und Wesen.

## FÜNFTER TEIL

# AUSLASSEN. KUNST DER ENDLICHKEIT

Du Schwester Luft, heilig Atem und Wind!
Ein Hauch eingehaucht und ein Leben beginnt.

Es atmet und atmet uns – ein Geist ist erwacht.
Jetzt leben, hier sind wir, und er hat uns nachhause gebracht.

*Inspiriert vom Sonnengesang*
*des Franz von Assisi*

Eine immer geschlossene und eine immer geöffnete Hand
ist eine verkrüppelte Hand.
Ein Vogel kann nur fliegen,
wenn er seine Schwingen öffnen und schließen kann.

*Rumi*

Das Leben beginnt mit einem Atemzug. Der Atem ist ein zentrales Thema in vielen Formen der Meditation. „Der Atem lehrt uns alles", können wir in Einführungen zur Meditation hören oder lesen. Es fasst die Grunderfahrung von Menschen ins Wort, die sich über viele Jahre in Meditation üben. Ich selbst beschreibe den Atem gern als „Software des Lebens". Neben der Kunst, uns *einzulassen*, braucht es die Kunst, uns auszulassen, sowohl im Alltag, wo wir uns die Bedeutung des Auslassens nochmal am Beispiel von Eltern und Kindern anschauen, als auch als spirituelle Grundhaltung, die uns im Umgang mit Leid und Tod zur Hingabe führt. Neben der Betrachtung des Grundprinzips vertiefen wir in diesem Teil vor allem das Auslassen – und stoßen dabei auf das Anhaften, das in der buddhistischen Tradition als Grundübel unseres Leidens verstanden und erforscht wird. Ich berichte von einem unfreiwilligen, aber sehr lehrreichen „Selbstversuch" dazu. In der Frohen Botschaft Jesu finden wir schließlich Orientierung in den dichten Worten eines kurzen Gleichnisses. Es bringt die Kraft des Schauens, des Nicht-Tuns, des Lassens zum Ausdruck. In ihr liegt auch der Schlüssel zu hellwacher Präsenz.

# Atem – Software des Lebens

Einlassen und auslassen – wenn wir genau hinschauen, sehen wir, wie diese Grundbewegungen des Atems unser ganzes Leben durchziehen; ein Leben, das wie alles in der Welt dem ewigen Kreislauf von Werden und Vergehen unterliegt. Dabei ist das ganz und gar nicht theoretisch oder nur eine philosophische Gedankenspielerei.

Eltern lassen sich intensiv auf ein Leben mit Kindern ein. In der ersten Zeit sind wir phasenweise wie verschmolzen, und manchmal wird es uns auch zu eng, es gibt Reibung und Spannungen, das Einlassen bewirkt jedenfalls ordentlich Energie. Und schon bald kommen die ersten Erfahrungen, wo wir unsere Kleinen, die doch „schon groß" sind, auch wieder auslassen müssen. Zum ersten Mal zu den Großeltern oder dann zu Besuch bei Freunden. Das erste Mal irgendwo „abgeben" (müssen), alleine in den Kindergarten oder dann in die Schule gehen lassen, das erste Mal in den Laden um die Ecke … Das sind erste kleine Abschiede, die manchmal ganz schön zu Herzen gehen können. Und dann die größeren Abschiede bis hin zu meiner bereits erwachsenen Tochter kürzlich, die sich für ein paar Monate 18.000 Kilometer ans andere Ende der Erde nach Neuseeland aufmachte. Ich hätte nie gedacht, wie schwer das sein kann. Und als mittendrin in diesen Monaten ihrer Reise mein Leben mit dem Herzinfarkt plötzlich auf Messers Schneide stand, stand uns auch dieses Auslassen in seiner ganzen Tragweite wieder vor

Augen: Nehmen wir bewusst Abschied, auch bei den kleinen Abschieden. Wir wissen einfach nie, wann es der letzte ist. Diese Zerbrechlichkeit des Lebens muss uns nicht verrückt machen, aber es ist eine Erinnerung an die Kostbarkeit unserer Verbindungen. Auf jedes Einlassen folgt ein Auslassen. Auf jedes Ankommen ein Weggehen. Und umgekehrt.

## ACHTSAMKEIT UND EINLASSEN

Von der Kunst, sich einzulassen, war im ersten Teil schon die Rede. Wer ein erfülltes Leben führen möchte, muss sich *einlassen* können. Mit ganzem Herzen. Manchmal mit Haut und Haar. Nur so werden wir aufwachen können aus unserer Gedankenverlorenheit. Aus unserem Schlaf der Unbewusstheit. Nur wer wach ist, kann den Autopiloten ausschalten. Auch wird uns der Autopilot nicht zu unserer Bestimmung im Leben fliegen lassen. Den *purpose*, den Zweck unserer Existenz, wie der Bestsellerautor John Strelecky es nennt, der „Das Café am Rande der Welt" geschrieben hat, finden wir nur mit einem wachen Herzen. Auch Paolo Coelhos Pilger auf dem Jakobsweg und sein „Krieger des Lichts" wie alle spirituellen „Krieger" müssen so manche Aufgabe und Herausforderung in Kauf nehmen auf ihren Heldenreisen – wie die Helden und Heldinnen aller Mythen und Zeiten. Und auch auf jeder Schatzsuche finden sich die Schätze nicht *en passant*.

Jedes Leben hält solche Schätze bereit. Sie sind nicht nur Teil von Piratengeschichten und Märchen, Hollywood-Filmen, Bestsellern und Games. Selbst eines der letzten realen Abenteuer unserer zivilisierten Wohlstandsgesellschaften – unser Leben mit Kindern – gleicht manchmal einer Schatzsuche. Und das nicht nur, wenn wir Kindergeburtstage feiern. Manche Schätze sind unscheinbar und glänzen erst bei näherem Hinsehen. Manche

Schätze sehen fürchterlich aus und entpuppen sich erst mit dem Kuss als Prinz. Aber ohne Einlassen finden wir gar nichts. So ganz an der Oberfläche finden sich selten Schätze. Da müssen wir schon auch mal tief graben, schwitzen, schaufeln, Hand anlegen, wie wir beim Lohnarbeiter, der den Schatz im Acker findet, annehmen dürfen. Auch der Alltag mit Kindern braucht unser Einlassen; nicht nur weil wir das unseren Kindern schuldig sind und weil sie es mitunter auch vehement einfordern, sondern auch um uns tiefer einzulassen auf das Geheimnis des Lebens, um auch in der Begegnung mit ihnen den spirituellen Raum zu ergründen, den Jesus „Reich Gottes" nennt.

Knüpfen wir noch einmal an das Leben mit Kindern an: Solange die Kinder klein sind, ist es für die meisten schwierig, eine formale Meditationspraxis zu etablieren. Das bedeutet nicht, dass wir es nicht immer wieder versuchen können, uns Nischen in Zeit und Raum zu suchen, wo wir uns in die Stille zurückziehen können oder uns für Momente im Nicht-Tun zu üben, ja sie uns einfach zu erlauben, auch wenn immer tausend Dinge nach „Erledigung" rufen mögen. Gleichzeitig dürfen wir uns immer wieder bewusst machen, dass unser Platz für einige Jahre in erster Linie an der Seite unserer Kinder ist. Kleine Kinder brauchen Menschen, die sich für eine Weile in ihren Bedürfnissen immer wieder zurücknehmen können, damit sie Bedingungen vorfinden, die sie für die entscheidenden Jahre ihrer Entwicklung unterstützen. Und ich meine damit nicht, dass Eltern sich um ihre Kinder drehen sollten (wir kommen gleich darauf zurück), dass sie am besten schon vorher alle Erziehungsratgeber gelesen haben oder mit Handbüchern in den Alltag mit Kindern gehen sollten, sondern dass sie einfach da sind. Es braucht keine Animation und schon gar nicht ein Um-sie-Kreisen wie im Bild der Helikopter-Eltern! Es braucht Aufmerksamkeit, immer wieder ungeteilte Präsenz, und wenn es nur für Momente ist. Insofern können wir auch mit ihnen erst recht wieder genau das lernen, was wir in der Meditation und Kontemplation auch einüben: hellwache Präsenz, lebendiges Interesse, Gewahrsein. Und Liebe. Aber Liebe geht auch nicht *en passant*.

*Mich ganz einlassen* – lange Zeit habe ich Achtsamkeit auch so definiert und auch mein Leben und Spiel mit Kindern. Erst im Laufe der Zeit wurde mir auch im pädagogischen Kontext klar, wie sehr es auch das Auslassen braucht. So banal das klingt – es ist genauso schwer wie Einlassen. Mich einlassen und mich *aus*lassen.

## AUSLASSEN MIT KINDERN

Ich bleibe noch einen Absatz lang beim Alltag mit Kindern, weil dies für mich wie für viele andere Menschen eine entscheidende Phase in unserem eigenen Leben ist. Es ist ja viel geschrieben worden über die „Helikopter-Eltern". In einer Zeitschrift fand ich einmal den Titel „Auch Buddha hatte Helikopter-Eltern". Und auch in meinem Umfeld erlebe ich immer wieder Eltern, v. a. wenn sie nur ein Kind haben oder/und nicht mehr ganz die Jüngsten sind, die sich gut einlassen können, vielleicht zu gut. Und sich dagegen schwer tun mit dem Auslassen. Kinder brauchen unsere Aufmerksamkeit und unser Einlassen, aber eben kein Kreisen und Brüten über ihnen. Gerade wenn sie aus dem Nest schon draußen sind. Und das sind sie spätestens, sobald wir sie in eine Einrichtung abgeben. Wir dürfen sie nicht festhalten, wie wir Dinge des Lebens oft festhalten wollen. Aufmerksame Erwachsene, ihre Resonanz und ihre Liebe sind für Kinder überlebensnotwendig. Gleichzeitig drücken wir ihnen quasi das Leben ab, wenn wir nicht auch lernen *aus*zulassen. Kinder haben manchmal mehr mit den Sorgen ihrer Eltern um sie zu kämpfen als mit ihren eigenen. Kinder haben nichts als Schwierigkeiten, wenn Eltern sich *ihre* Schwierigkeiten zu sehr zu eigen machen. Das erleben wir in pädagogischen Einrichtungen immer wieder, wenn Eltern nur noch Augen und Ohren für ein Problem ihres Kindes haben oder auch nur für eine Geschichte, die ihr Kind erzählt. Besorgte Eltern machen es Kindern oft unnötig schwer, Verantwortung für ihr eigenes Leben zu übernehmen – inklusive der Herausforderungen, die eben alle Menschen erleben. Pädagogen und Pädagoginnen in Kitas und Schulen können davon ein Lied singen. Besorgte Eltern schwächen ihre Kinder mit ihrer Sorge, anstatt ihnen zu helfen.

## ENTLASSEN UND VERSCHWINDEN

Die große Kunst der Elternschaft und des Lebens überhaupt liegt in der Balance zwischen Einlassen und Auslassen. Gerade der „westliche Mensch" sieht sich gerne in der Macher-Rolle, und so hat er viel gemacht, sich viel eingelassen, sich gerade in den vergangenen hundert Jahren viel einverleibt – zu viel, wenn wir auf die begrenzten Ressourcen der Erde schauen und auf die Folgen dessen, was sich von einer Nutzung zur Ausbeutung verzerrt hat. Aber nicht nur in pädagogischer und wirtschaftlicher Sicht müssen wir die Balance zwischen Einlassen und Auslassen beachten. Sie gilt auch für das Spirituelle, zu dem die Kunst gehört, „sich zu lassen, sich zu vergessen und sich selber nicht zu beabsichtigen"[100], wie es der Religionspädagoge und Mystiker Fulbert Steffensky beschreibt. Es ist die „Kunst der Endlichkeit"[101]. Er fragt weiter, ob man sich „in einer Welt der Macher [...] hergeben" kann, „sich entlassen in das große Geheimnis der Welt"[102]? Der buddhistische Mönch Ajahn Brahm, Abt eines großen australischen Klosters und Bestsellerautor, spricht sogar von der „Kunst des Verschwindens“ – *the art of disappearing*[103].

## LEBENSPRINZIP ATEM

Wenn wir den Atem beobachten, erkennen wir neben dem beschriebenen Grundprinzip unter anderem noch zwei Dinge.

Erstens: *Es atmet in uns.* Wir könnten auch sagen: Es atmet uns. Wir müssen gar nichts tun. Es geschieht von selbst. Ist es nicht ein großes Geheimnis: Wer atmet uns? Der Atem ist der Geist, der Spirit, die Seele, die uns geschenkt ist. In den alten Sprachen der Antike (lateinisch *spiritus*, griechisch *pneuma* und hebräisch *ruah*) sind all diese Begriffe verknüpft, ja z. T. identisch. Auch beim chinesischen Begriff *chi* und beim altindischen (Sanskrit) Begriff *prana*. Auch wenn das Einatmen der aktive Part dieses Lebensprinzips zu sein scheint im Vergleich zum passiven Ausatmen, so ist auch das Einatmen eine Bewegung, die wie von selbst geschieht. Und auch wenn wir mit bewusster Atem-*Technik* für bestimmte Zwecke einiges verändern können, besteht unsere Aufgabe grundsätzlich eher darin, diesem Prinzip, dieser geheimnisvollen Bewegung von außen, freien Lauf zu lassen. Wenn uns etwas beschwert – auch im übertragenen Sinn –, wenn uns ein Stein auf der Brust liegt, wenn wir in Schwierigkeiten stecken, dann ist auch der Atem beschwerlich. Dann geht es immer darum, etwas aus dem Weg zu räumen, wie das Hindernis in einem Bachbett, damit der Atem wieder „frei fließen“ kann.

Zweitens: *Es gibt Pausen.* Ein. Aus. Stille. Wir denken meist, dass der Atem aus zwei Bewegungen besteht, Einatmen und ausatmen. Dabei gibt es noch eine dritte Phase: die Stille, die dem Ausatmen folgt. Das Ausatmen ist schon zu Ende, aber die Weisheit des Atems schenkt uns eine „Verschnaufpause“. Wir brauchen den frischen Sauerstoff und das Einlassen des Atems. Und wir brauchen das Loslassen der verbrauchten Luft. Aber wir brauchen auch die Pause, bevor alles wieder von vorne losgeht. Ähnlich der Herzschlag, der das zweite Lebensprinzip in unserem Körper darstellt. Das Herz ist kein Motor, der durchgehend brummt, es schlägt, immer doppelt und es macht Pausen. Forscher haben dieses pulsierende Pumpen auch beim Transport von Flüssigkeiten in Rohren untersucht und herausgefunden, dass es die Turbulenzen im Rohr beruhigt und damit die Reibung reduziert. Die Anwendung dieses Prinzips in der Wirtschaft könnte also in doppelter Weise Energie einsparen.[104] Das Leben ist das Prinzip Geben und Nehmen, und es macht Pausen. Herz und Atem – sie machen unser Leben aus und zeigen uns zugleich, dass wir es einer wundersamen Intelligenz verdanken, die unser eigenes Machen und Denken weit übersteigt.

## HINTERGRUND UND STILLE

Wenn wir genauer hinschauen, ist die Stille nicht nur die kleine Pause zwischen Ausatmen und Einatmen, sowie zwischen den Herzschlägen, die Stille ist vielmehr der Hintergrund, aus dem jede Bewegung entsteht und in die sie zurückkehrt. So wie jeder Laut aus der Stille auftaucht und in sie zurückkehrt. So wie unser Bewusstsein, das wie der große Himmel ist, vor dem alle Formen des Geistes, Gedanken, Gefühle, Sinneswahrnehmungen wie auf einer Leinwand in Erscheinung treten, so können wir uns auch die Stille vorstellen. An diese Stille erinnert uns mit jedem Atemzug die Pause. Wer sich mit Meditation beschäftigt, wird früher oder später auf die Bedeutung des Atems stoßen. Er ist der perfekte Wegbegleiter dafür. Wir folgen der Richtung und Bewegung des Atems: Ein – aus – Stille. Der Atem weist den Weg tief in uns hinein und wieder heraus. Und er macht Pausen, hält inne, macht der Stille Platz. Er ist Sinnbild und Begleiter unseres spirituellen Weges in die Tiefe und Weite.

Es gibt ein wunderbares Bild von Rumi, dem persischen Dichter und Sufi-Lehrer aus dem 13. Jahrhundert, der das gleiche Prinzip in zwei Bildern beschreibt: „Eine stets geöffnete oder eine geschlossene Hand ist eine verkrüppelte Hand. Ein Vogel, der seine Schwingen nicht öffnen und schließen kann, wird nie fliegen."[105]

## AM ENDE UNSERES TUNS

„Wir Westler sind ‚Ham-ham-Menschen'", sagt meine Kontemplationslehrerin, die Marienschwester vom Karmel Sr. Huberta Rohrmoser, immer bei der Einführung zur Atemwahrnehmung. Wir im Westen atmen vermutlich zu viel ein, wollen alles in uns aufnehmen und unter Kontrolle bringen, während wir das *Lassen*, das Aus- und Loslassen, noch nicht so wertschätzen wie viele Wege „östlicher Spiritualität". Trotz manch kämpferischen oder gar kriegerischen Rhetorik wurden wir in der Pandemie damit konfrontiert, dass sich gegen das Corona-Virus kein Kampf führen ließ. Die Krise konfrontierte uns mit etwas, das wir nicht mehr gewohnt waren: Wir können als Einzelne nichts mehr *tun*. Niemand hätte es noch Wochen vorher für möglich gehalten, dass ein winziges Virus einer modernen, wohlhabenden und wissenschaftlich-medizinisch hoch entwickelten Gesellschaft quasi den Stecker ziehen kann. Wir waren gezwungen zur Rückkehr in unsere Häuser. Haben wir die Herausforderung angenommen, auf diese Weise auch *auszulassen*?

In Zeiten der Pandemie stießen Politik und Medizin, Wissenschaft und Technik an ihre Grenzen, ja selbst gesellschaftliche

Selbstverständlichkeiten wie freier Warenverkehr und Reisefreiheit waren plötzlich unterbrochen. Was tun, wenn unser Machen nicht mehr alles macht?

Müssen und dürfen wir uns erinnern an die Fähigkeit des Menschen, in Zeiten von Not, Elend und Katastrophe andere Qualitäten zum Blühen zu bringen, die wir immer wieder zu leicht vergessen? Angesichts von Menschen, die in ihrem Leben aufgrund von Gefängnis und Folter oder Krankheiten mit großen Einschränkungen zurechtkommen mussten – Menschen wie Nelson Mandela, Dietrich Bonhoeffer, die taub-blinde Helen Keller oder auch der weltberühmte Astrophysiker Stephen Hawking, der an der schweren Nervenkrankheit ALS litt –, klang unser Jammern in Zeiten von Covid-19 manchmal recht unverhältnismäßig und zeigte unsere Schwierigkeiten mit dem Auslassen auf. Wo finden Menschen Zuflucht, wenn sie nichts mehr tun können und gesellschaftliches *Machen* allein uns nicht mehr retten kann? Wo finden sie den Frieden, „der höher ist als alle Vernunft“ (Brief an die Philipper 4,7)? Bonhoeffer fand Gottes Frieden in seinem christlichen Glauben, so wie viele Menschen gestern und heute in einer Gottesbeziehung Zuflucht finden, wenn es darum geht, auslassen, loslassen zu müssen.

## KAPITULATION

Heute haben viele Menschen keinen Zugang mehr zu den bergenden Sätzen ihrer heiligen Schriften. In der jüdisch-christlichen Tradition sind es die Psalmen, Klagelieder und dann die Botschaft Jesu in den Evangelien. Aber auch wenn viele die Schätze in der Bibel nicht mehr finden, ihre Kraft lebt weiter. Und in ihrer Tiefe treffen sie sich auch mit der Essenz anderer religiöser und spiritueller Traditionen. Auch in den Schriften moderner buddhistischer oder säkularer Lehrer finden wir bisweilen eine unerwartete Wertschätzung des Religiösen. Der amerikanische buddhistische Lehrer Ezra Bayda schreibt über die Angst des Menschen vor Abgrund und Trennung, wo kein „vom Willen oder vom Ego gesteuerter Akt“ mehr hilft:

> „Vielleicht ist *Kapitulation* das einzige Wort, um den Prozess, sich dem Verlust zu öffnen, zu beschreiben. [...] Das Üben auf dieser Ebene ist im Wesentlichen religiöser Natur, weil wir vor etwas Größerem als dem Ich kapitulieren.“[106]

Diese tiefe Wahrheit muss die Kraft ohnmächtiger Hingabe wie die der Märtyrer:innen genauso gewesen sein wie die vieler namenloser Menschen, die quer durch die Geschichte zur Hingabe fähig waren, als sie mit Lebenssituationen konfrontiert waren, die sie selbst nicht ändern konnten. Ezra Bayda weiter:

> „Wir treten in die Wirklichkeit von ‚dein Wille geschehe‘ ein, wo sich das Ich – das kämpfende, getrennte Selbst – in der Weite des gegenwärtigen Augenblicks auflösen kann. Indem wir uns dem Verlust öffnen, indem wir vor dem Augenblick kapitulieren, indem wir lernen, den ungeheilten Schmerz in uns einzulassen, den wir vorher weggeschoben haben, lernen wir nach und nach, aus dem Herzen zu leben, das nur Verbundenheit kennt.“[107]

## DIE KUNST DER ENDLICHKEIT UND BEDÜRFTIGKEIT

Erstaunlicherweise treffen sich gerade Buddhismus und Christentum in ihrer intensiven Auseinandersetzung mit dem Leid. So oft die Unterschiede und das Trennende in den Vordergrund gerückt werden, so scheint mir trotz aller Unterscheidungen das Gemeinsame viel stärker, etwa die Macht der Hingabe und die Kraft scheinbar ohnmächtigen Einlassens auf das, was ist. Und trotz allen scheinbaren Wissens *im Nicht-Wissen ruhen zu können*, wie der Mediziner, Molekularbiologe und Achtsamkeitslehrer Jon Kabat-Zinn es nennt.

Der weltbekannte indische Philosoph Jiddu Krishnamurti nannte es am Ende seines Lebens sein Geheimnis: „Nichts gegen das haben, was ist." So Furcht einflößend die Ausnahmesituation der Pandemie war, so hilfreich kann die Erkenntnis sein, die wir in dieser Klarheit selten zu Gesicht bekommen: Wenn wir nichts mehr tun können, können wir uns darin üben, uns hinzugeben, unseren Widerstand loszulassen, uns in Demut und Nicht-Wissen zu üben – Steffensky nannte es „passive Stärken":

> „Wo wir auf imperiale Weise mit uns selber, mit der Natur, mit den Tieren umgehen, da verlieren wir unsere passiven Stärken: die Geduld, die Langsamkeit, die Stillefähigkeit, die Aufnahmefähigkeit, das Hören, das Warten, das Lassen, die Gelassenheit, die Ehrfurcht und die Demut."[108]

Leben ist – ob spirituell, religiös oder nicht – auch die „Kunst der Endlichkeit und der Bedürftigkeit"[109].

# Anhaften – Selbstversuch Achtsamkeit

Das Gegenteil von loslassen und auslassen, ist das Festhalten, das Festklammern, das Anhaften, wie es in der buddhistischen Literatur bezeichnet wird. Als ich in der Pandemie zwischen diversen Lockdowns zeitweise online Achtsamkeitstrainings für Mitarbeiter:innen einer großen Firma hielt, behandelte ich mit meinen Kollegen das Thema Stress und unangenehme Erlebnisse. Wer sich einmal in Achtsamkeit geübt hat, etwa einen von Jon Kabat-Zinn entwickelten 8-Wochenkurs zur Stressbewältigung (MBSR) besucht hat, weiß, wie zentral gerade das Thema Stress für die Achtsamkeitspraxis ist. Zwischen den Kurstreffen staunte ich nicht schlecht, als ich mich als Trainer in diesen Tagen plötzlich mitten im Selbstversuch wiederfand.

Alles beginnt damit, dass ich bei mir eine zunehmende Gereiztheit beobachte. Sie war früher so oft mein Begleiter, saß mir im Nacken, sickerte in meine Glieder. Alles beginnt zu nerven. Und ich geh den anderen auf die Nerven damit. Und dann geh ich mir selber auf die Nerven. Kann kaum noch in den Spiegel schauen. Die Spirale der Selbstverurteilung beginnt. Dabei sollte ich das überwunden haben, glaubte ich; es kommt auch nicht mehr so oft vor, aber hier ist es mal wieder … Ein innerer Dialog:

„Was bin ich für ein ‚Achtsamkeitslehrer'?" – „Was für ein Quatsch. Noch immer nicht begriffen, dass achtsam sein nicht bedeutet, das alles nicht mehr zu erleben?!" –

„Ja, es ist die alte Falle: Wut – was ich? Ich hab keine Wut. Wut ist wie Sch…. Die magst du nicht sehen. Die spülst du ganz schnell runter." – „Aber hattest du nicht schon mal verstanden, dass Achtsamkeit nicht bedeutet, keine Emotionen haben zu dürfen!? Hast du nicht selbst gesagt: Es geht nicht darum, KEINE Wut zu haben, es geht darum, wie wir mit der Wut umgehen!?"

Wir können auch *achtsam wütend* sein. So wie wir auch achtsam laufen können, selbst wenn wir es eilig haben. Das Gegenteil von Achtsamkeit sind nicht negative oder „unangenehme" Gefühle! Das Gegenteil von Achtsamkeit ist Unbewusstheit, der Autopilot, die automatischen Reaktionen. Und in dem Sinne eben die Un-Achtsamkeit! – „So weit verstanden, nur mal eben wieder völlig vergessen bzw. noch weit davon entfernt, es verinnerlicht zu haben …"

## SHENPA

Gefühle sind also nicht das Problem. Die Problematik und das, was der Hirnforscher Daniel Siegel den „unteren Weg" nennt, beginnt, wenn wir uns verbeißen, hängenbleiben und zusehends keinen Zugang mehr zu den höheren Verarbeitungsprozessen unseres Gehirns haben[110] – ich jedenfalls bleibe in dieser Situation wieder einmal hängen bei meiner eigenen Gereiztheit, raste ein. *Shenpa* heißt das in der tibetisch-buddhistischen Terminologie. Die weithin bekannte tibetisch-buddhistische Lehrerin und Nonne Pema Chödrön, von der wir schon gehört haben, hat darüber ein wunderbares Buch mit dem Titel „Den Sprung wagen" geschrieben. *Shenpa* ist das, was meist mit „anhaften" übersetzt wird. Chödrön umschreibt es weiter mit *einrasten, hängen bleiben, feststecken.*[111] Das ist das Problem, denke ich. Das passiert mir jetzt wieder. Ich bin gereizt oder wütend, und wenn ich genauer hinspüre, entdecke ich sogar eine tiefe Traurigkeit. So weit komme ich sogar, diese Traurigkeit zu entdecken. Doch leider kann ich diese Traurigkeit nicht wahrnehmen, ohne darüber zu urteilen, ohne sie zu brandmarken, etwa als Selbstmitleid, Wehleidigkeit – „Mein Gott, was will ich mit meiner Wehleidigkeit, meinen Wehwehchen, wo andere permanent auf Leben oder Tod in Krankenhäusern dienen?" – Es war die Zeit hoher Covid-Fallzahlen.

Und doch spüre ich eine tiefere Traurigkeit, die vielen ungeweinten Tränen der letzten Monate und Jahre. Die Überforderung und der Tränenstau aus anderen Krisen, die noch gar nicht so lange her waren. Am liebsten hätte ich mich hingesetzt und einfach und endlich mal drauf losgeheult. Aber das ging nicht. – „Heulen – wegen einer solchen Kleinigkeit, wie eine Flasche Sirup über den Tisch zu leeren …?"

## SIRUP, KATZE UND GELEE

Genau das war nämlich passiert: Ich leerte eine Flasche Holundersirup über den Tisch. Darin fand nun meine Gereiztheit ein passendes Ventil! Und so ging es weiter: Ich lebe meine Gereiztheit ordentlich aus, wüte mich in alle Ritzen hinein, die der Sirup in unserem zusammengesteckten Ausziehtisch gefunden hat. Wringe ein ums andere Mal das Holunder-Zuckerwasser in die Spüle, in völligem Bewusstsein, wie viel von der Arbeit meiner Frau in diesem kostbaren selbst gemachten Gut nun statt unsere Kehlen den Gully runterrinnt. Und noch mehr Ärger über mich und ein Aufräumen in diesem Ärgerlich-schnell-hinter-mich-Bringen-Erledigungsmodus. Das drastische Gegenteil dessen, was Thich Nhat Hanh uns in all seinen Büchern über Achtsamkeit hinterlassen hat. Und was wird der Rest meiner Familie oben im Wohnzimmer denken, die mich dort unten in der Küche schimpfen und wüten hört? – „Was ist denn mit dem los?"

Zwei Tage später und wieder ein Ventil bzw. sogar zwei: eine Katze und ein Glas Gelee. Mich nervt die Katze, die mir ständig vor die Füße stakst und mir unmissverständlich, fast zum Verwechseln ähnlich grantig und fauchend bedeutet, ich möge mich jetzt mal endlich um ihr Futter kümmern. – „Verflixt, warum eigentlich immer ich?!? Bin ich denn langsam ganz allein für dieses Vieh zuständig?"

Ich muss höllisch aufpassen, dass ich ihr in der engen Wohnküche nicht auf den Schwanz trete oder über sie stolpere. – „Aber ich lass mich von dir doch nicht herumkommandieren. Ich mach das Futter, wenn ich dazu Zeit habe, wär' ja noch schöner …!"

Für diese törichte und lächerlich eingebildete Souveränität schreie und stampfe ich sie lieber noch eine halbe Stunde lang aus dem Weg und ärgere mich über jede Vollbremsung, die ich hinlegen muss, während ich zu räumen beginne, um schnell mal das Nötigste an Haushaltskram zu schaffen, anstatt mir das Ganze zu ersparen, indem ich eben doch zuerst die Fütterung des Raubtieres übernehme, anstatt mich kindisch auf einen Machtkampf mit der Katze einzulassen …

Ich schaue mir nur so ein bisschen von der Seite zu, leider nicht mit genügend Abstand, um auch wirklich innehalten und die automatisch ablaufenden Geschichten im Tun und Denken anhalten zu können. Kaum habe ich mich an einem Teil des Geschirrs abgearbeitet und für eine Weile die Küche verlassen, sehe ich beim nächsten Eintreffen schon wieder irgendwo Spuren unvollendeter Eigeninitiative meiner Kinder. Dann sollte ich kochen. Auf dem Weg zum Kühlschrank, aus dem ich nun was brauche, nehme ich noch schnell mit einer Hand zwei Gläser Marmelade vom Tisch mit, da passiert es mir wieder: Eine beschwingte Geste zwischen Tisch und Kühlschranktür und die gesprenkelten Türen der halben Kücheneinrichtung samt Boden schauen mich plötzlich an, als hätten sie Masern. Der Deckel des Johannisbeergelees war nicht zugeschraubt, er lag einfach nur oben, löste sich mit dem Schwung meiner schnellen Aufräumaktion, und das bisschen Gelee war genug, um erneut ein klebriges Etwas in der Gegend zu verteilen, bis auf und unter die Sockelschubladen der Kücheneinrichtung und von den Fliesen rund um die Spüle auf der einen Seite bis zur gegenüberliegenden Wand. Immerhin waren die roten Punkte schön sichtbar und der Boden bekam ein zweites Mal Wischen innerhalb von nur drei Tagen.

Was diesmal anders war: Ich war so verdutzt, dass ich ein paar Sekunden Zeit hatte. Und es gelang mir die Verdutztheit in ein Staunen zu verwandeln, etwas kopfschüttelnd zwar, aber auch mit einem Grinsen und der Einladung, zur Besinnung zu kommen. Zweimal Schlamassel innerhalb von drei Tagen sollten genügen, um den Erledigungsmodus und die Getriebenheit hinter mir zu lassen und von „Automatik" endlich auf „Hand" zu schalten und anstatt der alten abgespeicherten Verhaltensmuster mein eigenes Hirn wieder einzuschalten. Mein Leben und den Putzlappen bewusst in die Hand nehmen, ihn gefühlt hundertmal ausspülen, um erneut ein gutes Stück Heimarbeit meiner Frau in der Spüle zu versenken, aber mich diesmal aus dem Griff des Autopiloten lösen.

## ANHAFTEN UND LOSLASSEN

Und ich lese die Zeilen von Pema Chödrön und erkenne wieder einmal: „Meine Güte, wie oft muss ich das noch selbst durchlaufen, während ich es anderen so oft predige."

Die Gefühle sind nicht das Problem, Wut, Gereiztheit … Nicht mal *shenpa* ist das Problem, das Einrasten, Hängenbleiben und Anhaften: „Wenn ich merke, dass ich festhänge, betrachte ich es als einen neutralen Augenblick, einen Augenblick der Wahrheit, der sich in die eine oder andere Richtung entwickeln kann."[112]

Die buddhistische Lehrerin empfiehlt uns, hellwach schon auf die ersten Anfänge dieses Einrastens und Anhaftens zu achten, sei es, dass wir uns schmollend zurückziehen oder dass es in uns zu brodeln anfängt – Chödrön nennt es einen „hochgradig geladenen Augenblick"[113]. Sobald wir es bemerken, haben wir die Möglichkeit zu wählen, uns der Ladung zu überlassen und uns hineinzusteigern oder für einen Moment innezuhalten, um die negative Energie zu spüren, sich ihr aber nicht mehr automatisch auszuliefern.

In dieser Sicht sind solche Augenblicke, wo wir einrasten, hängenbleiben, uns in eine scheinbare Kleinigkeit verbeißen, nicht etwas, das wir schnell wegmachen sollten oder das uns von vornherein schon gar nicht widerfahren sollte, sondern sie bieten eine Gelegenheit zur Veränderung, eine „offene Tür, die zum Erwachen führt"[114]. Die ungeliebten Erfahrungen von Gereiztheit, Wut und Stress – die Momente, an denen wir so oft an uns selbst verzweifeln, wo wir jammern, hadern und ungeduldig sind und sind also kein Scheitern, sondern Chancen und enge Pforten, um aus Gedanken und Gefühlen den Sprung ins Hier und Jetzt zu wagen. Das Problem liegt also nicht darin, dass es das Anhaften nicht geben sollte, sondern dass wir es nicht merken. Was wir nicht wissen, was uns nicht bewusst ist, „reitet" uns, hat uns unter Kontrolle. Was uns bewusst wird, können wir aus den üblichen Mustern und Kettenreaktionen lösen, indem wir es nicht verurteilen, sondern ihm Mitgefühl entgegenbringen und in eine gute Geschichte verwandeln, anstatt uns den alten verurteilenden Geschichten zu überlassen – Pema Chödrön nennt diese „den Brennstoff von Shenpa“[115]. Die Tür zum Erwachen ist also nicht unser Tun, unser Herumwerkeln an uns selbst, sondern die genaue Wahrnehmung, was gerade passiert. Erst Bewusstsein macht Veränderung überhaupt möglich.

Wie sehr wir mit unserem Machen an unsere Grenzen stoßen, wurde uns in der Pandemie drastisch vor Augen geführt. Für viele Menschen war das schwer auszuhalten. Es konfrontierte uns auch mit unseren Mustern. Allein die Spannung in der Gesellschaft übertrug sich schnell in alle Ecken und umgekehrt – Not, Umstände und Enge in vielen Familien und Haushalten trugen zu einer ordentlichen „Ladung“ in der Gesellschaft bei, die wie selten zuvor gespalten war in der Frage, was zu tun ist und was überhaupt Realität ist. In der gegenwärtigen Klimakrise stehen wir nun vor ähnlichen Herausforderungen.

# Die Saat

Achtsamkeit ist das Gegenteil von „irgendwie" (weiter). Achtsamkeit bedeutet Innehalten und den reflexhaften Widerstand oder überhaupt unsere automatische Reaktivität anzuhalten und zunächst einmal die Dinge so zu sehen und akzeptieren, wie sie sind. Veränderung ist möglich, wenn nicht im Außen, dann doch in unserer Haltung und unserem Lebensgefühl, besser noch: in unserer Beziehung zum Leben. Was hilft, ist im Grunde nichts anderes als das, was wir auch in der Kontemplation einüben: wahrnehmen, annehmen, loslassen bzw. überlassen. Loslassen können, Verlangsamung und Vertrauen in „höhere Mächte", in „gute Mächte", in denen der Theologe und NS-Widerstandskämpfer Dietrich Bonhoeffer sich „wunderbar geborgen" wusste – noch in Gestapo-Haft, wenige Monate vor seiner Hinrichtung. Wieder ziehen wir ein Gleichnis Jesu heran, das uns in einem ganz anderen Bild ermutigt, uns im Schauen und Loslassen zu üben, im Nicht-Tun und im Vertrauen auf die großen stillen Kräfte, die der Natur und dem gesamten Leben innewohnen.

## DIE SELBST WACHSENDE SAAT

Und Jesus sagte: So ist es mit dem Königtum Gottes:
Wie wenn jemand den Samen auf die Erde wirft
und schläft und aufwacht,

nachts und tags,
und der Same sproßt und macht sich lang
– wie, er weiß es nicht.
Von selber trägt die Erde Frucht, erst Halm, dann Ähre,
dann in der Ähre volles Korn.
Wann die Frucht es gewährt, gleich sendet er die Sichel,
denn die Ernte ist da.

*Markus 4,26–29*

Diese Worte Jesu sind von großer Langsamkeit. Und von großer Dichte. Diese Dichte lädt uns dazu ein, den wenigen Worten zu lauschen und beinahe auch den Pausen, der Stille *dazwischen*. Wenn Jesus vom „Reich Gottes“ oder wörtlich vom „Königtum Gottes“ spricht, ist es wie ein Oszillieren zwischen Außen und Innen, zwischen dem „Schon da“ und „Noch nicht“, Nähe und zukünftiger Erfüllung, zwischen dem Tun und Nicht-Tun des Menschen. Hier in diesem Gleichnis zeigt sich das Königtum Gottes wieder als ein Raum, buchstäblich ein Entfaltungsraum, in dem die wundersamen Kräfte der Natur ihr Werk tun, jenseits des menschlichen Tuns.

„So ist es mit dem Königtum Gottes …“ – wie beim Gleichnis vom Schatz im Acker und der Perle ist wieder die ganze Geschichte damit gemeint, nicht nur die Saat, sondern der ganze Bogen von dem Samen, den jemand aussät, bis hin zur „Ernte, die da ist“.

Sprachlich und strukturell ist diese kleine Geschichte kunstvoll konzipiert. Das Tun (Aussaat) gehört dabei, wie Gerhard Lohfink analysiert, noch zur Einleitung.[116.] Selbst die Ernte am Ende wird nur erwähnt, aber der Schwerpunkt des Textes liegt in der Mitte, wo die Geschichte sich ausbreitet, wo sie langsam wird, wo sich quasi ein Raum auftut. Das ganze Gleichnis liest sich in der Langsamkeit und Verlangsamung für mich wie das, was ich mit Gleichzeitig-Werden meine. Als Leser:innen bzw. Zuhörer:innen sind wir in ein Schauen gezogen. In ein Zuschauen einer Entfaltung und einer Entwicklung gegenüber, die sich sachte und zugleich wie nach Plan vollzieht – ohne unser Zutun.

## VON SELBST TRÄGT DIE ERDE FRUCHT

„Wie wenn jemand Samen auf die Erde wirft, und schläft …" – Und schläft!? „Und schläft und aufwacht, nachts und tags." – Das fordert den Menschen als Aktivisten und Macher ordentlich heraus.

So aber ist es mit dem Königtum Gottes, wenn wir also *Gott* machen lassen auf unserem spirituellen Weg: Es ist anders als dort, wo der Mensch „macht". Während der Mensch sich in Geschäftigkeit erschöpft, wirft da jemand Samen aus – beinahe wie eine Angel, um sich dann in Geduld zu üben.

Der Samen fällt auf die Erde, dann aber gibt es nichts mehr zu tun. Der Angler wird auch nicht wild seine Angel durch das Wasser ziehen. So fängst du keinen Fisch! Der „Jemand" tut gar nichts, kein Düngen, kein Jäten, keine Pestizide spritzen. Schon gar nicht an den Pflänzlein ziehen, er-ziehen, auf-ziehen, hochziehen … Beinahe ein Anti-Pädagoge.

Nichts tut er. Und doch geschieht etwas. Etwas, das eben nicht in seiner Macht steht, in seinem Tun und Machen und dennoch oder gerade deshalb geschehen kann. Die Worte dieser Geschichte fallen wie in Zeitlupe und beschreiben doch den Prozess wie im Zeitraffer. Die Worte lassen uns geduldig hinschauen. „Forschend und mit lebendigem Interesse" – wie in der Kontemplation.

„Und schläft und aufwacht, nachts und tags" – immer wieder schlafen und aufwachen. Wie oft noch schlafen bis Weihnachten? Bis zu meinem Geburtstag? Bis endlich mein Leben so ist, wie ich es mir wünsche? Bis endlich was weitergeht bei mir? Bis zur Erleuchtung?

Das Geheimnis des Lebens besteht nicht so sehr in dem, was wir tun (können); vielmehr im Schauen auf das, was ist, was sich entfaltet. „Von selbst trägt die Erde Frucht" – so die zentrale Aussage des Gleichnisses. Hier ist alles Tun des Menschen in den Hintergrund geraten. „Er kann das Wunder des Wachsens nicht begreifen und beeinflussen."[117] Am Ende sind die guten Mächte (Gott als König) am Werk, die zur Ernte führen. Besser noch: Von Anfang an vollzieht sich eine Entfaltung bis hin zur Ernte, einem inneren Plan folgend, angetrieben von einer geheimnisvollen Kraft, der wir auch in unserem Atem und unserem Herzschlag gewahr werden können.

## PERSÖNLICHE WACHSTUMSPROZESSE

Wenn es uns so geht wie mir in dem oben beschriebenen Beispiel, wenn wir immer wieder in unsere alten Muster fallen und das tun oder sagen (gerade mit bzw. zu unseren Kindern), was wir schon lange nicht mehr wollen, drängt sich immer wieder die Frage auf: Wie werden wir gut? Wie können wir endlich unsere Macken ablegen? Manchmal sehnen wir uns nach radikalen Veränderungen, spirituell nach Erleuchtung als einer Erfahrung, die von einem Moment auf den anderen alles verändert. Aber wenn es um Wachstumsprozesse geht, können wir nichts forcieren, nichts machen, damit es schneller geht. Das ist manchmal mühsam, ärgerlich, weil es uns einbremst. Gleichzeitig ist es das, was wir (vielleicht anderswo) dauernd suchen: bremsen, entschleunigen, loslassen. Dass da endlich mal jemand sagt: Es ist gut genug. Es gibt jetzt nichts zu tun. Pause. Feierabend. Lass mal fünf gerade sein – auch im Blick auf unsere persönliche Entwicklung.

Die Samen sind alle schon in uns. Kein Stress! Schauen wir einfach. Es braucht Tag und Nacht, Dunkelheit und Licht, Keim und Spross, Regen und Sonne, Wind und Wetter. Und: Wenn Gelassenheit, Geduld, innerer Friede und Zufriedenheit wachsen sollen, geht das nur durch Dunkelheit und Widerstände hindurch – sonst trägt diese Gelassenheit ja auch nicht im Alltag. Wenn wir glauben, Meditation wäre dazu da, uns zu beruhigen oder zu entspannen oder gute Gefühle zu erzeugen – dann haben wir natürlich den Eindruck, wir machen etwas falsch, wenn in der Meditation genau das Gegenteil der Fall ist: Unruhe, Widerstand, Langeweile. Ob in der christlichen Kontemplation oder der buddhistischen Meditation – in der Stille tauchen wir tief hinunter in unseren Seelengrund; und da tauchen aus unseren Tiefen bisweilen auch Dinge auf, die wir uns nicht ausgesucht hätten. Ezra Bayda beschreibt es sehr plastisch:

> „Manchmal steigt beim Sitzen sogar noch mehr Schlamm aus unserer unterirdischen Innenwelt an die Oberfläche. Doch mit der Zeit begünstigt das Sitzen eine Haltung von Ruhe und Gleichmut inmitten des schlammigen Aufruhrs unseres Lebens."[118]

Das heißt, wir machen dabei nichts falsch, sondern müssen genau da durch, um daran zu wachsen. Nachhaltige Veränderungen vollziehen sich meist langsam und ohne dass wir das groß merken. So wie bei diesen Worten Jesu und ihrer großen Langsamkeit. Erst nach einer Weile sieht man Veränderungen und Früchte.

## SPIRITUELLE WACHSTUMSPROZESSE

Auch auf unserem spirituellen Weg, in einer spirituellen Praxis wie der Meditation oder Kontemplation, stellen sich viele Menschen – v. a. zu Beginn eines Weges bzw. einer Übungspraxis – Fragen wie:

* Was bringt das alles eigentlich (gerade das stille Sitzen und Nicht-Tun)?
* Wie machen wir es „richtig"?
* Wie kommen wir weiter? Wie kommen wir voran?
* Wie sehen wir, dass wir auf dem „richtigen Weg" sind?
* Woran erkennen wir Fortschritte?

Franz Jalics wie buddhistische Lehrer bremsen hier, weil sie darum wissen, dass es sich um Wachstumsprozesse handelt. Schon die Fragen weisen darauf hin, dass wir Meditation, Kontemplation oder spirituelle Übungen mit einem direkt sichtbaren Zweck verbinden, dass wir also meditieren, üben, beten, „um zu": um etwas zu erreichen, um vor allem für uns selbst etwas zu bezwecken, um irgendwo anders hinzugelangen, anstatt dort anzukommen, wo wir gerade sind. So ist es nicht verwunderlich, dass manchmal auf die Frage, woran wir einen Fortschritt erkennen, die Antwort lautet: „Wenn du diese Fragen nicht mehr stellst."

Wenn die Antwort etwas gnädiger ausfällt, dann wird der Blick auf unser Leben gerichtet: In meinem Alltag, in meinen Beziehungen, in meinem Verhalten, in meiner Lebenspraxis zeigt sich meine spirituelle Praxis in ihren Auswirkungen. Und auch hier geht das alles ganz langsam: „… und schläft und aufwacht, nachts und tags, und der Same sproßt und macht sich lang …" Und wie zur Beruhigung, mehr noch: wie um ein typisch menschliches Drängen und Ziehen an den Pflänzlein zu vermeiden, setzt Jesus hinzu: „– wie, er weiß es nicht.“ Und wir müssen es auch nicht wissen. Gerade dann, wenn wir den Erfolg und die Früchte eben nicht selbst machen müssen, sondern dem Leben, der Natur, den guten Mächten und den der Natur innewohnenden Kräften vertrauen können: Königtum Gottes.

Die Anstrengung, die Mühe, die Arbeit besteht auf diesem spirituellen Weg der Achtsamkeit und Kontemplation tatsächlich darin, wach zu bleiben – nicht nur bei der Meditation nicht einzuschlafen! Nein, überhaupt. Aufwachen, wach werden. Gerade auch unseren Schwierigkeiten gegenüber. Uns selbst beobachten und kennenlernen, unsere eigenen Dunkelheiten und Abgründe. Die eigenen Ängste, den Ärger und das Unvermögen, die Ohn-Macht hinter unseren Strategien und Verhaltensmustern. Nicht ausmerzen, nicht ausreißen, nur geduldig anschauen und am besten Freundschaft schließen. Anerkennen, wie wir selbst Wind und Wetter ausgesetzt sind und waren, was wir erlitten haben und wie uns das Leben nicht geschont hat.

So wie tief in der Erde all der Abfall, das Leid und der Schmerz sich in Kompost verwandelt, in die gute Erde, aus der heraus Frucht wachsen wird, darf es auch bei uns sein.

All unsere Anstrengung zur Güte und zum guten Leben wird scheitern, wenn wir nicht vertrauen, dass das Gute schon in uns ist; und wir das Leben, Gott (?) machen lassen. Der Same ist ausgeworfen. Du bist hier. Solange wir nur immer selbst am Machen sind, erfahren wir nicht, dass es eine größere Macht gibt, ein Feld, in dem auch unser Leben sich entfaltet. „Königtum Gottes“ nennt es Jesus.

## GESELLSCHAFTLICHE WACHSTUMSPROZESSE

Und wie soll das in der Gesellschaft funktionieren, in der Welt, gerade mit den und inmitten der bedrohlichen Krisen unserer Zeit? Müssen wir da nicht etwas tun? Liegt das „Reich Gottes" tatsächlich nur im Dasitzen und Zuschauen? Nein, die Gleichnisse malen ein buntes Bild, etwa auch das winzige Gleichnis vom Sauerteig, den eine Frau nimmt und in eine große Menge Mehl hineinmengt. Auch da braucht es Geduld, aber auch ein langwieriges Kneten. Doch zugleich verweist dieses Bild indirekt auch auf das Gehenlassen des Teiges, die Zeit und das Nicht-Tun, das ebenso wichtig ist wie das Tun.

Natürlich müssen heute wie immer in der Geschichte Fehlentwicklungen und die Dringlichkeit politischen Handelns angesprochen werden; es braucht Widerspruch und Widerstand, um die schlimmsten Auswirkungen etwa der Klimakrise noch verhindern zu können. Was unser Lebensgefühl und unseren Lebenswandel angeht, sind für uns die Gleichnisse jedoch eine wichtige Orientierung: Weniger ist mehr. Was wir brauchen, ist eine Befreiung vom Immer-Mehr, Immer-Weiter, Immer-Schneller. Wenn wir auf die Gesellschaft und unsere Zivilisation schauen, sehe ich eine große Notwendigkeit und Sehnsucht darin, langsamer zu werden; gleichzeitig mit dem Leben, das sich hier und jetzt vor unserer Nase entfaltet: Same, Halm, Ähre, volles Korn in den Ähren. Schauen, lauschen, riechen, schmecken. Wollen wir dem Zwang zum Konsum, zum wirtschaftlichen Wachstum, zur Beschleunigung und zur Spirale eines immer größeren Verbrauchens an Ressourcen entkommen, brauchen wir die Erfahrung des Genug, der Verlangsamung auf Realgeschwindigkeit, des Zufriedenwerdens mit dem Einfachen und Gegenwärtigen.

Von Diogenes im Fass haben wir schon gehört sowie vom Zollpächter Zachäus. Auch auf das Reisen, v. a. auf die Problematik von Flugreisen, bin ich schon zu sprechen gekommen. Um die Möglichkeit einer anderen Form von Genuss und Zufriedenheit hier nochmal aufleuchten zu lassen, ein wunderbarer Dialog von Anthony de Mello:

> „‚Der erleuchtete Mensch reist, ohne sich fortzubewegen.' Wie soll das denn gehen, fragen sich auch die Schüler, als der Meister so eine seltsame Weisheit in den Raum stellt. Die Antwort des Meisters: ‚Setz dich jeden Tag an dein Fenster und beobachte, wie die Szene im Garten hinter deinem Haus ständig wechselt, während die Erde dich auf ihrer Jahresreise rund um die Sonne trägt.'"[119]

## MACHEN UND LASSEN

Unser Ausgangspunkt in diesem Teil war die Kunst des Loslassens. Der Atem ist wie die Software unseres Lebens: Ein-Atem, Aus-Atem, Pause. Der Atem ist uns geschenkt, das Leben ist uns geschenkt, „es" atmet uns. Müssten wir selbst an das Atmen denken, es uns vornehmen, *machen* – wir würden nicht lange überleben. Welche geheimnisvolle Macht steckt dahinter? Der Atem folgt wie die Natur einem geheimnisvollen Prinzip und Plan. Auch unser Leben, unsere ganze Welt. Bei aller Bedrohung und Krise gegenwärtig sollten wir das nicht vergessen. Auch wenn wir so wenig verstehen und angesichts der gewaltigen Herausforderungen verzweifeln, kann uns dieses Gleichnis „herunterholen". So schlicht und kurz dieses Gleichnis Jesu daherkommt, so dicht und aussagekräftig ist es zugleich – und „erfüllt von einer wunderbaren Hoffnung"[120]. Dabei liegt die Hoffnung eben nicht darin, was wir tun können, sondern was ohne das Zutun des Menschen geschieht.

Nachdem ich mit meinem Herzinfarkt im Frühjahr 2023 dem Tod so nahe war und dem möglichen Tod innerlich nahe blieb, war mir über viele Wochen hinweg viel mehr bewusst, dass wir jederzeit aus dieser Welt gerufen werden können. Ich beobachtete manchmal eine Art inneren Rückzug. Eine Bekannte erzählte kürzlich von einer älteren Dame jenseits der 90, die sie betreut. Sie freut sich immer, wenn sie kommt, aber sie sagt immer so etwas wie: „Wissen Sie, ich hab' mit der Welt nicht mehr so viel Kontakt …"

Auch ich habe nun manchmal das Gefühl, dass mich das alles nicht mehr so betrifft, was in der Welt geschieht. Dabei beeinträchtigt das nicht mein Mitgefühl mit all dem Leid in der Welt, sondern es geht mehr um die Bedeutung, die ich meinem eigenen Tun beimesse. Es war eine Weile nicht mehr so wichtig, was ich aus meinem Leben mache; ich war nicht mehr so getrieben und saß innerlich öfter am Ufer, die Angel ausgeworfen. Aber wenn ich nichts gefangen hatte, erschütterte mich das nicht mehr so sehr. Ich war dankbar, wenn ich in der Früh aufwachte, und ging meist dankbar und müde schlafen, auch wenn ich nicht so viel „weitergebracht" hatte. Mein Grundgefühl war: Solange ich auf dieser grünen Erde noch atmen und meine Schritte tun darf, solange hier mein Herz noch schlägt, möchte ich meinen Beitrag leisten und auch meinen inneren Bewegungen und Entfaltungen noch folgen; aber vielleicht ist da innerlich schon etwas losgelassen. Nun, leider musste ich diese Zeilen im Laufe des Schreibens ehrlicherweise schon wieder in die Vergangenheitsform setzen. Dieses Loslassen-Können verblasst wieder langsam, aber die Erinnerung daran halte ich wach. Hellwach am Leben dran in der Bewusstheit um die Endlichkeit unserer körperlichen Hülle.

## SCHLECHTE UND GUTE NACHRICHT

Wir erleben auch heute die unterschiedlichsten Formen, mit den Bedrohungen und Krisen der Zeit umzugehen. Manche wollen nichts mehr davon hören, manche bekämpfen lieber die, die auf die Dringlichkeit der Anliegen hinweisen, viele stehlen sich persönlich oder gar in ihrer politischen Funktion aus ihrer Verantwortung. Andere kanalisieren die Frustration und Bedrohlichkeit in einer Art Fundamentalopposition, v. a. gegen Politik und Medien, und laufen Gefahr, wichtige Errungenschaften unserer Gesellschaft und Demokratie zu destabilisieren, wie ich es im vierten Teil schon angesprochen habe. Und wieder andere versinken in Depression oder auch in Narrativen, die keine Hoffnung mehr übriglassen. Schon zur Zeit Jesu und bis heute gibt es auch eine Apokalyptik, nach der sich Gott oder das Gute in einer solcherart gestörten Menschheit nicht mehr durchsetzen kann.

Jesus verkündet dagegen eine frohe Botschaft, eine gute Nachricht. In einem weiteren Gleichnis erzählt er von einer Aussaat, die zu großen Teilen in widrigste Bedingungen gerät (am Weg zertreten und von Vögeln aufgepickt, verbrannt auf felsigem Untergrund, erstickt in den Dornen) und nicht Frucht bringen kann (Markus 4,3–9). Am Ende aber fällt ein kleiner Teil doch auf guten Boden, der reiche Frucht trägt und manche Verluste kompensieren kann. Jesus ist dabei kein Phantast, sondern zeigt gerade in solchen Bildern aus dem Alltag, dass er sehr wohl weiß, wovon er spricht.[121] Auch ein Realist kann optimistisch sein und den Menschen Hoffnung geben. Unsere eigene Entwicklung wird jedenfalls mit dem nötigen Wandel der Gesellschaft einhergehen müssen. Wir werden nicht darauf hoffen oder warten können, dass die notwendigen radikalen

Veränderungen nur im Außen in Gang kommen. Aus meiner Sicht beginnt alles damit, dass wir bei uns selbst beginnen und sozusagen der Weisheit unseres Atems folgen: (uns ganz) *einlassen*, *auslassen*, *still werden*, Verbindung und Beziehung aufnehmen zum größeren Geheimnis, zum Großen Ganzen.

### Übung – Atem-Meditation

Im Atem liegt eine große Weisheit. Wir können uns viele Gedanken darüber machen, in vielen Techniken spielt der Atem eine große, wenn nicht die entscheidende Rolle. Doch liegt der Gewinn wie immer nicht so sehr im Darüber-Nachdenken, sondern in der eigenen Erfahrung.

Wir können uns zu dieser Übung auf den Rücken legen, auf einen dicken Teppich oder eine Matte. Die Arme liegen nach rechts und links ausgebreitet oder seitlich entlang des Körpers mit den Handflächen nach unten oder oben, die Füße fallen rechts und links nach außen. Wir nehmen uns kurz Zeit, in dieser Position anzukommen, indem wir Kontakt aufnehmen zum Boden. Spüren, wie wir über die ganze Länge unseres Körpers den Boden berühren, von den Fersen über das Gesäß, die Wirbelsäule entlang bis zu den Schulterblättern und zum Hinterkopf.

- Gewicht abgeben an den Boden, der uns trägt.
- Nun mit der Aufmerksamkeit zu unserem Atem gehen.
- Einfach wahrnehmen, wie die Luft ausströmt und wieder einströmt.
- Nichts tun, nichts verändern müssen, nur spüren, hellwach.
- Ein Atemfluss, der uns durchströmt: Es atmet uns. Ein. Aus. Aus. Ein.
- Wahrnehmen, wie der Atem geht und kommt; wie die Wellen des Meeres am Strand.

Um die Bewegung des Atems stärker spüren zu können, können wir nun eine Hand auf den Bauch und die andere auf die

Brust legen. Die Bauchdecke hebt und senkt sich, der Brustkorb weitet sich und zieht sich wieder zusammen.

Ein Hauch eingehaucht in uns: Lebensatem.
Ein Geschenk, eine Dynamik, eine Energie.
Von außen nach innen. Von innen nach außen.

Verbunden mit allen lebendigen Wesen.
Verbunden mit der Ordnung der Natur und den Kräften des Universums.
Verbunden, beschenkt, dankbar, geborgen.

## SECHSTER TEIL

# WER BIST DU? LEBEN UND GEGENWART

Ich bin so am Leben,
mir macht selbst Sterben keine Angst.

*Andreas Bourani*

Krisen sind Zeiten des Übergangs und damit der Unsicherheit; sie erfordern Veränderungen und zugleich Vertrauen. Das gilt letztlich für unser ganzes Leben: eine geheimnisvolle Reise, ein großer Übergang zwischen den beiden Nahtstellen Geburt und Sterben. Es gibt keine endgültige Sicherheit, so dass wir uns nur Moment für Moment verankern und an Vertrauen wachsen können. Im letzten Teil dieses Buches fragen wir nach dem Leben und seinem Geheimnis und hören von einer bedrohlichen Überfahrt in einem Boot. Wir können uns noch so abmühen beim Rudern und an unserem Tun und Handwerk feilen, so ein Boot zu steuern, es bleiben Unwägbarkeiten und Unvorhersehbares. Oft wähnen wir uns auch im Leben am Steuer und doch wissen und bestimmen wir nicht wirklich, wohin es geht; oft rudern wir wie wild und kommen doch kaum voran. Im Alltag stoßen wir an Grenzen unseres kleinen Lebens, manchmal an bedrohliche. Es ist hilfreich, im Heck des Lebens noch Mächte zu spüren, denen wir uns anvertrauen können. Gute Mächte, die uns vielleicht überhaupt erst auf die Reise geschickt haben.

# Was ist Leben?

Das Leben ist kurz und kostbar. Wir wissen das alle, *theoretisch*. Doch dieses Wissen erfährt oft erst wirkliche Bedeutung, wenn der Tod einmal anklopft oder beim Fenster hereinschaut. Dann bekommt dieses „Wissen" um die Zerbrechlichkeit und gleichzeitig Kostbarkeit des Lebens eine völlig andere Qualität. Solche Ereignisse können Momente des Erwachens sein, wo wir die meiste Zeit über schlafen:

> „Die meisten Leute schlafen, ohne es zu wissen. Sie wurden schlafend geboren, sie leben schlafend, sie heiraten im Schlaf, erziehen im Schlaf ihre Kinder und sterben im Schlaf, ohne jemals wach geworden zu sein. Niemals verstehen sie den Reiz und die Schönheit dessen, was wir ‚menschliches Leben' nennen."[122]

Das ist eine drastische Beschreibung unseres Alltags von Anthony de Mello, die wir vielleicht nicht teilen möchten. Aber sie deutet darauf hin, worum es geht: Aufwachen zum Leben – unser Leben zurückgewinnen.

## WOZU BIN ICH DA?

Über lange Strecken haben wir immer wieder den Eindruck, das Leben würde an uns vorbeirauschen. Beizeiten wächst es uns über den Kopf und manchmal lullt es uns ein. Je älter ich werde, desto mehr Fragen stellt mir das Leben. Und selbst Fragen, die ich mir als junger Mensch schon gestellt hatte, kehren immer wieder: Wozu bin ich da? Und jetzt, wo ich das Leben sozusagen ein zweites Mal geschenkt bekommen habe, in neuer Dringlichkeit: Was will das Leben, Gott, der Kosmos eigentlich von mir? Was habe ich (noch) zu tun, wenn „die mich dort oben noch nicht brauchen konnten" … Halten wir einen Moment inne. Schauen wir auf das Ganze dessen, was wir Leben und Kosmos nennen: Warum bin ich aktuell Teil dieses unendlich weiten Prozesses, den wir Leben oder Universum nennen, Teil einer unendlichen Vielfalt von Formen? Was hat es überhaupt mit dem Leben auf sich und wie kommt es dazu, dass gerade mein Ich (wer immer dieses „Ich" ist) sich mit der Geburt als eigenständiges Wesen manifestiert hat und sich nun für eine Weile einreiht in dieses Werden und Vergehen? Ein Zeitraum, der aus einer großen Perspektive wie ein Wimpernschlag des Universums ist.

Ist dieses Leben nicht ein riesengroßes Geheimnis – schauen wir nur in die unendlichen Weiten des Himmels oder in die unendlichen Tiefen der Bausteine von Leben und Materie, die Moleküle, Atome, Teilchen, Wellen und Quarks!? Ist es nicht völlig unergründbar, warum ich hier vor meinem Computer sitze und diese Zeilen schreibe, während ein anderer Mensch gerade das Flugzeug steuert, das über unser Haus hinwegdonnert, warum die Vögel in unserem Obstgarten singen … Und noch rätselhafter ist, warum ein Präsident Bomben über ein anderes Land fallen lässt, die so viele Leben auslöschen.

Dieses geheimnisvolle Leben – hell und dunkel, bunt und grauenhaft grau – stellt uns vor weitere Fragen: Was hat uns Menschen dazu gebracht, die Ressourcen dieser Erde so zu verwenden und zu verschwenden, dass so viele andere Geschöpfe und Lebensformen, Pflanzen und Tiere als ganze Arten sterben? Dass uns eine

Pandemie dazu zwingen musste, mal länger innezuhalten und all unser Tun und Machen einzubremsen? Und wieso machen wir nun weiter wie vorher – die Airlines und Flughäfen verbuchen wieder fast normale Zahlen? Wie kommt es, dass Menschen in autokratischen Gesellschaften auf eine Weise über andere Menschen herrschen, die ihnen noch weniger Spielraum lässt, die großen Herausforderungen unserer Zeit wirklich anzugehen? Und dennoch und gleichzeitig singen an diesem Apriltag die Vögel im Garten und bald blühen Apfelbäume und Flieder um die Wette. Ein Leben, *eine* Welt zwischen Fliegeralarm und Vogelgesang.

## ROTKEHLCHEN

Auch das eigene Leben ist nicht viel stabiler als das des zarten Rotkehlchens, das ich aktuell oft von unserem Küchenfenster aus beobachten kann; und an dem ich einmal am Ende einer Bahnunterführung vorbeiging, die Augen zu und tot am Boden; dieses sanfte Wesen mit den flaumigen Federn berührte mich für einen Augenblick tief, bevor ich wieder meiner Wege ging. Ein paar Monate später stand mein eigenes Herz still, mitten in einem Gespräch blieb mir die Luft weg und im nächsten Moment lag ich tot am Boden. Warum „hatte ich Glück"? Warum durfte ich überleben, während am gleichen Tag bei einem verheerenden Erdbeben über 50.000 Menschen in Syrien und der Türkei ihr Leben verloren? Wieder solche geheimnisvollen Gegensätze. Warum stehen bei mir schon über 50 Jahre zu Buche, während ein Mädchen, das die beste Freundin meiner Tochter war, schon mit 5 Jahren sterben *musste*? Und was habe ich mit diesen 50 Jahren gemacht? Und was blieb in den 5 Jahren eines kleinen Mädchens im Keim erstickt? Bin ich dem Geschenk der Jahre gerecht geworden? Oder verstehen wir ohnehin viel zu wenig, was es mit

Zeit und Raum auf sich hat? Alles Leben ist so zerbrechlich wie das dieses Vogels mit der roten Brust, und wir wissen nicht, wann und wo und wie wir es zurückgeben (müssen). Wir haben unsere Ziele und besteigen unsere Züge nach Fahrplänen, die wir nicht kennen, und ohne zu wissen, wo wir rauskommen. Was hat es mit diesem Leben auf sich? Wie kommen wir ihm auf die Spur? Und wie in Einklang mit dem Geheimnis, das uns auf die Reise geschickt hat – in dieser Form, diesem Leib, diesem Geist, diesem Herzen samt aller Gebrechlichkeiten, Abnutzungen und dem unausweichlichen Tod oder Übergang und Wandel in etwas völlig Neues? Wie leben wir unsere Träume und wie kommen wir mit dieser Zerbrechlichkeit zurecht, mit dem Leid in der Welt und mit der eigenen Angst vor Krankheit, Leid und Tod?

Was ist Leben? Sind wir nicht Teil eines unfassbar großen Energiefeldes, das wir Universum nennen? Und wenn wir Teil dieses gigantischen Feuerwerks an Energie sind, Teil eines unergründlichen Kreislaufes, wieso nicht das Vertrauen der Angst vorziehen und öfter zu diesem neuen Tag aufwachen, als wären wir neu geboren? Wir *sind* es. Du musst nicht einmal sehr gefährlich leben. Der Tod kann uns im Schlaf treffen. Du legst dich hin und wachst nicht mehr auf. Es geht nicht darum, uns Angst einzujagen. Es geht darum, uns bewusst zu machen: Jeder Tag ist ein Geschenk, wenn wir um die Kostbarkeit und Zerbrechlichkeit des Lebens „wirklich wirklich" wissen.

## SIND WIR DA?

Was ist Leben? Es ist das, was uns passiert, während wir eifrig dabei sind, uns *Gedanken* über das Leben zu machen, um ein bekanntes Zitat von John Lennon aufzugreifen. Das Leben ist immer da, nur *wir* sind oft nicht da. In Gedanken verloren. Unsere

Aufmerksamkeit ist oft wie auf Pause gedrückt, und wir werden vom Autopiloten durch den Tag gesteuert. Der Erledigungsmodus heftet uns Scheuklappen an die Augen, damit wir möglichst viel möglichst schnell erledigen. Und wenn wir nicht aufpassen, drehen wir selbst über Jahre und Jahrzehnte unsere Runden im „Hamsterrad, das von innen aussieht wie eine Karriereleiter", wie kürzlich ein Kollege in der Herz-Reha treffend meinte. Und am Ende blicken wir traurig auf die Momente zurück, die wir „unser Leben" nennen (müssen). Wenn Rilke schreibt: „Und wir haben im Grunde nur dazusein …", geht es um ein tief verankertes „Ich-bin" und um ein hellwaches Da-sein. Eines, das immer wieder aus dem Gefängnis der Gedanken und Getriebenheit ausbricht und zurückkehrt zur „Adresse des Lebens: hier und jetzt"[123].

## LICHT DER WELT

Was ist Leben? Ist es das, was uns passiert, während wir von einem Leben *träumen*. Leise Träume, bunte Fantasien, mächtige Bilder, aber wir wachen gefühlt immer wieder nur im scheinbar grauen Alltag auf. Aber sprechen nicht auch die Engel weiter zu uns? Nur dass wir sie meist nicht hören, wenn andere innere Stimmen zu laut sind. Lassen wir uns auch an die göttlichen Kinder erinnern, die wir einmal waren, die wir immer noch sind, die in uns heranwachsen – bis zum letzten Tag, bis zum letzten Atemzug, zum letzten Herzschlag. Die Sterne am Himmel gelten auch uns. „Ihr seid das Licht der Welt", sagt Jesus in seiner berühmten Bergpredigt. „Dort oben leuchten die Sterne und unten leuchten wir", singen wir mit den Kindern, wenn wir zu St. Martin mit den Laternen gehen. Wie wäre es, würde es stimmen? Wenn wir wirklich die Leuchtpunkte auf dieser Erde wären wie die Sterne am Himmel? Unser Herz auf Empfang und ein helles Licht in uns in

Resonanz mit den Energien und Bewegungen am Himmel. Wir tun gut daran, das Feuer zu bewachen, damit es nicht ausgeht. Wir tun gut daran, das Licht auf den Leuchter zu stellen, anstatt unter dem Scheffel zu verbergen, wie Jesus uns mahnt (Matthäus 5,15); damit auch andere im Haus was von unserem Licht haben, von unserem Beitrag für die Welt, damit es hell wird und hell bleibt in dunklen Zeiten. Damit wir nie vergessen, woher wir kommen und wohin wir gehen. Damit unser Leben brennen und sich verzehren kann in seiner je so einmaligen Bestimmung und Form, Licht für die Welt zu sein.

In unserer Welt und Zeit rauben uns viele Einflüsse Energie, zerstreuen uns, saugen uns aus, schwächen unser Licht. Manchmal machen wir uns nicht einmal mehr Gedanken und von Träumen keine Spur; Leben scheint wie ein sehnsüchtiger Blick aus dem Gefängnis. Eingesperrt in Sorgen und Problemen und eingespannt in die Abläufe einer rastlosen Gesellschaft, sehnen wir uns nach der Freiheit eines vorgestellten Lebens. Wir schauen sehnsüchtig auf das fröhliche Treiben dort draußen und malen uns den Tag aus, an dem wir endlich *Teil* dieses lebendigen bunten Treibens sein dürfen. Und wir merken gar nicht, dass die Tür offensteht. Dass die Wärter nur Einbildung sind. Oder der Engel das Tor schon längst weit aufgerissen hat, wie in der fantastischen Geschichte von Petrus und Johannes in der Bibel (Apostelgeschichte 5,19–20).

## WER BIST DU?

Wer bin „ich"? Diese Frage dürfen wir uns manchmal selbst stellen. Auch wenn wir im Laufe unseres Lebens eine Art Identität entwickeln müssen, sollte dieses Bild von uns selbst eine Art Basislager sein, von dem aus wir immer wieder auch neue

Routen besteigen, um Leben und Welt kennenzulernen. Und wir dürfen diese Frage still und innerlich an die Menschen richten, die uns so vertraut scheinen, unsere Partner:innen, Freunde und Freundinnen: Wer bist du? Lösen wir uns immer wieder aus der Vorstellung, wir wüssten über sie Bescheid. Lassen wir manchmal Raum für das Geheimnis, das sie sind und bleiben. Als Eltern sind wir auf besondere Weise mit dieser Frage konfrontiert, denn wir verstehen unsere Kinder manchmal einfach nicht. Und es fordert uns heraus, wir ärgern uns: „Ich versteh das einfach nicht, warum er/sie immer …" Mit jedem Kind, das uns geschenkt ist (oder besser *geliehen*), startet ein neues geheimnisvolles Leben mit der Frage: Wer bist du? Es lohnt sich, diese Frage stehen zu lassen, sie nicht (zu schnell) zu beantworten. Nicht zu schnell Bescheid zu wissen, wie unsere Kinder ticken. Gerade als Eltern sind wir eingeladen, das Geheimnis eines Menschenlebens zu erhalten, anstatt uns zu schnell ein Bild von unserem Kind zu machen[124], es damit einzuengen, festzulegen und den Kindern damit die eigene Suche nach ihrem „Ich" unnötig schwer zu machen – ganz abgesehen von der Offenheit und dem Mut, im Laufe des Lebens auch über diese „operative Basis" einer Ich-Identifikation wieder hinauszugehen. Drehen wir die Frage nach dem „Wer bin ich?" einmal um, um ein paar „Ich-bin's" zu finden.

## Gegenwart und Heiligtum

Wer und was versteckt sich hinter Baum, Erde und Kind? Und wer bin ich selbst? Manchmal blitzt das Geheimnis des Lebens in den Dingen und Wesen unseres Alltags auf.

### BAUM

Normalerweise gehe ich früh morgens eine Runde laufen. Ich habe das große Glück, am Rande eine Ortschaft zu leben, ich geh aus meinem Gartentor und tauche ein in eine wunderbare Moorlandschaft, in der ich – wenn möglich – barfuß joggen gehen kann. Als ich einmal nicht genügend Luft spürte, um meine übliche Runde zu joggen, haderte ich mit dem Gedanken, einfach spazieren zu gehen. Ich habe zwar jetzt auch schon ein paar Jahrzehnte auf dem Buckel, aber einfach allein spazieren zu gehen, ohne Hund, ohne Gesprächspartner, fiel mir schwer; ich hatte das Gefühl, dass ich „so alt" noch nicht wäre … Jetzt in meinem „zweiten Leben" lasse ich solche Gedankenspielereien leichter hinter mir. Die Wochen und Monate nach dem Infarkt bin ich beinahe täglich spazieren gegangen. Doch zurück zu meiner verhinderten Jogging-Runde: Als ich also noch darum rang, dann halt einfach spazieren zu gehen, statt zu joggen, bekam ich Schützenhilfe von einem dieser wunderbaren Inspirationsbüchlein von Thich Nhat Hanh. Ein paar Gedanken aus „Einfach gehen" verführten mich endgültig dazu, „einfach zu gehen".

Und wie es die Engel haben wollen – auf der gleichen Runde, die ich schon hunderte, vielleicht tausend Male gelaufen und mit Freunden und Eltern auch spaziert war, stoße ich plötzlich auf ein kleines Heiligtum, das mir bisher verborgen geblieben war, obwohl es nur ein paar Meter abseits meines Pfades lag. Ich bremse meinen Autopiloten, als ich rechts des Weges einen Pfad entdecke, um den Hang hinaufzusteigen, der wie über Stufen zu einem Tempel führt: eine uralte Föhre mit der Aura eines heiligen Ortes. Sie steht auf diesem kleinen Rücken zwischen Wäldchen, ein paar Häusern und einem kleinen See am Rand dieses Moorbeckens seit sicher über hundert Jahren – die Schutzplakette „Naturdenkmal" auf ihrem Stamm jedenfalls lässt das vermuten. Eine versteckte Schönheit und ein Heiligtum, ein mächtiger Stamm, eine ausladende und weitverzweigte Krone, und ihre Botschaft ist schlicht: *Ich bin.*

## ERDE

Thich Nhat Hanh, der buddhistische Mönch aus Vietnam und der große alte Achtsamkeitslehrer des „Westens" schreibt: „Das Wunder besteht nicht darin, auf Wasser zu laufen, sondern auf dieser grünen Erde zu gehen." Mit meiner Kollegin Thea Unteregger durfte ich einmal einen Kurs zu Achtsamkeit und Sinnlichkeit halten sowie zwei Abende über Wunder. Schon in der Vorbereitung darauf wurde uns wieder bewusst: All das, was wir von der Welt mit unseren Sinnen wahrnehmen können, ist schon voller Wunder; aber wenn wir erst in den Himmel schauen und in die Sterne, dazu noch bedenken, dass es so vieles gibt oder geben kann, das wir nicht direkt über unsere klassischen Sinne wahrnehmen können, also das Übersinnliche, die ganze „geistige Welt", all die Äonen von Zeit und Raum, die wir All oder Universum nennen, all das ist so unendlich groß und weit, dass wir uns eigentlich das Wunder unseres eigenen Lebens immer wieder neu vor Augen halten müssen. Wie glücklich können wir uns schätzen, hier auf dieser Erde in unseren Lebensjahren die Gelegenheit zu haben, einfach da zu sein, etwas zu manifestieren, materiell, in Fleisch und Blut. In Raum und Zeit ein eigenständiges Wesen, ein Individuum zu sein mit einer Botschaft, einer Aufgabe, einer Idee, die nur wir in diese Welt bringen können. Und mit der Gelegenheit, mit vielen anderen Wesen bis hin zu unserer grünen Erde direkt, ja hautnah auf Tuchfühlung zu gehen. Und nun wird uns immer mehr bewusst, wie bedroht unsere Geschwister Menschen, Tiere und Pflanzen sind, wie bedroht das ganze Leben unserer grünen Mutter Erde ist, weil wir Menschen es fertiggebracht haben, sie über die vergangenen Jahrzehnte hinweg zu plündern, anstatt achtsam ihre und unsere Grenzen zu respektieren. Wie können wir die notwendige Kehrtwende noch schaffen? Wir haben nun genügend Information, wir wissen, was zu tun ist. Und doch scheint es so schwer, die Trägheit und Gefangenheit in alten Mustern zu verändern – im Denken und im Handeln. Was wir mit Sicherheit brauchen, ist Wachheit, eine neue Öffnung unserer Herzen. „Die Übung der Achtsamkeit ist nichts anderes als die Übung von liebevoller Zuneigung“, hat Thich Nhat Hanh gesagt, der große Achtsamkeitslehrer des Westens, vietnamesischer buddhistischer Mönch, Dichter und Begründer des „engagierten Buddhismus“. So gesellschaftspolitisch wir auch agieren müssen, so sehr braucht es den ersten buchstäblichen Schritt im bewussten Kontakt mit der Erde selbst. Schritt um Schritt können wir die Erde berühren, betreten wie ein weiteres großes Heiligtum, barfuß liebkosen, mit unseren Füßen küssen, wie Thich Nhat Hanh es nennt. Dort unter unseren Füßen sind wir mit ihr in Kontakt. Auch ihre Botschaft ist: *Ich bin.*

## KIND

Noch eine Ich-bin-Geschichte. Sie handelt vom vierjährigen Levi.[125] Sie erzählt von einem Kind, dessen Kindheit seine Eltern manchmal nur irgendwie zu „überstehen" versuchten, weil er ihnen so zu schaffen machte. Als sie mit ihm zu einem Psychologen gingen, umarmte er danach seine Mutter und meinte:

„Ich finde unsere Familie einfach toll […]. Seit wir dort [beim Psychologen] waren, glaube ich, dass es dich wirklich interessiert, wer ich bin."

Seine Mutter erzählt weiter, dass sie an diesem Abend im Hotelzimmer Verstecken spielten, als Levi plötzlich rief:

> „‚Aufhören! Aufhören! Kurze Pause! Mama, mach die Augen zu! […] Du musst sie aber wirklich zu lassen. Ich habe eine große Überraschung für dich!' Levi machte eine richtig große Sache daraus. ‚Mach sie zu! Fertig? Hast du die Augen wirklich ganz fest zu?!' Er trieb also die Spannung immer weiter in die Höhe, bis er schließlich sagte: ‚Okay, Mama, hier kommt die Überraschung! Gleich geht's los! In Ordnung, Mama, du kannst die Augen jetzt aufmachen!'"

Seine Mutter, die wohl im Bett lag, beschrieb den Augenblick so:

> „Er stand über mir und hatte diesen unglaublichen Funken in den Augen. Es war, als betrachtete ich Levi, aber gleichzeitig fühlte er sich größer und anders an, und er sah aus, als sei er von einem silbernen Licht umgeben. Mit einem strahlenden Lächeln breitete er wortlos die Arme aus, dann legte er die Hände aufs Herz und sagte: ‚Ich bin's, Mama!' […] Ich war völlig überwältigt. Tränen stiegen mir in die Augen, und ich hatte das Gefühl, als würde ich ihn mit völ-

lig anderen Augen sehen. Ich drückte ihn und sagte: ‚Danke. Es tut mir wirklich leid, dass ich so lange gebraucht habe, um dein wahres Ich zu sehen. Ich werde mein Bestes tun, um dir bei dem zu helfen, was du tun musst.' Er sah mich an und legte die Hände auf mein Gesicht. Und dann sagte dieser 4-jährige Steppke: ‚Danke, Mama, das habe ich gebraucht.'"

Sobald sich für einen Moment der Nebel unserer Geschichten, Sorgen und Erwartungen an unsere Kinder lüftet, können wir ein Kind, einen Menschen wie vor dem offenen Himmel sehen, „von einem silbernen Licht umgeben". Und seine Botschaft ist: *Ich bin('s).*

## WER BIST DU? WER BIN ICH?

Und wer ist es, der diese Fragen stellt? Diese Frage nach dem „Ich" hören wir in buddhistischen Kreisen wie in der christlichen Mystik. Wir brauchen maximal vorläufige Antworten. Mit ihnen können wir vielleicht leichter durch das Leben gehen. Doch die Frage darf wach bleiben und das Geheimnis eines tieferen „Ich-bin", das wir auch bei Jesus finden. Wir kennen aus den Evangelien viele Bildworte Jesu, die mit dem „Ich-bin" beginnen (Ich bin die Tür, der Weinstock, der gute Hirte …). Doch es gibt auch ein „hoheitsvolles ‚Ich-bin'", griechisch *ego eimi.* Solche Stellen erinnern an das „Ich-bin" Gottes, wie es sich in geheimnisvoller Weise im Gottesnamen JAHWE verdichtet, der Mose am brennenden Dornbusch offenbart wird.

Von dem Wissenschaftstheoretiker und Philosophen Alfred North Whitehead habe ich folgenden Satz gefunden:

„Die Gegenwart enthält alles, was ist. Sie ist heiliger Boden. […] Die Gemeinschaft der Heiligen ist eine großartige und inspirierende Versammlung, aber sie hat nur einen einzigen möglichen Versammlungsort, und das ist die Gegenwart."[126]

Auch Mose findet sich am brennenden Dornbusch plötzlich auf „heiligem Boden" wieder, als Gott zu ihm spricht und seinen Namen kundtut. Doch Whitehead identifiziert diesen heiligen Boden mit der Gegenwart. Und er bringt den Begriff „Gemeinschaft der Heiligen" ins Spiel, den wir aus dem christlichen Glaubensbekenntnis kennen. Whitehead dehnt ihn weit aus und verknüpft ihn ebenfalls mit der Gegenwart.

Wenn wir uns die spirituellen Traditionen ansehen, können wir zwei wichtige Aspekte unseres menschlichen „Selbstverständnisses" immer wieder beobachten. Für eine spirituell adäquate Haltung zu unserem ganz persönlichen Leben sind wir in zwei Richtungen gefordert: Zum einen gilt es, die Heiligkeit unseres eigenen Lebens zu erkennen und unser Licht auf den Leuchter zu stellen – wir sind alle Kinder Gottes! Zum anderen sollten wir nicht in die Falle des Egos gehen, uns zu wichtig zu nehmen und um uns selbst zu kreisen, unser Leben in der Hand haben und mitunter auch das Leben anderer kontrollieren zu wollen. Gerade die Unterweisungen zur Meditation, ob aus der Sicht buddhistischer Lehre oder aus der Sicht der christlichen Kontemplation, legen uns nahe: Nimm das Leben nicht zu persönlich. Rechne mit viel größeren Kräften als den deinen und mit viel größeren Zusammenhängen, als du sie überblicken kannst. Lass dich *ein*, ganz ein auf die Spur deines ganz individuellen Lebens; aber lass dich immer auch wieder *aus*. „Lasse dich" – wie Meister Eckhart, der große deutsche Mystiker des Mittelalters, es nennt. Du bist groß und klein, klein und groß.

Wie beides zusammengehen kann, habe ich in dem wunderbaren Satz gefunden, der dem persischen Dichter Rumi zugeschrieben wird: „Wir sind nicht ein Tropfen im Ozean. Wir sind der Ozean in einem Tropfen."

Von der großen evangelischen Theologin Dorothee Sölle habe ich kürzlich einen Satz gelesen, der auch auf das Bild des Tropfens im Ozean verweist und der uns zeigt, wie wir auch als Christen und Christinnen bei allem Glauben an eine unsterbliche Seele immer auch das Eingebundensein in das größere Ganze beachten können – bis in den Tod hinein. Zwei Jahre vor ihrem Tod beschrieb sie als ihren „innersten Wunsch", dass die Erde mit ihrem Rhythmus erhalten bleibe – mit den Jahreszeiten, mit „Ebbe und Flut, Land und Meer". Ihre Enkelkinder sollen draußen im Fluss schwimmen können und im Sonnenschein spielen. Sölle will sich nicht über die Natur erheben, nicht mehr Macht haben als sie „und vom Kommen und Gehen ausgenommen existieren". Sie sieht sich eingebunden: „Im Ozean der Liebe Gottes ist auch Platz für mich kleinen Tropfen."[127]

Wenn wir das tiefere „Ich-bin" unseres Lebens aufspüren, geht es nicht um das Ego, ein mentales Konstrukt unseres Geistes, das wir als Essenz unseres Lebens *miss*verstehen, das sich getrennt fühlt und das sich (deswegen) ständig in der Abgrenzung zum Rest der Welt zu behaupten versucht. Das tiefere „Ich-bin" weiß um die Größe, der ganze Ozean in Form eines winzigen Tropfens zu sein, indem es sich der Größe des Großen Ganzen verdankt, sich als Lebensform einlässt und auslässt, ohne Sorge, je verloren gehen zu können.

# Das Boot

In den heiligen alten Schriften des Judentums und des Christentums, in der Bibel, treffen wir auch auf ein „Ich bin". Zuerst bei Mose, als er am brennenden Dornbusch nach dem Namen Gottes fragt. Im Neuen Testament spricht Jesus auf ähnliche Weise „Ich bin" oder „Ich bin's". Wir werden uns eine Stelle genauer ansehen.

Überraschenderweise findet sich auch beim zeitgenössischen Weisheitslehrer Eckhart Tolle diese Formel. Tolle spricht von einem „‚Ich-bin', das tiefer ist als Namen und Formen"[128], von einer Bewusstseinsdimension tief in uns, die wir Präsenz oder Gewahrsein nennen. Vor 2000 Jahren haben Menschen Jesus von Nazareth in seiner Gegenwärtigkeit, seiner Präsenz wie eine Manifestation des Göttlichen erfahren. Die historische Person Jesus ist gestorben, doch sein Geist, seine Präsenz leben weiter, ähnlich wie das im Buddhismus auch von Buddha erfahren wird. Trotz aller Unterschiede der beiden Religionen beschreibt der große buddhistische Lehrer des Westens Thich Nhat Hanh erstaunliche Brücken zwischen christlichen und buddhistischen Vorstellungen und bezeichnet Jesus und Buddha als Brüder[129]. Beide „Brüder" widmen sich auf intensive, wenn auch auf ganz *unterschiedliche* Weise dem Leid. Wir erfahren unser Leben als zerbrechlich und bedroht. Menschen aller Zeiten und Kulturen haben Wege gefunden, sich in ihrer Not an die göttliche Geistkraft und ihre Manifestationen zu wenden und in dieser Beziehung Halt zu finden. Auch eine moderne Spiritualität muss sich den großen Fragen stellen, wenn sie nicht nur unseren Alltag aufhübschen soll. Erstaunlicherweise lassen sich ja manche oberflächlichen Formen von „Spiritualität" ähnlich in Frage stellen wie eine traditionelle Form von Religiosität und Frömmigkeit, der gerne vorgeworfen wird, äußerlich zu bleiben. Religion und Glaube aus Volkstümlichkeit und Tradition, die keine persönliche Tiefe erreicht. Eine tragfähige Spiritualität darf den essenziellen Fragen nicht ausweichen: Was trägt, wenn wir den Boden verlieren? Was bleibt, wenn wir nicht mehr wissen, was wir tun sollen? Was, wenn wir nichts mehr tun *können*? Die Lebenskultur in unseren westlichen Gesellschaften ist demgegenüber geprägt vom *Tun*. Wir leben in einer hektischen Zeit, in einer getriebenen Gesellschaft, in einer verunsicherten Welt. Und es gibt wahrlich viel zu tun. Gerade die Klimakrise hält uns vor Augen, was wir getan *haben* – und was nicht; was wir über Jahrzehnte versäumt haben, was wir nicht sehen wollten, was wir verdrängt haben: Wir leben hier in unseren Breiten und in den gesellschaftlichen Schichten, in denen wir uns bewegen, schon viel zu lange über unsere Verhältnisse. Wie konnte das geschehen? Wenn die Dinge im Außen so aus dem Lot geraten sind, liegt es nahe anzunehmen, dass das auch im Innen seine Entsprechung oder gar seine Gründe hat.

Die Mystik der großen Religionen, die 2500 Jahre alte Praxis der Meditation im Buddhismus, aber auch zeitgenössische Weisheitslehrer und die moderne Achtsamkeitspraxis betonen die notwendige Verankerung im schlichten Da-Sein, im Nicht-Tun, in der Stille. In der Tiefe treffen wir auf einen Urgrund, der uns Halt gibt, der uns verankert, ob wir ihn göttlich nennen oder nicht. Nicht erst, wenn wir in Schwierigkeiten sind und quasi um Hilfe oder göttlichen Beistand rufen müssen. Er gibt uns auch

Orientierung, eine Ausrichtung, um unseren Lebensstil und unsere Lebenskunst überhaupt in Einklang zu bringen mit der Welt, und nun insbesondere mit dem bedrohten Leben auf dieser Erde. Wir verlieren uns im Tun, im Denken, in der Welt, wenn wir keinen Raum für innere Stille bewahren und den Kontakt mit ihr vernachlässigen. Die Stille bringt unser Denken und unser Tun zur Ruhe. Das Gleichnis von der Saat, das wir im fünften Teil besprochen haben, zeigt uns die Kraft, zu schauen und zu lassen. Vielleicht haben wir vor lauter Mensch-*Tun* – mit all seinen Irrwegen und Abgründen – unser Mensch-*Sein* vernachlässigt.[130] Vielleicht haben wir uns in Gedanken und im Machen verloren, weil wir über die Jahrzehnte den Kontakt zum tieferen „Ich-bin" vernachlässigt haben. Bildlich gesprochen halten wir uns vielleicht zu sehr im Kopf auf (Denken) und an den Extremitäten unseres Körpers (Tun), während wir den Weg nach innen, ganz nach innen (Herz) vernachlässigt haben. Spiritualität – wenn sie ernst gemeint ist und nicht als oberflächliches „Wellness" nur ein bisschen Farbe und Abwechslung in unser Leben bringt – führt uns nach innen und in die Tiefe und Verbundenheit der Stille. Dieses Verständnis von „Stille" geht weiter und tiefer als „Beruhigung" oder Entspannung. Es geht vielmehr darum, zur Essenz unseres Menschseins vorzudringen. Nur wenn wir in die Präsenz und Gegenwart eines bewussten, achtsamen Lebens zurückkehren, werden wir wieder fähig, notwendige Entscheidungen zu treffen, nicht weiter alles zu tun, nur weil wir es können oder das Geld dazu haben. Wir werden frei, in den gegenwärtigen Krisen das Richtige zu tun, anstatt uns angesichts der Krisen zähneknirschend ein bisschen einzuschränken. Wir sind darauf im vierten Teil näher eingegangen.

Von Thich Nhat Hanh gibt es den wunderbaren Satz: „The way out is the way in." Wenn wir aus den Krisen *heraus*finden wollen, müssen wir zweifellos *in* uns gehen. Warum? Weil wir nur tief in uns einen Anker finden, der uns hilft, nicht fortgerissen zu werden, weder von der Dynamik der Angst noch von der Dynamik unbewussten und zerstörerischen Handelns im Alltag. Religiös gesprochen finden wir in der Tiefe unserer eigenen Existenz Gott oder das Göttliche. Spätestens wenn wir nicht mehr ein noch aus wissen, wenn wir es mit der Angst zu tun bekommen, wenn die Welt aus den Fugen gerät oder auch „nur" das kleine Boot unseres eigenen Lebens ins Schlingern kommt, suchen wir wieder nach einem Anker. Schauen wir uns zwei Geschichten an, die von Überfahrten auf stürmischer See erzählen.

## STURM UND STILLE

Der Evangelienschreiber Markus kennt drei Überfahrten über den See, der spirituelle Bestsellerautor Anselm Grün macht dazu die interessante Beobachtung: „Bei jeder dieser Überfahrten geraten die Jünger in eine Krise."[131] Wie schon bei den frühen Kirchenvätern können wir auch heute die Bootsfahrt in Wind und Wellen „als Bild für unser zerbrechliches und gefährdetes Leben"[132] sehen.

Mein eigenes Leben war schon manchen Stürmen ausgesetzt; was ich aber in den vergangenen Monaten seit dem Herzinfarkt erlebe, ist wie eine erste Krisenüberfahrt, eine Ahnung davon, Sturm und Wellen ausgesetzt zu sein und dabei in einem Boot wie in einer Nussschale zu sitzen. Noch nie gab es in meinem Leben Momente, in denen ich mich so wackelig gefühlt habe, so zerbrechlich und angewiesen auf Halt. Das Gebet der Stille hat mich schon lange und immer wieder verankert, wenn es schwierig wurde; aber jetzt gewinnt das Bild des Ankers nochmal an Bedeutung.

Die erste Geschichte im Evangelium nach Markus erzählt von einer lebensbedrohlichen Bootsfahrt (Markus 4,35–41). Hier schläft Jesus im Bootsheck, während seine Freunde buchstäblich um ihr Leben „rudern"! Sie wecken Jesus empört auf und fragen ihn, ob es ihm denn egal wäre, dass sie hier zugrunde gehen. Es ist wie die naheliegende Frage vieler Menschen angesichts von Not und Krise: „Sitz bzw. lieg doch nicht einfach herum, *tu* etwas!" Wie kann Jesus in dieser Nussschale schlafen, während die Freunde in Todesgefahr und Todesangst geraten. Ich kenne mich mit Booten und Stürmen nicht aus; aber ich denke mir, dass es in so einer Krise keinen Sinn macht, hektisch in eine Aktivität zu verfallen. Gerade die Angst vor dem Tod kann kaum im Tun gelöst werden. Wenn in einer Nussschale auf stürmischer See alle aktiv werden und irgendwas tun wollen, wird das Boot wohl schneller kentern, als wenn sie irgendwie versuchen, die Ruhe zu bewahren. Jesus bewahrt diese Ruhe, meisterhaft und zugleich zum Ärgernis für seine Freunde. Die Geschichte endet damit, dass Jesus den Wind „anherrscht", wie es wörtlich heißt, und ihn zum Schweigen bringt. Und es entsteht eine große Meeresstille. Obwohl der Text – wie so oft – so kurz und dicht ist, wird gerade dieses Detail nochmal extra betont, die große Stille, wörtlich *galene megale* (Markus 4,39), was so viel heißt wie „große glatte Meeresfläche", in der alles zur Ruhe kommen kann, nicht nur der Wind und die Wellen außen, sondern auch die inneren Stürme der Menschen in ihrem kleinen Boot. Jesus scheint mit der Kraft seiner inneren Stille bis in die Elemente von Wind und Wasser vorzudringen. Er beschwichtigt die Stürme und die Wellen nicht nur ein bisschen, sondern er bringt sie völlig zur Ruhe, zu einer Stille, die er schließlich auch seinen Freunden zumutet. Auch diese beschwichtigt er nicht („Ist ja alles gut …"), es ist, als ob er sie mit dieser Stille konfrontieren würde oder sie mit ihr vertraut machen wollte. Eckhart Tolle schreibt über die Stille: „Sobald du dir der Stille bewusst wirst, ist sofort dieser Zustand innerer Wachsamkeit da. Du bist präsent."[133] Erst als alles still geworden ist, müssen sie sich den Fragen Jesu stellen, die ich mir ohne Vorwurf vorstelle: mitfühlend, fast zärtlich – vielleicht flüstert er sie. „Warum seid ihr verzagt? Habt ihr noch kein Vertrauen?"

## SUPERMAN?

Vielleicht liegt in dieser großen „Meeresstille" (wenngleich es sich um einen See handelt!) also die wichtigere Botschaft, auch wenn das hier nebensächlich scheint im Vergleich zu dieser Vollmacht Jesu, auf Wind und Wellen Einfluss zu nehmen; denn wer bleibt nicht bei der großen Rettungstat des Meisters hängen? So auch seine Freunde, die bei Markus darauf zueinander sagen: „Was ist denn das für einer, dem sogar Wind und See gehorchen!?" Sie sind überwältigt und geblendet von seiner (Voll)Macht. Bei Markus findet sich später der Rangstreit der Jesusjünger, wo es auch um Macht und Ehre geht. Doch erkennen sie (noch) nicht, woher diese Kraft kommt und wie sinnbildlich vielleicht diese große Stille ist und die Verankerung ihres Meisters in Gott. Was gewinnen sie und was gewinnen wir aus dieser Geschichte, wenn wir Jesus hier als eine Art Superman betrachten, ohne in die Tiefe dieses Bildes zu schauen, dass da einer im Heck des Bootes schläft, während es beim Untergehen ist? Und warum tut er zunächst tatsächlich nichts? Worin liegt die Verzagtheit seiner Freunde und was traut der Meister ihnen zu?

Ich glaube nicht, dass es Jesus darum geht, sich hier als Superman zu zeigen. Natürlich haben viele Menschen auch schon auf wundersame Weise Hilfe und Rettung aus höchster Not erfahren, die sie ihrem Glauben bzw. Jesus zuschreiben. Aber hilft es uns denn weiter, wenn im wirklichen Leben meist weit und breit kein Superman zu sehen ist? Durchgehend sehen wir bei Jesus die Frage nach seiner *Vollmacht*, aber auch nach seiner *Ohnmacht*, v. a. in seinem Leid und seinem Tod, aber auch schon hinsichtlich seines Einflusses auf die große breite Masse der Menschen. Beide, Vollmacht und Ohnmacht, gehören auf geheimnisvolle Weise zusammen und sprengen die Sehnsucht nach dem Superman wie damals die Vorstellung und Erwartung eines politischen Messias, der die Herrschaftsverhältnisse umkehrt und die fremden Soldaten aus dem Land wirft.

## RETTUNG?

Warum nennt Jesus Petrus und die Jünger „verzagt"? Warum hätten sie „noch immer keinen Glauben, kein Vertrauen"? Hat Petrus sie nicht alle gerettet – inklusive Jesus, weil er den sorglos schlafenden Jesus aufgeweckt hat? Aber was heißt schon „retten"? Was hätte denn passieren sollen? Sie wären angekommen – auf der anderen Seite. Vielleicht auf der „anderen Seite" des Lebens. Das ist nicht sarkastisch gemeint. Worauf ich hinaus will: Unser Leben geht durch Krisen und am Ende durch den Tod – wovor haben wir immer noch Angst? Wir sind in der Geburt aus einem wundersamen Geheimnis gekommen und kehren in dieses Geheimnis zurück – wovor haben wir Angst? Unser je ganz individuelles Leben ist uns in Form eines menschlichen Leibes und einer Geschichte geschenkt worden, wir wissen nicht wirklich, was vorher war und wie es weitergeht, wenn unser Herz eines Tages für immer stillsteht; wir könnten staunen, Ehrfurcht verspüren, gespannt sein, wie das alles weitergeht, wenn der eingehauchte Geist unseren Körper ein letztes Mal verlässt.

Jesus konnte schlafen, weil er keine Angst hatte – so wie ein Kind, das im Urvertrauen zu seinen Eltern im Schoß der Mutter oder im Arm des Vaters schlafen kann, selbst im wildesten Getümmel. Vielleicht hatte er das seinen Freunden auch (schon) zugetraut. Vielleicht ist es das, was er uns wünscht: keine Angst mehr zu haben, auch nicht vor dem Tod, vor dem buchstäblichen Untergang hier. Wir hören immer wieder von Menschen, die sich inmitten größter Not, im Holocaust, in Krieg und Terror, Verfolgung und Folter hingeben können; die nicht auf den Kampf mit Elementen einsteigen, die wir nicht kontrollieren können, die mit einer unheilbaren Krankheit konfrontiert sind und erkennen: Widerstand zwecklos. Aufhören zu kämpfen, ohne uns aber in die Rolle des Opfers zu begeben, anderen oder gar Gott die Schuld zu geben – wenn das Vertrauen in das Leben, in Gott groß genug ist, wenn wir uns eingebunden erfahren in das Große Ganze des Lebens, ist es möglich, sich hinzugeben. Und auch im schlimmsten Fall die Verbindung nicht abzubrechen und mit Jesus noch in der Verzweiflung zu schreien: „Gott, mein Gott, warum hast du mich verlassen?"

Wenn wir tief in dieses Bild vom schlafenden Jesus inmitten von Sturm und Flut hineinschauen – sehen wir ihn vielleicht tief verbunden, wie eins mit dem Boot, dem Sturm, dem Wind? Und das schon, *bevor* er ihnen dann befiehlt, still zu sein?!

## GLAUBE?

Die Geschichte scheint auf die Frage nach dem Glauben hinauszulaufen und auf die nach der Macht und Vollmacht dieses Jesus. Doch wenn es Jesus um die Bezeugung seiner Macht gegangen wäre, hätte er nicht besser sagen müssen: „Gut, dass ihr mich aufgeweckt habt, schließlich kann ich euch retten!" Was erwarten wir von Gott, von Jesus? Was erwarten die Religionen und Religiösen von ihren Propheten, Heilsbringern und Führungsfiguren? Brauchen wir den religiösen Superman oder liegt die tiefe Faszination großer spiritueller Lehrer:innen darin, dass sie den Menschen ihre eigene spirituelle Kraft aufzeigen? Jesus sagt einmal zu seinen Freunden (Johannes 14,12): „Wer an mich glaubt, der wird die Werke, die ich tue, auch selber tun. Ja, größere als die wird der tun, weil ich zum Vater gehe." Und noch wichtiger: Liegt das Verdienst großer Lehrer:innen nicht darin, uns in Einklang mit dem Leben zu bringen – was auch immer es mit sich bringt, uns zumutet!? Unsere innere Verbindung zu stärken mit den Kräften des Lebens und wenn wir so wollen mit den Energien des Universums!? Wie die Erde sein, „schlicht, aber inständig, [...] und ganz im Raum, nicht verlangend, in anderem aufzuruhen als in dem Netz von Einflüssen und Kräften, in dem die Sterne sich sicher fühlen", so beschreibt es Rilke in seinem Brief an Clara Rilke. Dazu gehört, auch die Angst vor dem Tod loslassen zu können, den Tod zu integrieren, anzuerkennen, dass Leben – alles Leben hier auf dieser Erde und in der Form, wie wir es kennen – eben diese Bewegung hat: Eine Form taucht auf aus einem geheimnisvollen Grund, Urgrund, Hintergrund; sie bleibt eine Weile, verändert sich und taucht im Sterben wieder ein in dieses Geheimnis. So ist es mit jeder Form, jedem Laut, dem wir in der Meditation lauschen, mit jeder Sinneswahrnehmung, auch mit jedem Gedanken und jedem Gefühl.

Die Verzagten und Kleingläubigen sind also vielleicht nicht die, die nicht fromm genug sind, auf die Kraft ihrer religiösen Helden zu setzen, sondern die, die noch nicht genügend Vertrauen ins Leben haben, um sich in seinen Armen geborgen zu wissen. Die Gläubigen könnten in der Sprache einer modernen Spiritualität die sein, die um die Kostbarkeit und Einmaligkeit ihres Lebens wissen und zugleich keine Angst mehr haben vor diesem Übergang, sich wieder hineinzubegeben in den Strom und das Meer des Lebens als Ganzem, von dem wir ein Tropfen sind und zugleich das ganze Meer in Form dieses Tropfens, um dieses Bild nochmal aufzugreifen.

## SCHLAFEND IM HECK DES LEBENS

Zurück zur Geschichte: Es ist ein wunderbares Bild für uns und unsere Situation im Leben, ob als spirituelle Menschen ohne Gottesbezug oder als religiöse Menschen mit „ihrem" Gott. Für unser Hadern und Klagen gerade in Krisenzeiten: Wir schreien um Hilfe, wir wehren uns gegen den Sturm, wir haben Angst und klagen irgendwann Gott an: „Warum tust du nichts?" Oder: „Warum tust du uns das an? Was habe ich verbrochen …?" Oder wie Petrus: „Kümmert es dich nicht, dass wir zugrunde gehen!!!?"

Und dann ist da einer, der im Grunde nur zeigt: „Ich bin da" oder „Ich bin", wie wir gleich in der zweiten Geschichte hören werden. Jesus entschuldigt sich nicht, dass er geschlafen hatte, er erklärt sich nicht, er nimmt Kontakt auf zu den Mächten, ob zu den Dämonen, die die Menschen krank machen (siehe die vielen Heilungsgeschichten im Markusevangelium), oder zu den Elementen, die den Menschen Angst machen, und am Ende traut er das vielleicht auch seinen Freunden zu, wenn er sagt: „Habt ihr noch immer keinen Glauben?"

Das Leben ist wie eine Bootsfahrt, und es hält uns in seinen Armen selbst in höchster Not. Gott ist da wie dieser Jesus: ein schlafendes Kind inmitten eines Wellenganges, der tödlich enden kann. Gott ist da. Er scheint zu schlafen, aber er ist da. Vielleicht genügt das. Was kann uns schon passieren? Wenn wir keine Angst mehr vor dem Tod hätten oder haben, kann uns wirklich nichts passieren. Selbst beim Untergang verlieren wir „unser Leben“ nicht, wenn das mehr ist als wir wissen, uns vorstellen und an das wir uns klammern.

Das bedeutet im Blick auf die Krisen unserer Zeit nicht, dass wir die Hände in den Schoß legen sollten, weil eh schon alles verloren ist; aber es bedeutet, vielleicht in Form des kontemplativen Gebetes *auch* die Hände in den Schoß legen zu können, weil wir nicht mehr alles von uns selbst erwarten und weil wir nicht daran verzweifeln, dass wir *allein* das Leben nicht unter Kontrolle bringen können. Und wenn wir die ganze Szene wie ein Geschehen in uns betrachten, ist es wie ein Teil von uns selbst, der dort im Heck schlafen kann; tun, was wir tun können – in einem guten Sinn zu „kämpfen“, uns „in den Lärm der Schlacht zu werfen“ und zugleich „unser Herz an den Lotosfüßen des Herrn zu bewahren“, also im Frieden, wie in diesem wunderbaren Wort aus der *Bhagavad Gita*, der heiligen Schrift des Hinduismus.[134]

## „ICH BIN“

Im sechsten Kapitel des Markusevangeliums wie auch im Johannesevangelium (Johannes 6,16–20) finden wir eine zweite Geschichte. Auch hier steigen die Jünger in ein Boot und fahren auf den See, während diesmal aber Jesus zurückbleibt, um allein zu sein. Gerade vorher war ordentlich Rummel um Jesus und seine Schüler:innen. Da war diese wundersame Brotvermehrung. Die Menschen sahen darin ein großes Zeichen, sie glauben, dieser Rabbi aus Nazareth muss wahrhaftig der Prophet sein, der in die Welt kommen soll. Und Jesus wusste, dass „sie kommen und ihn gewaltsam entführen wollten, um ihn zum König zu machen“ (Johannes 6,15). Diese Form der Macht interessiert Jesus nicht und er zieht sich auf den Berg zurück.

Und dann passiert das! Es wird Abend, ein gewaltiger Wind (ein Fallwind wie der Föhn, den wir auch in Innsbruck kennen) kommt auf, ein kleines Fischerboot mit seinen Freunden auf hoher See, und es wird finster. Meister und Schüler getrennt und dieses düstere Szenario, wo man sich fragt: Was können sie jetzt noch tun? Und wieder überrascht Jesus; hier schläft er nicht im Boot, aber er ist weit weg und doch ganz nahe. Es heißt, dass sie plötzlich Jesus am See dahergehen sehen, nahe ans Boot herankommen, während sie sich fürchten. Und dann spricht er diese besonderen Worte: „Ich bin(s), fürchtet euch nicht!" Die Theologen nennen es „hoheitsvolles ‚Ich-bin'". Es erinnert eben an den Gottesnamen, der Mose offenbart wurde: Ich bin der „Ich bin".

## GEGENWART UND EPIPHANIE

Um dieses Bild in unsere Zeit zu übersetzen: Mittendrin im Sturm, in der Finsternis, im schwankenden Boot hilft nur eines, die Angst zu beruhigen: Ich bin. Gegenwart und Gegenwärtigkeit. Und wenn wir tief in diese Präsenz und Gegenwärtigkeit eintauchen können, eröffnet sich uns das größere ‚Ich-bin' – nennen wir es die Intelligenz des Herzens, die Gegenwart Gottes, die Essenz oder den großen Geist oder schlicht *Stille*. Vergessen wir in den großen gesellschaftlichen wie persönlichen Krisen nicht die notwendige Verbindung zu unseren spirituellen Ressourcen *innen*! In meinen eigenen Krisen der vergangenen Jahre bin ich immer wieder dankbar für Menschen, die mich darin herausfordern und fragen: Wie ist es jetzt mit deiner Beziehung zu Jesus? Und ich beginne – trotz aller Verankerung im stillen Gebet *ohne* Worte – wieder auch *mit* den Worten des Propheten Jeremia zu beten, die mich schon viele Jahre begleiten: „Heile du mich, Herr, so werde ich heil! Hilf du mir, so ist mir geholfen!" (Jeremia 17,4)

Ähnlich, wie Jesu tiefe innere Stille bis in die Elemente von Wasser und Wind hineinzuwirken scheint (er beruhigt Sturm und Wellen), ist es hier mit seiner Präsenz und Gegenwart, die die Grenzen von Raum und Zeit überwinden. Die Distanz scheint wie aufgehoben und er bleibt bzw. kommt den Jüngern nahe. Sie sehen ihn also auf den Wellen des sturmgepeitschten Sees daherkommen und fürchten sich, wie die Menschen sich in der Bibel immer fürchten, wenn das Göttliche, Rettende und Berufende sich zeigt, erscheint – wir sprechen theologisch von „Epiphanie" mit der griechischen Ursprungsbedeutung „Erscheinung". So ähnlich bei den Hirten in der Geschichte, die Matthäus über die Geburt Jesu erzählt, oder auch schon vorher, als der Engel Gabriel der jungen Maria erscheint. Immer ist da dieses „Fürchte dich nicht!", „Fürchtet euch nicht!". Diese Präsenz überwältigt uns, selbst wenn sie uns rettet oder uns zu einer großen Aufgabe ruft.

Mittendrin im Sturm, in der Finsternis, im schwankenden Boot hilft nur eines, die Angst zu beruhigen: Ich bin. Sich nicht verlieren, nicht in sorgenvollen Gedanken, nicht in Gefühlen, die uns fortzureißen drohen. Unser Anker ist „Ich bin". Es ist immer auch das Ich-bin Gottes. Mensch und Gott. Nicht eins, nicht zwei. Tropfen und Ozean.

Im Heck des Lebens schläft Gott. Darin liegt eine wundersame Kraft, auch in höchster Not unsere Angst und den Sturm zu beruhigen. Andreas Bourani singt in seinem Lied „Sein" die wunderbare Zeile: „Ich bin so am Leben, mir macht selbst Sterben keine Angst."

## Übung im Sitzen

Uns noch einmal still hinsetzen, uns lassen. Uns alle Zeit der Welt geben anzukommen; niederlassen – auf dem Stuhl, auf der Unterlage, wo immer wir gerade sind.

- Spüren, wie der Leib lebendig ist. Was kannst du wahrnehmen? Das Gewicht deines Körpers im Kontakt zum Boden? Eine Wärme irgendwo oder die Hände kalt. Die Füße? Eine Spannung, Körperspannung. Eine Verspannung, ein Schmerz irgendwo? Ein Signal. Nur wahrnehmen. Nicht weiter darüber nachdenken.
- Gehen wir noch tiefer: Der Atem. „Es atmet mich." Aus. Ein. Eine wellenförmige Bewegung von außen nach innen und von innen nach außen.
- Der Puls. Meist leise und unbemerkt, manchmal klopfend laut. Spürst du „es pulsieren"? Eine wundersame Kraft, ein Takt, eine Energie.
- Der ganze Leib. Es fließt und strömt in mir. Da ist Lebensgeist und Energie in mir. Tief hineinhorchen in unseren Körper, der hier einfach sitzt. Sitzt und atmet. Sitzt und pulsiert. Sitzt und strömt.

Ich bin beseelt. Verbunden. Ich bin. Bin.

Still werden, lauschen, spüren, vertrauen.

Tief in uns ist ein Anker.

# AUS

Eine neue Überfahrt über den alten Strom der Zeit,
rasant die Fahrt beginnt, noch scheint's unendlich weit!

Ein neues Abenteuer im alten Kahn der Welt,
weißt du, wer das Steuer und wer das Ruder hält?

*Aus dem Lied „Mondgesicht"*
*zur Taufe meiner Nichte*

# Eine neue Überfahrt

Im Auto und im Flugzeug sitzt der Lenker vorne, im Schiff saß er früher zumindest hinten im Heck.

Unser Leben ist eher wie eine Bootsreise als eine Autofahrt:

Eine neue Überfahrt im alten Kahn der Welt /
Wir sitzen vorne und wähnen uns selbst am Steuer
und erleben doch,
wie wenig Kontrolle wir haben:
Weißt du, wer das Steuer und wer das Ruder hält? //[135]

In der Geschichte vom schlafenden Jesus im Heck des Bootes trafen wir auf einen geheimnisvollen Steuermann – einen schlafenden Gott?

Moderne Weisheitslehrer sprechen nicht gern von Gott, lieber von einer höheren Intelligenz oder ähnlichen Umschreibungen. Auch mein Sprechen über Gott ist stiller geworden – aus vielerlei Gründen. „Er" gab mir selbst zu viele Rätsel auf, als dass ich mich noch wohl fühlte mit der selbstverständlichen Verwendung dieses Begriffes – weit hinaus noch über die Problematik eines einseitig männlichen Gottesbildes, die ohnehin schon wichtig genug ist. Aus persönlichen Gründen zog es mich nach Jahren des Abstands von einer kirchlichen Heimat immer mehr in die Stille und in den interspirituellen Dialog. Auch dort ist eine behutsame Sprache von Gott nötig. Doch gerade dort fand ich in kritischen Phasen der vergangenen Jahre, Monate und Wochen überraschende Momente mit Menschen, die mich an meine Quellen erinnerten. Bei aller Hinwendung zum stillen Gebet der Kontemplation und bei aller Freude über die schönen „Vorgärten"[136] anderer Traditionen und moderner spiritueller Lehrer:innen ist es immer wieder hilfreich, in den „eigenen Garten" zu schauen und dort die Blumen zu pflegen. „Was ist jetzt mit deinem Jesus?", konfrontierte mich eine Freundin, als ich in schwieriger Zeit Hilfe brauchte; und sie meinte es ernst, obwohl sie spirituell ganz andere Formen pflegt und die Kraft der Göttinnen erforscht, die von patriarchalen Gottesbildern verdrängt wurden.[137]

Eine Psychologin meinte zu meiner Unruhe und der fehlenden Klarheit über das *Warum* und *Was jetzt* nach meinem gesundheitlichen Zusammenbruch ganz lapidar: „Wir können auch um diese Klarheit *bitten*!"

Und schließlich meinte ein Freund zu mir – wie um die Worte der Psychologin zu ergänzen: „Und dann kommt der liebe Gott ins Spiel" – wir waren in einem therapeutischen Gespräch an den Abgrund meiner Herzerkrankung zurückgekehrt, um diese „Landschaft" nochmal zu erkunden. Aber auch Bücher wie die des Schamanen Angaangaq Angakkorsuaq, des Muslims Navid Kerman sowie indischer Weisheitslehrer begeistern durch ihre große Liebe zu den eigenen Traditionen und nähren zugleich das Feuer für meine Wurzeln, weil sie – anders als die schmerzlichen Erfahrungen der Religionen – in der Vergangenheit auf Bekehrungsversuche verzichten, sondern den großen gemeinsamen Schatz des Religiösen und Spirituellen heben.

Immer wieder zeigen Menschen mir den Spiegel auf, mir als Theologen, aber auch als Achtsamkeitslehrer. Ein Kardiologe meinte angesichts meiner bleibenden Fragen: „Ich wünsche Ihnen ein bisschen mehr Gelassenheit …" Ich musste schmunzeln. Und dann begann er noch über den „wunderbaren Begriff ‚Achtsamkeit'" zu schwärmen und meinte, dass er für ihn letztlich gleichbedeutend wäre mit „Gesundheit". Uff – das musste ich mir jetzt so sagen lassen …

Und so lande ich als Theologe und als Achtsamkeitslehrer manchmal sanft, manchmal hart auf dem Boden meiner eigenen Felder, wo ich selbst immer wieder neu anfangen muss zu graben und zu kultivieren, zu tun und zu schauen, zu säen und zu ernten – gemäß dem Motto „Das Leben selbst ist die Übungspraxis".

Je mehr ich mich von meinem gesundheitlichen Zusammenbruch zu Beginn des Jahres erholen konnte, desto drängender wurde die Frage, wie das passieren konnte und was ich nun zu tun oder verändern hatte. In der Meditation wie im kontemplativen Gebet findet sich die Weisheit, alle Fragen loszulassen und schlicht nur immer wieder in die Gegenwart zu kommen, in der Gott uns entgegenwartet. Auch meine frommsten Bücher warnen mich, von Gott Antworten zu fordern, anstatt allein Gott selbst aufzusuchen, und helfen mir, mich daran zu erinnern, dass der Zweck des Gebetes darin liegt, in Gott Halt zu finden, anstatt eine Antwort zu bekommen.[138] Die Mystiker stellen wie unsere buddhistischen Geschwister nicht so sehr die Frage *Warum*, als vielmehr *Was*. Im Zen gibt es den *koan*, das Rätselwort oder die erkenntnisleitende Frage „Was ist das?". Das *Warum* schickt uns in den Kopf, auch in die Angst und all die bekannten Gedanken- und Gefühlsschleifen, in denen wir uns verlieren können oder über die wir zu streiten beginnen. Das *Was* öffnet Herz und Sinne für das, was *ist*. Ohne Herz und Sinne können wir Angst und Krise nicht an uns heranlassen und uns nicht verwandeln (lassen). *Was ist das?* Wenn uns im Alltag oder in Grenzerfahrungen das *Warum* plagt, können wir zu dieser Frage zurückkehren. *Was* lässt uns spüren, schauen, lauschen. Immer wieder ankommen, uns ganz einlassen, neu einlassen auf dieses Leben, das uns schlicht immer wieder vor Aufgaben stellt und in den grundlegendsten Fragen ein Geheimnis bleibt. Im Blick auf unsere persönlichen wie gesellschaftlichen Krisen wird es beides brauchen: Weiter die Ursachen, das *Warum*, zu erforschen und zugleich das *Was* wahrnehmen, spüren, zulassen – das *Was* der Bedrohung und das *Was* des Rettenden.

Vergessen wir dabei unsere spirituellen Werkzeuge nicht, das wunderbare Netz des großen Ganzen, von den Bäumen und der Erde unter unseren Füßen bis hin zu den Sternen; nicht unsere Heiligen und Heilande, die Blumen und Lehrer:innen der Menschheit, nicht den Herrgott oder die Götter und Göttinnen. Sie schlafen im Heck unseres Lebens. Und manchmal lohnt es sich, sie zu wecken – ob mit Worten, Übungen oder Zeremonien, ob in leuchtenden Farben und aufwändigen Ritualen, wie es die Menschen quer durch alle Zeiten getan haben. Und manchmal ist es besser, sich still hinzusetzen, nicht(s) zu tun, in wort- und sprachlosen Beziehungen zum großen Geheimnis. In all unserem Bemühen geht es allein darum, wach zu sein. Das Göttliche ist immer schon da. Hellwach sind wir verbunden und auf *Empfang*. Auf Empfang für den Puls, den Geist, die Seele des Lebens.

# DANK

Dieses Buch hat eine lange Vorgeschichte und am Ende ging alles doch recht schnell. In diesem Buch habe ich Geschichten und Reflexionen, Erfahrungen und Aufsätze aus etwa zehn Jahren aufgenommen. Ich danke hier vor allem dem Online Portal *Achtsamkeit – Verbundenheit – Engagement* für seine Bereitschaft, manche meiner Artikel in den vergangenen Jahren zu veröffentlichen, insbesondere auf der Webseite von ethik-heute.org. Mein Dank gilt Sarina Hassine für das AVE und insbesondere Birgit Stratmann, die mich für die Aufsätze immer wieder herausforderte, prägnant zu schreiben und die Leserschaft im Blick zu haben.

Ausschlaggebend dafür, dass die Idee dieses Buches tatsächlich ihren Weg zwischen zwei Buchdeckel gefunden hat, war die Initiative von Helene Daxecker-Okon, die seitens des Tyrolia-Verlages an mich herantrat. Ihre E-Mail kam wenige Wochen nach meinem gesundheitlichen Zusammenbruch und meine erste Reaktion war: „Dass ich das noch erlebe …!“ So viele Jahre lang hatte ich schon Buchideen entworfen und Gliederungen, hatte zu schreiben begonnen und doch fand ich nicht den Mut und die Kraft, das Projekt durchzuziehen, ohne schon einen Verlag im Hintergrund zu haben. Mein Herz war offen, doch manche Türen blieben verschlossen. Das E-Mail war dann die plötzlich offene Pforte. Und eine große Freude machte sich breit, dieser Leidenschaft des Schreibens endlich noch einmal folgen zu dürfen, bis dass die Frucht ganz reif und die Gestalt ganz sichtbar wurde. Die Zusammenarbeit mit dem Tyrolia-Verlag war wunderbar unkompliziert, die Vorschläge und Feedbacks von Frau Daxecker-Okon waren klar und hilfreich. Tausend Dank dafür an dieser Stelle!

Mein Dank gilt auch all meinen Kursteilnehmern und Kursteilnehmerinnen, v. a. dem harten Kern meiner Übungsgruppe „Stille18“ in Innsbruck: Wolfgang, Maria, Ute und Clemens. Mit euch zu üben, euer Feedback, eure Fragen, eure Erfahrungen haben mich immer neu inspiriert, eure Verbundenheit und Freundschaft in schwierigen Zeiten bedeutet mir so viel! Auch meinen Kooperationspartnern und Kooperationspartnerinnen im Bildungshaus St. Arbogast in Götzis sowie in St. Michael bei Pfons/Brenner und im Innsbrucker Haus der Begegnung danke ich für die Möglichkeit, mit Menschen zu arbeiten, die an diesen schönen Orten Stärkung und Inspiration suchen. Meinen Lehrerinnen und Lehrern bin ich zu großem Dank verpflichtet, allen, die meine Arbeit unterstützt haben und mir ebenfalls in schwierigen Zeiten verbunden geblieben sind. Ausdrücklich gilt mein Dank Lienhard Valentin und Katharina Martin, stellvertretend für alle wunderbaren Mitarbeiter und Mitarbeiterinnen von „Arbor-Verlag, Arbor Seminare“ und „Mit Kindern wachsen“. Für meinen spirituellen Weg waren viele Menschen wichtig, die ich niemals alle aufzählen könnte. Besonderer Dank gilt Sr. Huberta Rohrmoser, meiner wichtigsten Lehrerin der letzten zehn Jahre. Noch während meines Theologiestudiums brachte mich Br. Wolfgang Thienen † zum kontemplativen Gebet, dem Meditationsweg von Franz Jalics. Auch Br. Wolfgang, der leider viel zu früh gehen musste, möchte ich an dieser Stelle in lebendiger und liebevoller Erinnerung halten. Namentlich erwähnen möchte ich auch meine „Mom“ Dana Greatrex, die mir einen Zugang zu Jesus eröffnet hat, der mich bis heute trägt. Auch Dr. Fred Donaldson verdanke ich so viel Inspiration, weit über alle Kategorien und Schubladen hinaus. Was uns unter anderem verbindet, ist die Freude an sufistischen und christlichen Mystikern wie Rumi, Hafis und Franz von Assisi.

In Zeiten, in denen der Boden unter den Füßen unsicher wird, leuchtet hell auf, was trägt und wo das Band der Liebe am stärksten ist. Ich danke all meinen Freunden und meinen Kindern Jonas, Anna-Sumaya und Lioba für ihre Geduld mit mir, für ihre Liebe; meinen Eltern und Schwiegereltern für all ihre Unterstützung und Liebe; meinem Bruder Christian mit Nicole für alles, was wir teilen, was uns verbindet, was uns gegenseitig inspiriert, so dass wir Brüder und Freunde sein können!

Mein größter Dank gilt meiner Frau Priska. Ihre Hingabe an das Leben ist mir Vorbild, ihr Rückhalt und ihr Durchhalten in Krisenzeiten geben mir Halt und den Raum, den ich für mein Schreiben brauche. Worte reichen nirgend hin, um der Tiefe unserer Verbindung Ausdruck zu verleihen.

## LITERATURVERZEICHNIS

Angakkorsuaq, Angaangaq: Schmelzt das Eis in euren Herzen, Penguin Random House Verlagsgruppe, München 2022.

Bayda, Ezra: Zen oder die Kunst einen Weg aus den Sümpfen des Alltags zu finden, Arbor-Verlag, Freiburg i. Br. 2010.

— —: Wahres Glück, Arbor-Verlag, Freiburg i. Br., 1. Aufl. 2013.

Bergmann, Frithjof: Neue Arbeit, Neue Kultur, Arbor-Verlag, Freiamt 2004.

Brahm, Ajahn: Jeder Lotos hat ein schönes Herz. Eine praktische Anleitung zur Meditation, Wilhelm Heyne Verlag, München, 2. Aufl. 2016.

Chambers, Oswald: My Utmost For His Highest. An Updated Edition In Todays Language, Discovery House Publishers, 1992.

Chödrön, Pema: Den Sprung wagen, Goldmann-Verlag, München, 1. Aufl. 2013.

de Mello, Anthony: Das Leben neu entdecken, Herder-Verlag, Freiburg i. Br. 2013.

— —: Der Dieb im Wahrheitsladen, Herder-Verlag, Freiburg i. Br. 1997.

— —: Der Springende Punkt. Wach werden und glücklich sein, Herder-Verlag, Freiburg i. Br., 9. Aufl. 1999.

— —: Eine Minute Weisheit, Herder-Verlag, Freiburg i. Br. 2009.

— —: Warum der Vogel singt. Weisheitsgeschichten, Herder-Verlag, Freiburg i. Br., 9. Aufl. 1984.

Eger, Dr. Edith Eva: Ich bin hier und alles ist jetzt. Warum wir uns jederzeit für die Freiheit entscheiden können, Btb Verlag in der Penguin Random House Verlagsgruppe, München, 2. Aufl. 2019.

Fleischmann, Christoph: „Gott ereignet sich“, in: Publik-Forum Nr. 8 | 2023, 12–16.

Grün, Anselm: Das große Buch der Evangelien. Jesus – Wege zum Leben, Herder-Verlag, Freiburg i. Br. 2023.

Hanson, Rick: Just 1 Thing. So entwickeln Sie das Gehirn eines Buddha, Arbor-Verlag, Freiburg i. Br., 2. Aufl. 2013.

Hart, Tobin: Die spirituelle Welt des Kindes, Hugendubel Verlag, Kreuzlingen/München 2007.

Hegenberg, Jan: Weltuntergang fällt aus. Warum die Wende der Klimakrise viel einfacher ist, als die meisten denken, und was jetzt zu tun ist, Komplett Media Verlag, München, 4. Aufl. 2022.

Heitzer, Steve: Kinder sind nichts für Feiglinge. Ein Übungsweg der Achtsamkeit, Arbor-Verlag, Freiamt 2006.
Hillesum, Etty: Das denkende Herz der Baracke. Die Tagebücher von Etty Hillesum 1941–1943, Herder-Verlag, Freiburg i. Br. 2022.
Jalics, Franz: Kontemplative Exerzitien. Eine Einführung in die kontemplative Lebenshaltung und in das Jesusgebet, Echter-Verlag, Würzburg, 3. Aufl. 1995.
Kabat-Zinn, Jon: Zur Besinnung kommen, Arbor-Verlag, Freiamt 2006.
— —: Achtsamkeit für Anfänger, Arbor-Verlag, Freiburg i. Br., 3. Aufl. 2016.
Kaluza, Rani: Doing Nothing. Über die hohe Kunst des Nicht Tun, Kamphausen Verlag, Bielefeld, 1. Aufl. 2021.
Kermani, Navid: Jeder soll von da, wo er ist, einen Schritt näher kommen. Fragen nach Gott, Hanser-Verlag, München 2022.
Lohfink, Gerhard: Die vierzig Gleichnisse Jesu, Herder-Verlag, Freiburg i.Br., 3. Aufl. 2020.
— —: Die wichtigsten Worte Jesu, Herder-Verlag, Freiburg i.Br., 2. Aufl. 2022.
Luxemburg, Rosa: Brief aus dem Gefängnis an Sonja Liebknecht, Dezember 1917. https://zeitungderarbeit.at/feuilleton/zum-welttierschutztag-ein-brief-rosa-luxemburgs-aus-dem-gefangnis/ [Zugriff: 13.05.2022].
Luz, Ulrich: Das Evangelium nach Matthäus (Mt 1–7), Evangelisch-katholischer Kommentar zum Neuen Testament I/1, Benziger/Neukirchener Verlag, Zürich/Neukirchen-Vluyn, 3. durchgesehene Aufl. 1992.
Mackesy, Charlie: Der Junge, der Maulwurf, der Fuchs und das Pferd, Ullsteiner Buchverlage, Berlin, 16. Aufl. 2021.
Martin, Marie: „Begleitung“, in: Mit Kindern wachsen, April 2019, 2–6.
Nhat Hanh, Thich: Einfach entspannen, O. W. Barth-Verlag, München 2006.
— —: Einfach gehen, O. W. Barth-Verlag, München, deutsche Erstausgabe 2006.
— —: Jesus und Buddha – Ein Dialog der Liebe. Herder-Verlag, Freiburg i. Br. 2016.
Rahner, Karl: „Frömmigkeit früher und heute“, in: ders., Schriften zur Theologie, Band VII, Benziger Verlag, Einsiedeln, 2. Aufl. 1971.
Rilke, Rainer Maria: Briefe aus den Jahren 1906 bis 1907, hrsg. von Ruth Sieber-Rilke und Carl Sieber, Insel-Verlag, Leipzig 1930, 393–395.

— —: Gedichte an die Nacht, Insel-Verlag, Leipzig 2004.
Schweizer, Eduard: Das Evangelium nach Markus, NTD 1, Verlag Vandenhoeck & Ruprecht, Göttingen 1989.
Siegel, Daniel J. & Hartzell, Mary: Gemeinsam leben, gemeinsam wachsen, Arbor-Verlag, Freiamt 2004.
Steffensky, Fulbert: Schwarzbrot-Spiritualität, Radius-Verlag, Stuttgart, Neuauflage 2006.
— —: „Warum ich das Wort Spiritualität nicht mehr hören kann", in: Publik-Forum Nr. 12 | 2014, 40–43.
Steindl-Rast, David: 99 Namen Gottes, Verlag Tyrolia, Innsbruck, 2. Aufl. 2020.
Stier, Fridolin: Das Neue Testament, © Penguin Random House Verlagsgruppe GmBH, Kösel-Verlag, München 1989.
Tambour, Barbara: „Die McDonald's-Spiritualiltät", in: Publik-Forum Nr. 23 | 2022, 50–52.
Tolle, Eckhart: Eine neue Erde. Bewusstseinssprung anstelle von Selbstzerstörung, Wilhelm Goldmann Verlag, München, 3. Aufl. 2005.
— —: Jetzt! Die Kraft der Gegenwart, J. Kamphausen Verlag, Bielefeld, 20. Aufl. 2008.
— —: Leben im Jetzt, Wilhelm Goldmann Verlag, München 2014.
— —: Stille spricht, Wilhelm Goldmann Verlag, München, 2. Aufl. 2003.
— —: Stillness Speaks, New World Library & Namaste Publishing, 2003.
Vorgrimler, Herbert: „Gotteserfahrung im Alltag. Der Beitrag Karl Rahners zu Spiritualität und Mystik", in: Vor dem Geheimnis Gottes den Menschen verstehen, hrsg. v. K. Lehmann, Verlag Schnell & Steiner, München/Zürich 1984, 62–78.
Whitehead, Alfred North: The Aims of Education and Other Essays, Die Free Press, New York 1967.
Wild, Rebeca: Sein zum Erziehen. Mit Kindern leben lernen, Arbor-Verlag, Freiamt, 5. Aufl. 1995.

# ANMERKUNGEN

1 Fulbert Steffensky, „Warum ich das Wort Spiritualität nicht mehr hören kann“, in: Publik-Forum Nr. 12 | 2014, 40–43.

2 Fulbert Steffensky, Schwarzbrot-Spiritualität, Radius-Verlag, Stuttgart, Neuauflage 2006, 7.

3 Barbara Tambour, „Die McDonald's-Spiritualiltät“, in: Publik-Forum Nr. 23 | 2022, 50–52.

4 Steffensky, Warum, 41.

5 Franz Jalics, Kontemplative Exerzitien. Eine Einführung in die kontemplative Lebenshaltung und in das Jesusgebet, Echter-Verlag, Würzburg, 3. Aufl. 1995, 104.

6 Ezra Bayda, Wahres Glück, Arbor-Verlag, Freiamt, 1. Aufl. 2013, 111.

7 Etty Hillesum, Das denkende Herz der Baracke. Die Tagebücher von Etty Hillesum 1941–1943, Herder-Verlag, Freiburg i. Br. 2022, 205 und 142.

8 Vgl. Herbert Vorgrimler, „Gotteserfahrung im Alltag. Der Beitrag Karl Rahners zu Spiritualität und Mystik“, in: Vor dem Geheimnis Gottes den Menschen verstehen, hrsg. v. K. Lehmann, Verlag Schnell & Steiner, München/Zürich 1984, 62–78.

9 Karl Rahner, „Frömmigkeit früher und heute“, in: ders., Schriften zur Theologie, Band VII, Benziger Verlag, Einsiedeln, 2. Aufl. 1971, 22–23.

10 Eckhart Tolle, Stillness Speaks, New World Library & Namaste Publishing 2003, 15.

11 Eckhart Tolle, Stille spricht, Wilhelm Goldmann Verlag, München, 2. Aufl. 2003, 74.

12 Zitiert in: Marie Martin, „Begleitung“, in: Mit Kindern wachsen, April 2019, 2–6, hier: 6.

13 Eine Formulierung, die Frithjof Bergmann geprägt hat, siehe sein Buch: Frithjof Bergmann, Neue Arbeit, Neue Kultur, Arbor-Verlag, Freiamt 2004.

14 Tolle, Stille, 84.

15 Tolle, Stille, 85.

16 Thich Nhat Hanh, Einfach entspannen, O. W. Barth-Verlag, München 2006, 63.

17 Siehe dazu Thich Nhat Hanh, Einfach gehen, O. W. Barth-Verlag, München, deutsche Erstausgabe 2006.

18 Navid Kermani, Jeder soll von da, wo er ist, einen Schritt näher kommen. Fragen nach Gott, Hanser-Verlag, München 2022. Die Geschichte findet sich schon am Buchrücken.

19 Fridolin Stier, Das Neue Testament, © Penguin Random House Verlagsgruppe GmBH, Kösel-Verlag, München 1989.

20 Gerhard Lohfink, Die vierzig Gleichnisse Jesu, Herder-Verlag, Freiburg i. Br., 3. Aufl. 2020, 66.

21 Lohfink weist auf die Bedeutung des griechischen Begriffs *emporos* hin.

22 Lohfink, Gleichnisse, 69.

23 https://falschzitate.blogspot.com/2019/08/sei-du-selbst-die-veranderung-die-du.html.

24 Jalics, 195.

25 Lohfink, Gleichnisse, 71.

26 Jon Kabat-Zinn, Zur Besinnung kommen, Arbor-Verlag, Freiamt 2006, 467.

27 Die buddhistische Lehrerin Nicole Stern hat darüber ein hilfreiches Buch mit dem Titel „Das Muße-Prinzip" geschrieben.

28 Kabat-Zinn, Besinnung, 467.

29 Vgl. Tolle, Stille.

30 Aus einem Newsletter von Thea Unteregger vom März 2017.

31 Rick Hanson, Just 1 Thing. So entwickeln Sie das Gehirn eines Buddha, Arbor-Verlag, Freiamt, 2. Aufl. 2013, 30ff.

32 Vgl. Kabat-Zinn, Besinnung, 51.

33 Tolle, Stille, 24.

34 Tolle, Stille, 81 und 85.

35 Vgl. Kabat-Zinn, Besinnung, 242–246 [Die Landschaft des Jetzt] sowie 171 [Das Gefühl der verstreichenden Zeit].

36 Jon Kabat-Zinn, Achtsamkeit für Anfänger, Arbor-Verlag, Freiburg i. Br., 3. Aufl. 2016, 106f.

37 Thich Nhat Hanh, Einfach gehen, 8.

38 Vgl. dazu Bergmann, Neue Arbeit.

39 Rani Kaluza, Doing Nothing. Über die hohe Kunst des Nicht Tun, Kamphausen Verlag, Bielefeld, 1. Aufl. 2021, 28–29.

40 In der Übersetzung von Fridolin Stier steht in Mk 10,1 „festhalte". Ich finde die viel naheliegendere Übersetzung „berühre" für *hapsetai* hier viel passender.

41 So der Neutestamentler Eduard Schweizer im Blick auf Mk 1,41.43; 3,5;

siehe Eduard Schweizer, Das Evangelium nach Markus, NTD 1, Verlag Vandenhoeck & Ruprecht, Göttingen 1989, 111.

42 Schweizer, 111.

43 Anselm Grün, Das große Buch der Evangelien. Jesus – Wege zum Leben, Herder-Verlag, Freiburg i. Br. 2023, 243.

44 Kermani, 36.

45 Kermani, 45.

46 Rebeca Wild, Sein zum Erziehen. Mit Kindern leben lernen, Arbor-Verlag, Freiamt, 5. Aufl. 1995, 206f.

47 Siehe dazu mein Buch Steve Heitzer, Kinder sind nichts für Feiglinge. Ein Übungsweg der Achtsamkeit, Arbor-Verlag, Freiamt 2006.

48 Hanson, Just 1 Thing, 91.

49 Vgl. dazu Eckhart Tolle, Leben im Jetzt, Wilhelm Goldmann Verlag, München 2014, 50–60, sowie Tolle, Stille, 67–78, hier: 69.

50 Tolle, Stille, 67.

51 Hanson, Just 1 Thing.

52 Hanson, 88.

53 Hanson, 91.

54 Hanson, 89–90.

55 20er, Nr. 233, April 2022.

56 Dr. Edith Eva Eger, Ich bin hier und alles ist jetzt. Warum wir uns jederzeit für die Freiheit entscheiden können, Btb Verlag in der Penguin Random House Verlagsgruppe, München, 2. Aufl. 2019, 30.

57 Publik-Forum Nr. 15, 2007, 14–16, hier: 16.

58 Vgl. Pema Chödrön, Den Sprung wagen, Goldmann-Verlag, München, 1. Aufl. 2013, 50.

59 Hillesum, 209.

60 Hillesum, 142.

61 Hillesum, 42.

62 Hillesum, 209.

63 Hillesum, 209.

64 Chödrön, 96.

65 Zitiert in: Jörg Mangold, Wir Eltern sind auch nur Menschen, Arbor-Verlag, Freiburg i. Br., 1. Aufl 2018, 100.

66 Hillesum, 46–47.

67 Aus seinem Lied „Frieden“.

68 Hillesum, 213.

69 Hillesum, 210.
70 Hillesum, 212.
71 Hillesum, 198.
72 Vgl. Hillesum, 239.
73 Hillesum, 209.
74 Hillesum, 42.
75 Hillesum, 198.
76 Charlie Mackesy, Der Junge, der Maulwurf, der Fuchs und das Pferd, Ullsteiner Buchverlage, Berlin, 16. Aufl. 2021, ohne Seitenzahlen.
77 Eckhart Tolle, Jetzt! Die Kraft der Gegenwart, J. Kamphausen Verlag, Bielefeld, 20. Aufl. 2008, 228.
78 Jalics, 38ff.
79 Tolle, Stille, 79.
80 Angaangaq Angakkorsuaq, Schmelzt das Eis in euren Herzen, Penguin Random House Verlagsgruppe, München 2022, 25.
81 Angaangaq Angakkorsuaq, 25.
82 Gefunden in: David Steindl-Rast, 99 Namen Gottes, Verlag Tyrolia, Innsbruck, 2. Aufl. 2020, 13.
83 Rosa Luxemburg, Brief aus dem Gefängnis an Sonia Liebknecht, Dezember 1917. Gefunden auf folgender Webseite: https://zeitungderarbeit.at/feuilleton/zum-welttierschutztag-ein-brief-rosa-luxemburgs-aus-dem-gefangnis/ [Zugriff: 13.05.2022].
84 Luxemburg, Brief.
85 https://www.zeit.de/entdecken/reisen/2019-08/zugstolz-flugscham-klima-bahn-flugzeug-reise/komplettansicht?print.
86 Ajahn Brahm, Jeder Lotos hat ein schönes Herz. Eine praktische Anleitung zur Meditation, Wilhelm Heyne Verlag, München, 2. Aufl. 2016, 101.
87 Erschienen im btb Verlag in der Penguin Random House Verlagsgruppe, München, 2. Aufl. 2019.
88 Anthony de Mello, Der Dieb im Wahrheitsladen, Herder-Verlag, Freiburg i. Br., 1997, 207.
89 Veronika Kammholz, Zentrum für Lebensfreude, Regensburg. https://www.abitofcolor.de.
90 Lohfink, Gleichnisse, 72f.
91 Ö1 Sendung „An der Kippe" am 31.12.2023. Alexander Pollak lehrte an der politikwissenschaftlichen Universität Wien, gründete zivil-

gesellschaftliche Demokratie- und Menschenrechtsinitiativen und ist aktuell Sprecher der Initiative „SOS Mitmensch".

92 Jan Hegenberg, Weltuntergang fällt aus. Warum die Wende der Klimakrise viel einfacher ist, als die meisten denken, und was jetzt zu tun ist, Komplett Media Verlag, München, 4. Aufl. 2022.

93 „I can do nothing for you but work on myself [...] you can do nothing for me but work on yourself!" – Aus einem Newsletter von Soren Gordhamer von Wisdom 2.0 im Herbst 2021. Wisdom 2.0 bringt zeitgenössische spirituelle Lehrer:innen mit bekannten Persönlichkeiten aus Gesellschaft, Wirtschaft, Technik und Wissenschaft zusammen, um Orientierung für die heutige Zeit zu finden.

94 „[...] being present in a way that gently supported, without force, any change that wanted to happen."

95 „My job is to be a space where nothing in me is preventing the changes that are wanting to emerge in you."

96 Ulrich Luz, Das Evangelium nach Matthäus (Mt 1–7), Evangelisch-katholischer Kommentar zum Neuen Testament I/1, Benziger/Neukirchener Verlag, Zürich/Neukirchen-Vluyn, 3. durchgesehene Aufl. 1992, 394.

97 Lohfink, Gleichnisse, 169.

98 Vgl. Jon Kabat Zinns Buch „Zur Besinnung kommen".

99 Anthony de Mello, Warum der Vogel singt. Weisheitsgeschichten, Herder-Verlag, Freiburg i. Br., 9. Aufl. 1984, 20.

100 Steffensky, Schwarzbrot-Spiritualität, 19.

101 Steffensky, Schwarzbrot-Spiritualität, 37.

102 Steffensky, Schwarzbrot-Spiritualität, 37.

103 So der ursprüngliche englische Titel seines auf Deutsch erschienenen Buches: Brahm, Jeder Lotos hat ein schönes Herz.

104 https://ist.ac.at/de/news/pumpen-wie-das-herz.

105 Gefunden bei de Mello, Der Dieb im Wahrheitsladen, 210.

106 Ezra Bayda, Zen oder die Kunst einen Weg aus den Sümpfen des Alltags zu finden, Arbor-Verlag, Freiburg i. Br. 2010, 142f.

107 Bayda, Sümpfe, 143.

108 Steffensky, Schwarzbrot-Spiritualität, 37.

109 Steffensky, Schwarzbrot-Spiritualität, 37.

110 Kapitel 7 des Buches: Daniel J. Siegel & Mary Hartzell, Gemeinsam leben, gemeinsam wachsen, Arbor-Verlag, Freiamt 2004.

111 Chödrön, 34.
112 Chödrön, 46–47.
113 Chödrön, 46.
114 Chödrön, 46.
115 Chödrön, 50.
116 Lohfink, Gleichnisse, 83.
117 Lohfink, Gleichnisse, 84.
118 Bayda, Sümpfe, 26.
119 De Mello, Dieb im Wahrheitsladen, 123.
120 Lohfink, Gleichnisse, 83.
121 Vgl. dazu Lohfink, Gleichnisse, 86–91.
122 Anthony de Mello, Der Springende Punkt. Wach werden und glücklich sein, Herder-Verlag, Freiburg i. Br., 9. Aufl. 1999, 9.
123 Thich Nhat Hanh schreibt in seinem Büchlein „Einfach gehen“, 31: „Die Adresse aller großen Wesen ist ‚Hier und Jetzt‘.“
124 Siehe mein Buch: „Kinder sind nichts für Feiglinge“ im Kapitel „Nicht wissen“.
125 Tobin Hart, Die spirituelle Welt des Kindes, Hugendubel Verlag, Kreuzlingen/München 2007, 180f.
126 Alfred North Whitehead, The Aims of Education and Other Essays, Die Free Press, New York 1967, 3. Zitiert nach: Hart, Die spirituelle Welt des Kindes, 296. Im Internet findet sich auch der Essay im englischen Original.
127 Dorothee Sölle, zitiert in: Christoph Fleischmann, „Gott ereignet sich“, in: Publik-Forum Nr. 8 | 2023, 12–16, hier: 16.
128 Tolle, Stille, 11.
129 Vgl. dazu vor allem: Thich Nhat Hanh, Jesus und Buddha – Ein Dialog der Liebe, Herder-Verlag, Freiburg i. Br. 2016.
130 Kabat-Zinn, Achtsamkeit für Anfänger, 30.
131 Grün, 211.
132 Grün, 211.
133 Tolle, Stille, 13.
134 de Mello, Das Leben neu entdecken, Herder-Verlag, Freiburg i. Br. 2013, 53.
135 Lyrics aus meinem Lied „Mondgesicht“.
136 Ein Bild von Steffensky, Schwarzbrot-Spiritualität, 23.
137 Danke Thea! Zu Thea Untereggers Arbeit siehe: www.amathea.it.

138 „The purpose of prayer is that we get ahold of God, not of the answer." Oswald Chambers, My Utmost For His Highest. An Updated Edition In Today's Language, Discovery House Publishers, 1992. Text zum 7. Februar, meinem „zweiten Geburtstag", als ich gesund aus dem Koma aufwachen durfte.

MIX
Paper | Supporting responsible forestry
FSC® C106954
FSC www.fsc.org

Nachhaltige Produktion ist uns ein Anliegen; wir möchten die Belastung unserer Mitwelt so gering wie möglich halten. Über unsere Druckereien garantieren wir ein hohes Maß an Umweltverträglichkeit: Wir lassen ausschließlich auf FSC®-Papieren aus verantwortungsvollen Quellen drucken und verwenden Farben auf Pflanzenölbasis. Wir produzieren in Österreich und im nahen europäischen Ausland, auf Produktionen in Fernost verzichten wir ganz.

Mitglied der Verlagsgruppe „engagement“


Layout, Bilder und grafische Gestaltung: Team Stadthaus, Innsbruck
Druck und Bindung: Florjancic, Maribor
ISBN 978-3-7022-4182-7
E-Mail: buchverlag@tyrolia.at
Internet: www.tyrolia-verlag.at